人生の哲学

渡邊二郎

角川文庫
22013

人生の哲学

目次

II　愛の深さ

Ⅳ　幸福論の射程

Ⅴ　生きがいへの問い

序論　人生の根本問題に向けて

人生のまっただなかで生ずる懐疑と煩悶　私たちはいま、二〇世紀から二一世紀へと向かう現代文明の爛熟《らんじゅく》のなかで、さまざまな歴史的社会的諸事件の起こる激動と変貌《へんぼう》の世界を目の当たりにしながら、定かには見通しえない今日の時代の潮流に押し流されつつ、それでも、それぞれなりに自分の生きる道を求めて、日々の生計を立て、自己拡充を計り、各自それぞれなりの人生行路のまっただなかを生きている。そこでは、実に多くの出来事が、夜を日に継いで生起し、私たちは、思いもかけぬ事態の出現に翻弄《ほんろう》されつつ、右往左往しながら、しかしそれでもなお、自分なりの人生の道を切り拓《ひら》こうとして、日夜齷齪《あくせく》と働き、日々の営為を続けている。私たちの日常生活は、こうした大小さまざまな用務や諸事件への多様な応対で明け暮れし、そうした繁忙のなかで私たちの貴重な人生の大半が過ぎ去ってゆくという事実は、なんと言っても否定し難い人生の真実であろう。

しかし、種々様々な出来事に、応接のいとまもなく追い捲《ま》くられてゆく、そうした怱《そう》忙《ぼう》の日常のなかで、私たちは、ふと立ち停まって、自分の人生を省みるとき、もはや引き返すことのできない人生のまっただなかに立つ自分自身を見出《みいだ》して、思わず恐怖に捕われることがあるのではないであろうか。あるいは、繁忙のなかで生き生きと活動し続けてきた人生が、次第に黄昏時《たそがれどき》に向かいつつあることに気づいて、思わず、私たちは、暗澹《あんたん》たる思いに胸塞《ふさ》がれるような気分に襲われることがあるのではないであろうか。

実際、私たちは、多くの場合、人生の活動期には、眼を外部に向け、世界のなかへと立ち向かって突き進み、あるいは、世間の大きな出来事に眼を奪われ、こうして、世の中の大小さまざまな出来事に巻き込まれ、あるいはそこへとみずから進んで関与し、我れを忘れた多様な諸活動のなかへと専心没頭して、人生の大半を過ごしてしまうのが通例である。けれども、やがて、人生の半ば、あるいは人生の黄昏時に立って、ふと、来し方行く末を省みたとき、私たちは、自分が、どこから来、どこへ向かって進んでいるのかに不安を覚え、思わず、ぞっとするような寒気《さむけ》、慄然《りつぜん》たる思いに捕われることが多いのではないであろうか。まことに、残念なことに、人生に対する反省と熟慮は、人間において、つねに、あまりにも遅きに失してのみ、現れるかのようである。元気旺盛《おうせい》な若年の折には、人間は、意気盛んに、前方のみを見て、おのれの背後の影を見ることができない。ようやく人生の半ばを過ぎて、人間は、かけがえのない、もはや引き返すことのできない、おのれの人生のまっただなかに立って、真実、これでよいのかと、心の奥底から、煩悶《はんもん》し、苦悩せざるをえないことが多いように思う。かつてダンテが歌ったように、私たちは、「人生の羇旅半《きりよなかば》に」立って、「正路を失ひ」、「とある暗き林」のなかにある自分を見出すよりほかにはないと言うべきであろう。(1)

人生論の必然性　このように、外部の世界へと向けた精神の眼差《まなざ》しを、おのれの内面のうちへと屈折させたときに、抗《あらが》い難い形で、私たちの心のなかに湧き上がってくる、人生に対するさまざまな思い、しかも、実人生の永い時間的歴史的な遍歴過程のなかから、辛苦に充《み》ちた経験とともに熟成してきた、人生に対する多種多様な思い、そうしたものが、世に謂《い》う「人生論」の母胎である。そうした人生論的思索のなかには、苦悩と悲愁の影を宿した、痛切な人生体験の優れた表現が織り込まれている場合がある。私たちは、そうした人生論的思索の卓越した表現や洞察に接して、深い感銘を受けることが多い。人生論こそは、あらゆる人間の関心事であると言ってもけっして過言ではないと思う。なぜなら、人生それ自身に対する考察の遂行こそは、人間が人間であることの証《あか》しだからである。人生論的思索を行わない人間は、考えることができない。人間である以上、私たちの誰もが、おのれの内部に、人生への懐疑と煩悶を抱えているからである。人生のさまざまな遍歴過程を通じて、自分の人生の意義について思い悩み、苦しむことのなかったような人間は、想像することができない。人生論的思索こそは、あらゆる人間の共通の課題であると言ってもよいであろう。

ここに、「人生の哲学」と題して考察される事柄は、以上のような意味での「人生論」

的思索に関わっている。それが、たんに人生論と呼ばれずに、人生の「哲学」と表示されるゆえんは、ひとえに、問題となっている事象の本質を、翻って、反省的に捉《とら》え直そうとする精神の態度を、強調しようとしてのことにすぎない。私たちは、自分自身の人生経験を直視しながら、しかも、過去の優れた人生論的思索の遺産に学びつつ、人生の根本問題について、若干の考察を加えていってみたいと思う(2)。
人生の五つの根本問題　しかしながら、ここで、人生の諸相のすべてについて考察を施すことは不可能である。私たちは、人生の最も基本的な問題点にのみ、眼を向けるほかにはない。それでは、そうした人生の根本問題は、どこにあるのであろうか。

たしかに、私たちの人生経験やその境遇は、各人各様であり、具体的には種々様々であり、私たちひとりひとりにおいて大きく異なっているではあろう。けれども、私たちは誰もみな、等しく、この世の中へと生み落とされて、各自の人生を生きるほかはなく、その際には、自己と他者は、愛憎の葛藤《かっとう》において、複雑きわまりない修羅場のうちに置かれ、私たちは、人生のむずかしさをその極限において味わい尽くすであろう。こうして私たちは、実人生のただなかで、幸福と生きがいを問い求めて必死に生きるが、そうした人生行路の途上において、人生の究極的なものを摑《つか》みきれないその未完成の苦闘のさなかで、私たちは突如、死に襲われて朽ち果ててゆかねばならない存在であることだけは、万人に等しく当てはまる人生の真実であろう。

こうして、生と死、愛の葛藤、自己と他者、幸福と生きがい、といった諸問題が、人生の根本問題として浮かび上がってくるのである。私たちは、ここでは、こうした意味で、とりわけ、「死」と「愛」と「他者」と「幸福」と「生きがい」について、考察をめぐらしてみようと思う。そのほかに、人生の根本問題がないわけではないが、ここでは当座、以上の五つの問題群に中心を置いて、私たちの取るべき態度を考え直してみたいと思う。

死　実際、死と愛と他者と幸福と生きがいが、人生の根本問題を成していることは、次の点に思いを馳《は》せただけでも明らかであろう。まず第一に、私たちは誰もみな、最後にはひとりで死んでゆかねばならない。いかなる富者も、その莫大《ばくだい》な財産を墓場の彼方《かなた》へと携えてゆくことはできず、いかなる名誉栄達も、死に直面しては無力である。私たち誰もがみな「死ぬべき存在」であることは、私たちの生存の根底に、その最初から巣くっている厳粛な事実である。いかなる人も、この峻厳《しゅんげん》な事実のまえには屈服せざるをえない。この「死」の問題を、私たちは、いかに考え、それに対しては、いかなる覚悟を定めるべきなのであろうか。

愛　第二に、私たちは、死を意識すればするほど、私たちのほんとうに愛するものを大切にしたいと思うようになるであろう。「あなたの愛しているもの」のうちにこそ、

「あなたの人生」があり、「それをあなたは生きているのだ」と、かつてフィヒテは語った。(3)「愛」こそは「人生」であり、「生命」であり、「生きること」である。この「愛」の深さを思い知り、その「愛」を正しく生きることのうちでこそ、人生の実りは宿るように思う。そうした愛とは、いったい何であり、私たちはどのように愛の問題について身構えるべきなのであろうか。

他者　第三に、私たちは、日々の営みにおいて、多様な活動を外に向けて発散させ、他者と共にさまざまな営為を展開している。しかし、その際に、残念ながら、私たちは、必ずしもつねに、調和や協調のなかにいるとは限らない。むしろ、そこでは、「他者」との愛憎の葛藤を秘めた分裂と争いが、私たちの心の奥底を切り裂いていることのほうが多いように思う。かつてサルトルは、「地獄とは他人のことだ」と断言した。(4)しかし、それでいて、他者との共同存在を離れて、たったひとりで生きることができないのもまた、人間なのである。「自己と他者」をめぐる、こうした矛盾と苦悩について、私たちは、どのように考え、人生の現実に対処すべきなのであろうか。

幸福　第四に、私たちは、労苦に充ちた人生の途上で、真面目に生きれば生きるほど、幸薄きおのが人生に、密《ひそ》かに涙することが多いのではないであろうか。(5)人生は、ありていに眺めれば、不幸と悲惨で充ち充ちていると、多くの賢者は語った。この実人生の惨めさのなかで、人の夢見るものは、たいていの場合、「幸福」という幻想である。いったい、「幸福」とは何なのであろうか。私たちは、「幸福論」の諸問題について、どのように考えるべきなのであろうか。

生きがい　最後に第五に、私たちは、つねに人生の途上で、「生きがい」について考えるであろう。労多くして、幸薄い人生のなかで、それでも、自分なりの「生きがい」を見出しえて、自分の人生を肯定できた人は、仕合わせである。しかし、人生の辛苦のなかで、挫折と不幸と苦悩のみを背負い込んで、空しく朽ち果てなければならなかった人は、いかばかりの悲憤慷慨《ひふんこうがい》と苦悶のなかで、死を迎えねばならないことであろうか。いったい、人生の「生きがい」とは何なのであろうか。私たちは、その問題について、どのように考えるべきなのであろうか。

こうして、以上の「死」と「愛」と「他者」と「幸福」と「生きがい」とをめぐる五つの人生の根本問題が、私たちに謎を課してきている。私たちは、以下において、これらの問題点について、若干の考察を企ててみようと思う。

注

（1）ダンテ『神曲』上、山川丙三郎訳、岩波文庫、昭32（第六刷）、一三頁。

（2）哲学の概念や方法については、渡邊二郎『哲学入門』放送大学教育振興会、一九九六、の最初の数講を参照。

（3）J. G. Fichte, Die Anweisung zum seligen Leben, 1806, hrsg. v. F. Medicus, Verlag von Felix Meiner, Phil. Bibl., Bd. 234, 1954, S.13〔フィヒテ『浄福なる生への指数』高橋亘訳、岩波文庫、昭15（第二刷）〕。

（4）サルトル『出口なし（Huis clos）』伊吹武彦訳（邦訳『サルトル全集』第8巻、人文書院、昭44〔改訂重版〕、一二六頁、あるいは『サルトル（新潮世界文学47）』新潮社、一九七七〔第五刷〕、四八九頁）を参照。

（5）本書後述二八二―二八四、二八六―二八八、三〇七―三〇八、三二一、三三一―三三二、三三七、三四〇、三四七、三五五頁以下を参照。

Ⅰ　生と死を考える

第1章　生と死を考える（その1）問題への接近

1　生と死を考える視角

私たちはまず最初に、生と死の問題を取り上げることにしたいと思う。その際に、この問題を考える私たちの視座について、初めに若干の限定を施しておかねばならない。死を考える視角には、むろん、さまざまなものがありうるからである。

医療における死　今日の日本の社会において、まず非常に頻繁に話題とされるものに、医学的な意味における死の問題がある。その理由として、生活環境の改善や医療の発達に伴い、以前とは比較にならないほどの長寿と高齢化の社会を迎え、しかも核家族化の進行とも見合って、病院における末期医療の問題が大きく浮かび上がってきたという事情がある。

尊厳死　たとえば、以前ならば不治の病として見離された重篤な病状も、高度に発達した医療技術によって延命が可能となり、ほとんど植物状態のままでも、生物としての機能は維持されうるという状況が多くなってきた。しかし、「生命の質（quality of life）」を考えるとき、そうした状態はほんとうに「生きている」ことであるのかどうか、むしろ、もはや恢復《かいふく》の見込みのないときには、みずから死を選ぶ「尊厳死」の権利が人間には残されているのではないか、といった形での、新たな「生と死」の意義づけへの問いかけが、世界中に巻き起こっている。

癌告知　あるいは、いまなお不治の病に近い癌に罹《かか》った患者に対し、その「癌の告知」をなすべきであるのかどうかといった問題もある。死の烙印《らくいん》を押すのに等しいそうした告知を、真実を伝えまた知るという人権の意識において、いつの場合にも無差別に適用してもよいのかどうかという問題は、死にゆく人間にどのように接すべきかという末期医療の根本に関わる重大問題のひとつであろう。

脳死と臓器移植　さらには、「脳死と臓器移植」という重大問題もある。従来の心臓死に対して、脳死を死としてよいかどうかという問題こそは、まさに、生と死の根幹に関わる現代の一大根本問題であろう。この問題については、一方で、脳死を死として認め、臓器移植を推進しようとする医療グループがある。しかし他方で、それに対する根強い反対もある。なぜなら、脳死状態でも人間にはまだ免疫の機能が働いているがゆえに、その人の身体は腐敗せずになお生きて働いているからであり、また実際、脳死状態と見られた婦人たちが胎児を分娩《ぶんべん》した事例がアメリカでは報告されているからである。(1)加えて、かりに脳死を死として認定したとしても、その臓器を誰に優先的に移植すべきなのであろうか。最悪の場合には、当該病院に多大な寄附をした腎臓病患者を優先するといった具合に、お金で臓器を売買する、つまり、人命を金銭の対象にして取り引きをするといった弊害が起こらないかどうかは、たんなる杞憂《きゆう》を越えて、人間の存在の尊厳に対する危機意識を喚《よ》び起こさずにはいない深刻な問題点を成すであろう。(2)

人命軽視の傾向　そのほか、医療における不妊治療や試験管ベビーの誕生、さらにはクローン人間の出現の可能性などの諸事件は、生命の尊厳を根本から揺り動かす衝撃的な意味をもっている。それに加えて、医療の現場で繰り返し起こる薬害の悲惨な事件は、医の倫理の腐敗はもとより、仁道の衰退を越えて、人命の尊厳の意識の現代における崩壊という、科学技術時代の暗い影を目の当たりに見せつける結果となっている。それと対応するかのように、日増しに残虐さを加える人命軽視の極悪非道の犯罪や、陰湿ないじめ・自殺の社会的諸現象は、人間の「生と死」の尊さを蹂躙《じゅうりん》する現代の退廃を象徴して余りあるものがある。

医学的生物学的な死から、哲学的存在論的な死へ　今日において、明らかに、「生と死」

の根本が改めて問い直されねばならない状況にきていることは確かである。

けれども私たちは、ここで社会的評論を企てるつもりはない。また、生命倫理や科学技術の問題、さらには社会的な悪の問題は、これを別の機会に論ずることにしたいと思う。ここでは、医学的生物学的な「生と死」の問題次元とは別に、哲学的存在論的な「生と死」の問題次元があることを指摘して、私たちの問題考察の方向を予示しておくことにしたい。

たしかに通常、私たちが死について語るとき、それは生物としての機能の停止、医学的な意味での身体的生命活動の終焉《しゅうえん》を意味している。けれども、そうした意味での死の現象のみによって、死の本質はけっして尽くされはしない。もっと根本的な死の意味が、そうした医学的生物学的な死の現象の根底に潜んでいるのである。このことは、次の点を考えれば、誰の眼にも明らかであろう。

たとえば、医学的生物学的な死ということならば、その出現の事実的形態は、千差万別であろう。ある人は癌のゆえに、またある人は心臓病のために、またある人は輸血によるエイズ感染のせいで死亡した。さらに、ある人は、盲腸炎の手術の手遅れがもとで、あっという間にこの世を去り、また他の人は、長い闘病生活ののちに命尽き果てて他界し、さらに他の人は、苦痛に呻吟《しんぎん》しながら死ぬかと思えば、別の人は、天寿を全うするかのように安らかな臨終を迎えるといったありさまである。まさに医学的生物学的な死の出現の形態と過程は、種々様々であり、それらの現象の確認と調査、さらにはそれらに対する医療技術の開発にこそ、医学の使命は存するであろう。けれども、それらの医学的生物学的な死の過程が、等しく「死」の出現でありうるのは、それらに共通して、それらの根底に、もはや人間が、生命ある「存在」ではなく、生命の「無」い「非存在」へと、転化したという根本事実が潜んでいるからである。「死」の本質は、表面上の多種多様な医学的生物学的な「失命（Ableben, Exitus）」の過程にあるのではなく、むしろ、それらの根底に潜むところの、人間の「存在」の「非存在」への転化、そうした意味での「無」の出現、そうした形での「存在」の「終焉」という点にある。[3] 死において、人間は、抗い難く、「無力」で「非力」な、おのれの「存在」の「有限性」に直面するのである。人間が「滅びゆく」「儚《はかな》い」存在であるということの徹底した認識が、「死」という現象の本質認識にほかならないのである。その可滅的な蜉蝣《かげろう》のごとき有限な存在であることへの自覚があって初めて、人間への本質理解が開始しうる。これこそは、人間の存在に対する、哲学的存在論的な理解の発端を形成する。この人間の有限性という「存在論的」構造そのものと、それが具体的個別的にそれぞれの人間においてどのような「医学的生物学的」な臨終形態・病症形態を取って出現するのかという問題次元とは、別個の事柄であることは明らかであろう。この二つの次元を私たちは混同してはならない。

死を考えることの意味　私たちが、以下に考察してみようと思うものは、医学的生物学的な死の問題ではなく、「哲学的存在論的」な死の問題である。「無」と「非存在」の出現にさらされた、「無力」で「非力」な、「可滅的」な「有限性」の刻印を背負った、私たちひとりひとりの存在を直視し、これをどのように受け止めて、ここからいかに十全な人間理解を形成すべきかという問題こそが、私たちの「生と死を考える」視座にほかならない。この人間の有限性と限界性への徹底した理解の上にのみ、私たちは、人間に対する慈悲や優しさ、憐憫《れんびん》や愛情の念も生い育つと思う。滅びゆく哀れな存在であるからこそ、すべての人をいとおしみ、愛する心根が育つのである。医学的生物学的な延命治療の次元に立てば、自分および自分の種族のみが生き長らえることを望む浅ましい利己主義が蔓延《はびこ》る趨勢《すうせい》が助長される虞《おそ》れなしとはしない。隣人を愛する人道的宗教的な心情は、ひとえに、滅びゆく、儚い人間の存在への理解と共苦のうちからのみ、育《はぐく》まれると思う。そうした意味で、死の哲学的存在論的理解から生まれた人間観は、やがて、現代の殺伐とした、荒涼たる精神的風土を乗り越える、豊かな思想を切り拓《ひら》きうるかもしれないのである。

生と死を「哲学する」こと　いずれにしても、「生と死」を考える私たちの視座は、「哲学的」なものである。哲学と言ったとき、人はこれを、取り立ててむずかしく考える必要はない。「哲学」とは、人間にとって重要な事柄について、雑事に追い捲《ま》くられた慌ただしい日常の営みを一瞬停止して、偏見や先入観に捕われずに、その事象の本質を、あるがままに捉《とら》えるべく、反省的によく考え直して、その真実を洞察しようとする知的営為のことにほかならない。しかも、そのような洞察を得ようとするのも、それによって、より良く生きるためにであり、人生の根拠をしっかり摑《つか》んで、より充実した人生を生きるための人生観・世界観的な知が、哲学にほかならない[4]。そうした哲学にとって、「死」の問題は、古くから、人生の根本問題として自覚されていた。プラトンの対話篇『パイドン』[5]によれば、ソクラテスは、哲学を、「死の練習（メレテー・タナトゥー）」と呼んでいた。すなわち、哲学とは、死を恐れずに、平然と死ぬことができるよう、日頃から覚悟を定めておく心の訓練だというわけである。もちろん、そのためには、死をも越えて揺るぎない、不滅なものへの確信が形成されなければならないことは、付言するまでもない。死の問題意識は、このように、不滅で永遠的なものへと向けられた問題意識と、表裏一体を成しているのである。

　私たちは、自分自身の人生経験をよく反省し直し、人生の事実を曇りない眼で直視しながら、しかも、生死の大問題について思索した過去の大きな哲学的思想とも対話し、その遺産に学びつつ、生と死を考えてゆかねばならないと思う。

2　死に対する精神的態度

死に対する虚無的態度　ところで、以上のように、もしも人間の存在が、死にさらされた有限の儚いものであるとするならば、そうした人生などは無意味にすぎず、したがって、そこでは、生きることを真面目に考えることすら愚かしいことであり、どのように生きようとも勝手気儘《きまま》でよいはずであり、場合によっては自殺さえ許されるのではないか、総じて、死にさらされた人間の存在を見つめることから、どのようにして、生きる勇気が湧いてくるのか、不明であり、死に関する暗い想念などは、明るく生きようとすることになんの役にも立たない、無駄で余計な、否定的観念にすぎないのではないか、といった反論が、すぐさま予想されてくる。けれども、こうした感情的反撥《はんぱつ》や異論は、人間の存在に関する誤解にもとづいており、事態を正しく見ることに失敗している。むろん、こうした反論は、いつの世にも繰り返し現れ、強硬であり、したがって、さらになお詳しく反駁《はんばく》されてゆかねばならないものなのだが、当座ここでは次のように答えておくことにしよう。

ひとごとでない死の自覚　まず、死の問題を、たんに「一般的」に他人事《ひとごと》のように眺め、死ねばすべてが終わるとか、万物はことごとく没落の運命を免れ難いとかと、嘯《うそぶ》いているだけでは、まだ死の問題が本来的に自覚されているとは言い難いのである。大切なのは、死が、当の自分自身に「個別的」に関わる切実な問題として自覚され、ぞっとするような孤独の思いにおいて、その先の見越しえない、ヤスパースの言う「限界状況」のひとつとして痛切に意識されてきたときにこそ、ほんとうの意味での死の問題が始まるのである。(6) そのときにこそ、人間にとってのいわば不可避の宿命としての死に対して、どのような態度を取るべきかが、真剣な課題となるのである。

人生を大切と思う心

むろん、そのときにも、死の壁に突き当たって砕け散るほかはない人間の存在などは鴻毛《こうもう》の軽きにも等しいとして、これを軽視し、無意味と断ずる、無責任、軽佻浮薄《けいちょうふはく》、場合によっては傲慢不遜《ごうまんふそん》の態度表明も、ありうるかもしれない。けれども、それが自己欺瞞《ぎまん》でないかどうかが、根本問題である。もしも、人が、真面目に、この世に生を享《う》け、生を恵まれ授けられた、しかも、終わりある、一回限りの、かけがえのない、おのれの人生とその存在を自覚したとするならば、その人は必ずや、その人生の営みのなかで、たんに移ろいゆく儚さを越えた「なにか絶対的な究極的なもの」(7)を見出《みいだ》そうとせざるをえなくなるはずであると思う。その人は必ずや、おのれの人生の過程のうちに、死にさらされた儚い「この人生を越え出るもの」(8)を求めざるをえなくなるものと思う。それが、人間というものであると考えざるをえない。

死にさらされた人生への愛

したがって、死にさらされた人間の存在を考えることによって、無意味と自暴自棄の刹那《せつな》主義や、放縦無頼の本能主義や、場合によっては、恵み贈られた命を勝手に断絶してよいとする倨傲《きょごう》の自殺主義などが、生まれてよいはずはなく、また、そうしたことは本来ありえぬはずなのである。それが起こるとすれば、それは、自己の人生を素直に直視することを妨げる、なんらかの自己欺瞞によってであると言うほかはない。人間は、誠実に自己の人生を見つめるとき、命ある限り、いかに苦悩に充《み》ちていようとも、おのれの人生を大切にし、死に至るまで、耐え忍び、人生を愛して生きねばならないことを自覚するはずである。それゆえに、死を考えることは、生から眼を背けることではなく、むしろ、かえって、死を直視することをとおして初めて、真実に生きることへの覚悟と勇気が培われてきうるのである。死を想うことは、本来、自殺を考えたり、生への否定的逃避的な態度を採ることとは、まったく無縁の事柄である。逆に、死という終わりを先取りして、自己の存在を考えることによってこそ、初めてほんとうに、生きるということの本来性を真剣に求める態度が生まれてきうるのである[9]。それに加えて、先にも触れたように、そうした終わりある、かけがえのない、滅びゆく生命への自覚があって初めて、自己と他者の生存に対する、愛憐《あいれん》の思いに溢《あふ》れた、共苦と気配りに充ちた、人間理解の礎が築かれうるのである。死を念頭に置いて生きるということは、否定的消極的な、暗い影のみに着目する、無駄で余計な思い患いなどではなく、逆に、それこそは、それを反射鏡として、生の光輝く充実した形成が真剣に熟慮されうる基盤なのである。「死を忘れることなかれ（メメント・モリ）」という古来の格言も、そうした意味で語り伝えられてきた言葉であると見なければならない。

生死に対する二つの態度

それゆえ、生と死は表裏一体を成しており、死を考えることによって初めて生も十全に考え抜かれるのであり、逆に、生を考えることはおのずと死を考えることに向かうのである。けれども、その際に、さらに、この生死一体を成す人生の現実とその存在に対して、一方で、いわばそうしたあり方を「超越」した態度を採るべきだとする考え方と、他方で、あくまでもそれに「内在」して生き抜く態度を表明する考え方とがあることに、ここで注意しておきたいと思う。ヤスパースによれば、そこに、いわば東洋的もしくは仏教的な超然たる態度の死生観と、いわば西洋的もしくは現実的な内在に徹する死生観とが、対比される根拠が成立してくることになる。(10)

(1) 東洋的死生観

東洋的な仏教的な死生観が、いかなるものであるのかは、むろん、それ自体がひとつの根本問題である。けれども、そこには、最終的に、生死を越え出た、超然たる悟りの境地への到達が目指される趣きが纏綿《てんめん》することになるのは、否定し難いことのように思われる。仏教の根本思想が何であるのかは、いろいろに言い述べうるであろうが、少なくとも、ブッダの原始仏教の精神がその根底に潜み、四諦説《したいせつ》として纏《まと》められる教えが、その根幹を形作ることは、何人《なんぴと》も否定しえないであろう。(11)

四諦説の教え　それによれば、「一切皆苦《いっさいかいく》」であり、この世の人生の営みは苦しみにほかならず、それはとりわけ、「生老病死《しょうろうびょうし》」という四苦《しく》のうちに現れる。生まれ出《い》でて、やがて老いてゆき、病をえて、ついに何人も死にゆくほかはない人生を、苦しみとして感受するところから、仏教の教えは出発する。仏教の教えの根底には、生と死の認識がある。けれども、この生死の根本事実に対して、仏教は、それを苦しみとして感受せざるをえない理由を、「諸行無常」で「諸法無我」であるにもかかわらず、人間が、我れの生存に固執する「渇愛」の心をもつ点に求める。したがって、渇愛の心を断じ、煩悩の火を「吹き消した」、「解脱」の「涅槃《ねはん》（ニルヴァーナ）」の境地に到達するならば、苦を滅することが可能になるはずだと、ブッダは考える。むろん、そのためには正しい仕方で修行をしなければならず、解脱の境地に到達するのはけっして容易ではない。けれども、仏教は根本的に、我れの生存に執着する「渇愛」の心を断じ、それから解放されて、生と死の事実にもはや捕われることのない、超然たる悟りの境地に達することを理想とする。そこにおいては、ヤスパースの言うように、「無常の体験」が「中心的体験」とされ(12)、「一切」が「過ぎゆくもの」と見られ(13)、しかも、そうした「死滅しうる一切はどうでもよいものとして体験されることによって、死が越え出られる」(14)のであり、「人生の大事は、人がこうした無関心の平静さを獲得するか否かにかかる」(15)ことになり、いわば「無の寂静の永遠の持続」(16)が求められることになる。

不生不滅の教え　実際、最古の仏教思想を伝えるものとされる『スッタニパータ』（パーリ語で「経の集成」の意）によれば、まず、「生まれたものどもは、死を遁《のが》れる道がない。老いに達しては、死ぬ。実に生あるものどもの定めは、このとおりである[17]」として、死の不可避性が説かれる。しかしながら、だからといって、不死を望むことも許されない。なぜなら、それは、生への執着にほかならないからである。したがって、こうした生への執着をも断ち切らねばならない。そうなって初めて、解脱への道が見えてくる。なぜなら、「生存に対する妄執を断ち、心の静まった修行僧は、生をくり返す輪廻を超える。かれは、もはや生存を受けることがない[18]」からである。こうして、生への執着を断ち、「不生《ふしょう》」の境地に達しなければならない。けれども、「不生」になるということは、死ぬことではなく、むしろ反対に、「不滅」になることであるとされる。すなわち、これが「不生不滅《ふしょうふめつ》」である[19]。ここにおいては、「生死の彼岸に達して、苦しみを滅し[20]」、「生と死を捨てて余すところなく、あらゆる疑惑を超えた[21]」境地が開かれるとされる。

生死不二の悟り　つまり、生への執着を断ち、生きることに捕われず、いわば生きることを止めた、超然たる放念の態度が、そのままただちに、死にも捕われず、死をも越え出た、悠揚平然たる悟りの境涯に繋《つな》がり、生死の二元論的対立を超克するというわけである。「如来」（修行を完成した者、つまり釈迦《しゃか》や仏）は、この世のすべてが、つまり「三界」[22]（欲界・色界・無色界）が、「生ぜず、死せず」、「不生亦不滅《ふしょうやくふめつ》」であることを知るという。「生ずることなく、滅することなく、断ならず、常ならず、一義ならず、異義ならず、来ることなく、去ることなし」の「八不中道《はっぷちゅうどう》」の世界が、そこに具現するのであろう[23]。要するに、仏教は、最終的に、生と死のいずれにも執着しない、「生死不二《しょうじふに》」「生死一如《しょうじいちにょ》」の、悟りの境涯に達することを目指すと見てよい[24]。

疑問点　こうした考え方のうちに、東洋独特の、仏教的な死生観が盛り込まれていることは、たしかに否定できない。けれども、生死の彼岸に達した「不生不滅」の悟りの境涯が、たんなる言葉でなく、現実の体験的事実として、どのようなものとして理解されるべきであるかについては、なお問題が残っているように思う。とりわけ、そのように生死に捕われない悟りの境地が、どのようにして、葛藤《かっとう》と矛盾に充ち充ちたこの現実世界のなかでの生き方の具体的な形成原理を提供しうるのかが、問題である。むしろ反対に、生存への執着をとことん突きつめ、それを徹底してゆくことによってこそ、それを乗り越える境地が開かれうる、ということもまたあるのではないであろうか。生死に捕われないといった、寂静や解脱や悟りでなく、むしろ反対に、死にさらされた人生の現実の分裂と対立、苦悩と葛藤を直視し、それを徹底して引き受け、そのなかで踠《もが》き、苦闘することをとおして、人生を積極的に戦い抜いてこそ、自己の存在の本質と限界を知りえ、おのれに達しえざるもののあることをも率直に承認し、こうして泰然自若の諦《てい》念《ねん》において、有限な人生を肯定し、従容として死をも受け容《い》れることが可能になるということも、またあるのではないであろうか。

(2) 西洋的死生観

そして、そこにこそまさに、ヤスパースの言う、典型的に西洋的な、現実にあくまで内在しつつ、行為的に活動して生き抜くことを尊しとする死生観が、生まれてくるように思う。[25] ヤスパースは、主としてゲーテの言葉を引きながら、そうした能動的人生観を、次のように披瀝《ひれき》している。[26]

ゲーテの言葉 たしかに、人生のうちには死の影が落ち、滅びゆく儚さが纏いついてはいる。けれども、それに背を向けたり、そこから逃避しようとするのではなく、むしろ、そこに「永遠の生成と変化」という「積極的なもの」を見出し、[27] あくまでもその現実に内在して、それを充実して生き抜くことに全精力を傾注すること、ここにこそ人生の意義があると、ヤスパースは見る。「永遠の至福」など、それが自分に「新しい課題と克服すべき困難を与えない」のなら、なんの意味もないと、ゲーテは語ったという。[28] 「ものを考える存在者にとっては、思考や人生の非存在や停止を考えることはまったく不可能であり」、「この世の中で、なにかしっかりしたものであろうとして、日々努力し、戦い、活動せざるをえない有能な人間は、あの世のことなどは放っておいて、この世の中で行動し、役に立とうとするものである」と、ゲーテは言ったという。[29] 「作り出されたもの」を「作り変え」、「永遠に生き生きと活動し」、「創造的に行為すること」が大切であり、「永遠的なものは、万物のうちに働き続けている」と、ゲーテは歌う。[30]「七五歳になれば、人はときどき死のことを考えるものである。私は死のことを考えて、まったく平静な気持ちである。なぜなら、私たちの精神はまったく壊されることのできない本性をもった本質のものであることを、私は強く確信しているからである。その精神は、永遠から永遠にわたって働き続けていて、太陽に似ている。太陽は、私たちの地上の眼にとってはただ沈んでゆくように見えても、しかし本来はけっして沈まず、たえずまた輝き出るのである」[31]とゲーテは言う。こうしてゲーテはエッカーマンにこう語った。「人間は不死を信じるべきである。……私たちの永世の確信（die Überzeugung unserer Fortdauer）は、私には、活動の概念（Begriff der Tätigkeit）から、湧き上がってくる。というのも、私が、自分の人生の終わりまで休みなく活動するとき、自然は、私に、もうひとつ別の現存在の形式を指示する義務があるからである。[32]なにしろ現世の形式は、私の精神をもうこれ以上支えてくれないからである」と。

活動的人生観　こうして、死にさらされた有限の人生を、それにもかかわらず、徹底して、それに内在的に、活動において生き抜くとき、そこに永世の確信さえもが浮かんでくると、ゲーテは見た。

ヤスパース[33]は、「不死（Unsterblichkeit）」とは「死を超克されたものと考える思想の総括概念」だと言う。むろん、その思想は「証明されうる」といった性質のものではない[34]。大切なのは、「この人生のなかで、信仰を、つまり絶対者への関係を、獲得すること[35]」にある。キルケゴールが指摘したように、いつ襲ってくるか分からない死の出現の可能性を、たえず念頭に置きながら、ほんとうに自分らしい生き方に徹しようとする「全面的な主体性[36]」のなかにのみ、不死の問題の鍵《かぎ》はある、というわけである。

いずれにしても、このように現世内在的に、真剣に現実のなかを精一杯の努力においてて生き抜く態度のうちからのみ、死をも越える永遠的なものへの視界を切り拓きうるとする、活動的人生観は、現世離脱的な超絶的な悟得の人生観とは異なって、私たちに、現実を直視した、勇気と活力に溢れた思想的態度を教示してくれるように思う。私たちは、死の問題をも、こうした精神的態度において、扱うべきもののように思うのである。

3　無常観・厭世観と老境の問題

無常観と厭世観　しかしながら、いかに活動的に人生を生き抜いても、死の壁は打ち壊し難く、また、この憂き世でのさまざまな不幸、悲惨、災害、戦争、犯罪、愚行、罪悪、極悪非道を目撃すればするほど、人の胸裡《きょうり》を襲ってくるものは、無常観と厭世《えんせい》観であろう。昔から、洋の東西、時代の古今を越えて、人生を憂い、嘆く、メランコリーの嗟嘆《さたん》は、数知れない。

源信　源信《げんしん》は、『往生要集』において、「無常とは、涅槃経に、云《いわ》く、人の命の停まらざること、山の水よりも過ぎたり。今日存すといへども、明くればまた保ち難し……」と述べている[37]。また、同じく仏典に「云ふが如し」として、「一切のもろもろの世間に、生ける者は皆死に帰す、寿命、無量なりといへども、要《かなら》ず終尽《しゅうじん》することあり、それ盛んなれば必ず衰ふることあり、合ひ会へば別離あり、壮年も久しく停まらず、盛んなる色も病に侵さる、命は死の為に呑まれ、法として常なる者あることなし[38]」と語る。こうして、「当《まさ》に知るべし……無常の一事は、終《つい》に避くる処なきを[39]」と、断じている。

日本人の心情　こうした無常観が、日本人の心情のなかに、古くから刻み込まれていたことは、多くの文学作品が、そのことを歌い、語り継いできていることからも明らかである。『万葉集』の歌人は、「世の中を常なきものと今ぞ知る奈良の都のうつろふ見れば」と歌った[40]。『古今集』の歌人は、「うつせみの世にも似たるか花ざくら咲くと見しまにかつ散りにけり」と詠んだ[41]。有名な西行《さいぎょう》の和歌、「ねがはくは花のしたにて春死なんそのきさらぎの望月の頃[42]」は、桜の花の散るさまと、人の死を重ね合わせ、涅槃の境地に解脱することを冀《こいねが》った絶唱であろう。日本の中世の文学に、無常観が貫流していることは、いまさら喋々《ちょうちょう》するまでもない。「ゆく河の流れは絶えずして、しかももとの水にあらず。よどみに浮かぶうたかたは、かつ消え、かつ結びて、久しくとどまりたるためしなし[43]」という鴨長明《かものちょうめい》の『方丈記』の冒頭の語句は、あまりにも人口に膾炙《かいしゃ》した言葉であろう。吉田兼好《よしだけんこう》も『徒然草』において、「人はただ無常の身に迫りぬる事を心にひしとかけて、つかのまも忘るまじきなり[44]」と述べている。

ギリシア人の憂鬱　しかし、こうした無常観が、日本人にのみ特有な心情であると見るのは、誤解である。ブチャーの著した『ギリシア精神の様相』を繙《ひもと》くと、そこには「ギリシア人の憂鬱」が濃密に描写されている。[45]ホメロスは、「人間の代々もまた、丁度樹の葉の代々のやうなものだ。……一つがその花を開いて他が過ぎ去って行く」と歌った。[46]ミムネルモスは、「我々は花さく春が芽ぐましめる樹のやうだ、その春の時に俄にそれらは日の光の下に成長するのである。……しかし、黒い宿命が側にたってゐる、ひとつは悲しい齢のさだめを以て、他は死のさだめを以て……」と語る。[47]テオグニスは、「太陽の見おろす限りのあらゆる人間は、誰も幸福ではない」、「人の子にとっては、生まれないこと……が……万事にまさってよいことである。然し、もし生《し》まれれば、できるだけ早くハーイデースの門を過ぎ、厚い大地の衣の下に横たはるに若くはない」と述べた。[48]ピンダロスによれば、「人間は影の夢」なのである。[49]ソフォクレスはこう歌った、

誰かある、誰かある、
幸を得し者。人みな
幻の幸を得て、

得し後に墜ちゆくのみ、

と。[50]ギリシア人の厭世観を語る文章は、ほかにもたくさんある。ただし、ギリシア人たちには、「弱さや女々しい自己陶酔の痕はなく」、「現世の慰安も未来の希望もないのに」、彼らは、「その苛酷な宿命に面し、偉大な思想と行為とによって運命を征服することができた」とブチャーは言う。[51]ニーチェが語ったように、[52]それは、力溢れるがゆえに生じた厭世観であったと見るべきであろう。それにしても、ときに人は、「最も甘美な歌は最も悲しい思想を語る歌である」[53]と見て、無常と厭世に涙する歌によって、わずかに、この出口のない人生の苦悩を慰めるよすがとすることもあるであろう。無常と厭世を語る文学と思想の多いことは、いかに、生と死の事実が、人間にとって、重荷と感受されているかを物語っている。

老境の問題　ところで、無常観・厭世観と密接に結びついて、人を憂鬱《ゆううつ》の気分のなかに追いやるものに、老境の問題がある。生きるということは、取りも直さず老いてゆくことであり、こうして死期に向かって近づくことである。老いてゆくことがおぞましいものと感受され、若さがその新鮮な美しさと活力において羨望《せんぼう》の的となるのも、老成が死と結びついているからである。長寿と高齢化社会を迎える現今において、いったいこの老境の問題をどう考え、いかにこれに対処すべきかは、大問題である。しかし、その大問題はさておき、昔から、多くの賢者が、実は通説とは反対に、老境を賛美している点に、ここでぜひとも触れておきたいと思う。ただし、無条件にではなく、少なくとも、多少の貯《たくわ》えを所有し、健康に恵まれるならば、という条件下においてではあるが、多くの知者たちが、老境を賛美していることを、人は忘れるべきではない。この点については、のちにショーペンハウアーの幸福論との関係でさらに詳細に言及するつもりだが、(54)目下の箇所では、ストアの哲人キケロの『老境について』という著作で示された知恵を多少とも学んで、老境に伴う無常観や厭世観を追い払う手懸りとしておこうと思う。(55)

キケロの老境論

キケロによれば、人は、しっかりとした「哲学」をもって生きれば、「その一生のいかなる時期をも患ひなく過すことができる」(56)し、なによりも「自然」に「随順」して生き、「老衰期」(57)と「凋落《ちょうらく》」にも用意を整えて、それを「従容《しょうよう》」として忍ぶ賢慮が大切であると説かれる。およそ老境に入ると、「楽しみ」がなくなるとか、人々から「軽ろしめられ」るとかと世の中の人は言うが、(58)そんなことはないとキケロは言う。「老境の最もふさわしい武器は、諸徳についての学識と実践とであり」(59)、「平穏なる、温和なる老境は、静にまた浄く優雅に送られたる一生の賜物である」(60)と、キケロは述べて、静謐《せいひつ》な老境への知恵を説くのである。とりわけ、世の中の人は、老境が「四つの理由」から惨めなものだと語るが、(61)それは当たらないと、キケロは雄弁に反駁してゆく。

老境の良さ（その1）　まず一つには、老人は「仕事の処理[62]」から引き離されると、世の中の人は嘆く。けれども、たしかに老人は、「若者らのやるやうな仕事」はしないが、実は、「一層たいせつな一層すぐれた仕事」をしている[63]。「大事業」は、「肉体にやどる活気とか突進力とか機動性」とかによってではなく、「思慮と貫禄と識見」によるのであって、老境にはそれらが「増大」してくるのであり[64]、「げに無分別は青春につきもの、分別は老熟につきものである[65]」と見なければならない、とキケロは述べている。

老境の良さ（その2）　二つには、老境に入ると、「肉体」が「弱め」られると、世の中の人は慨嘆する[66]。けれども、「熱意と活動とが持続してゐるかぎり、老人らにはその知力がとどまって」おり、必要なことの「物覚え」も減ずることはない[67]。老人たちは、「嫌はれるどころか、むしろ好かれてゐる」と言うべきであり、「青年らも老人たちのいろいろな教へを楽しみ」としている[68]。「人生の時期それぞれには独自の適順性が与へられて」おり、「体力が老齢の人々に要望されることはない[69]」。むしろ、「知能の錬磨」、「精神の競技」に「汗をながし、骨を折って」いれば、「肉体的気力の欠乏を覚えることがない[70]」。たえず「仕事なり労作なりのうちに生きてゐる人にとっては、いつ老境がしのびよるのか気づかれないでゐるのだ[71]」と、キケロは語っている。老境が、知性の完成の時期であることは、後述のショーペンハウアーも強調するところである[72]。

老境の良さ（その3） 三つには、老境に達すると、人は「殆ど全部の情欲」が奪い去られると言って[73]、嘆き悲しむ。けれども、「淫楽」こそは、「熟考」を妨げ、「理性」に悖《もと》り、「心の両眼」を晦《くら》まし、「道徳」に反する、「有害」この上もないものである[74]。「老境」はこれを自然に遠ざけてくれるのであるから、むしろ「老境にたいし多大の感謝をささげなくてはなら」ない[75]。それどころか、「肉情と野望」から離れ、「好学心」をもって、「研究と学問」に勤《いそ》しめば、「世に閑雅なる老境にもましてよろこばしいものは何ひとつない」のであり、そうした人は、「日に日にあまたまなびつつ老いてゆく[76]」。それに、老境にも、適度な食事、談話の楽しみがあるばかりか、雑木林や果樹園に囲まれて、晴耕雨読の健康な「田園生活のうちに晩年をすごす」ことほど、幸福なものはない[77]。「ただ正道をふんで一生を送ってきた齢《よわ》ひたかき者が、重みといふ最後のみのりをとらへるのである[78]」。老人たちは、「気みじかで、苦労性で、憤りやすく片意地」でもあるが、それは「性格による欠点であって老年によるものではない[79]」。「これらすべてのことが礼節と教養とによって一段とやはらげられるのである[80]」。

老境の良さ（その4） 最後に四つには、老境は、「死」からあまり離れていないといって[81]、世の中の人は、老境を忌み嫌う。けれども、「死の接近」ということならば、「死はすべての年齢にとって共通なもの」であり、青年とても、これを免れ難いはずである[82]。青年は、自分には未来があるなどと言うが、「定まらないこと[83]」を茫漠《ぼうばく》と思い描くだけでは意味がない。「美徳と善行とによってかちえたであらうだけのものが残るのである」[84]。それに、「かくも長い一生のうちに、死は軽視してさしつかへないものなのを悟らなかったやうな老人こそはまことに哀れなるかな」[85]。なぜなら、もしも死において、「人の魂がことごとく消えうせる」のなら、死は「まったく無視してさしつかへない」ものであるし、また、もしも「魂」が「永劫の来世」[86]に迎え入れられるのなら、死は「ねがひもとめなくてはならないこと」だからである。「老境の稔りは、まへもって収穫された美徳善行の思出と蓄へである」[87]。「成熟」[88]の結果、「自然に順じて」、「死がちかづく」のは、「まことによろこばしいこと」である。なぜなら、「そくばくの時間」を生きんがために、「めいめいにあてがはれて」いる「その時間をもって人は満足して」いるべきだからである。[89]「人生に満ち足りることが円熟せる死期をもたらすのである」[90]。「死がいまにもおしよせてくるやうにおぢ怖れてゐたのでは、誰が心のなかでぢっとしてをられようぞ」[91]。「わしは人間の魂が不滅であると信じてゐるが、たとへこれがよし思ひちがひであらうとも、あまんじてわしはこの思ひちがひに安住する」[92]。「もしわれわれが不滅のものにならないとしても、なほ適宜な時期に世を去ることがだれにものぞましいのである。なぜなら、自然は、よろづ他のこととおなじく生命にも限度といふものをもってゐる」[93]からである。

ストア的人生観　ここには、自然に随順して、従容として死を受け容れ、しかもそれに怖れを抱くことなく、常日頃、美徳と善行に励み、人生の豊かな稔《みの》りを蓄えて生きようとし、こうして老境を、この上ない落着きと成熟とにおいて迎え入れようとする覚悟と知恵が、見事に横溢《おういつ》している。

ただし、キケロ自身は、このような著作を著したのちに、不幸なことに、政治的動乱に巻き込まれて、殺害された(94)。

注

（1）H・T・エンゲルハート『バイオエシックスの基礎づけ』加藤尚武・飯田亘之監訳、朝日出版社、一九八九、二五八、五一八頁、および、飯田亘之「脳死と臓器移植の問題」〔渡邊二郎編『現代文明と人間』理想社、一九九四所収、特に一六頁〕を参照。

（2）前注（1）の文献のほか、飯田亘之『あなたの臓器は誰のもの』東信堂、一九八八を参照。

（3）医学的生物学的な「失命（Ableben, Exitus）」と区別して、哲学的存在論的な「死」を際立たせたのは、ハイデッガーである。M. Heidegger, Sein und Zeit, 1927. 7. Aufl., 1953, S. 241, 247〔ハイデガー『存在と時間』原佑・渡邊二郎共訳、中央公論社、世界の名著62（昭46）、中公バックス世界の名著74（昭55）〕。

（4）渡邊二郎『哲学入門』放送大学教育振興会、一九九六を参照。

（5）Plato, Phaedo, 81a1-2〔プラトン『パイドン』松永雄二訳、『プラトン全集』1、岩波書店、一九八〇（第二刷）所収〕。

（6）K. Jaspers, Psychologie der Weltanschauungen, 4. Aufl., Springer-Ver-lag, 1954, S. 260 ff.（以下、本書をPW と略記）。

（7）PW 263.（8）PW 263.（9）本書後述五一頁以下を参照。（10）PW 263 ff.

（11）この点については、渡邊二郎『哲学入門』放送大学教育振興会、一九九六、九七―一〇八頁を参照。
（12）PW 263.（13）PW 264.（14）PW 264 f.（15）PW 265.（16）PW 265.
（17）『ブッダのことば――スッタニパータ』中村元訳、岩波文庫、一九八四、一二九頁（以下、本書をスッタと略記）。
（18）スッタ一六五頁。
（19）田村芳朗・源了円編『日本における生と死の思想』有斐閣、昭52、のなかの「仏教の生死観」（田村芳朗）六六―七〇頁を参照（以下、田村と略記）。
（20）スッタ一七頁。（21）スッタ一〇二頁。（22）田村六九―七〇頁。（23）田村七〇頁。
（24）田村六五、七五頁。（25）PW 265-270.（26）PW 266 ff.（27）PW 265.（28）PW 266.
（29）PW 267.（30）PW 267.（31）PW 268.（32）PW 268.（33）PW 269.（34）PW 269.
（35）PW 269.（36）PW 269.
（37）源信『往生要集』上、石田瑞磨訳注、岩波文庫、一九九二、六四頁（以下、本書を源信と略記）。
（38）源信六五頁。（39）源信六七頁。
（40）『新編日本古典文学全集』7（『萬葉集2、巻第五―巻第九』小島憲之・木下正英・東野治之校注・訳）小学館、一九九五、一六七頁を参照。これは「奈良の京の荒墟を傷み惜しみて作る歌三首」の一つで、作者不詳のものである。
（41）『新編日本古典文学全集』11（『古今和歌集』小沢正夫・松田成穂校注・訳）小学館、一九九四、五五頁を参照。これは読人知らずの歌である。
（42）『日本古典文学大系』29（山家集・金槐和歌集）岩波書店、一九八七（第二七刷）、三二頁。
（43）『新編日本古典文学全集』44（『方丈記・徒然草・正法眼蔵随聞記・歎異抄』神田秀夫・永積安明・安良岡康作校注・訳）小学館、一九九五、一五頁。

(44) 同上、一一九頁。
(45) S・H・ブチャー『ギリシア精神の様相』田中秀央・和辻哲郎・壽岳文章訳、岩波文庫、昭21(第三刷)には、「ギリシア人の憂鬱」という章が収められている。同書一一八―一五六頁を参照(以下、本書をブと略記)。
(46) ブ一二三、一二八頁。(47) ブ一二九頁。(48) ブ一八〇頁以下。(49) ブ一三四頁。
(50) ブ一三九頁。ソポクレス『オイディプス王』高津春繁訳(『世界古典文学全集8、アイスキュロス・ソポクレス』高津春繁編、筑摩書房、昭39、三〇九頁)を参照。
(51) ブ一五五頁。
(52) ニーチェ『悲劇の誕生』を参照。渡邊二郎『芸術の哲学』放送大学教育振興会、一九九三、六六―一〇五頁を参照[『著作集』第10巻所収]。
(53) ブ一五四頁。
(54) 本書後述二八五頁以下を参照。
(55) キケロ『老境について』吉田正通訳、岩波文庫、昭26(第三刷)(以下、本書をキと略記)。
(56) キ八頁。(57) キ一一頁。(58) キ一二頁以下。(59) キ一四頁。(60) キ一七頁。
(61) キ一九頁。(62) キ一九頁。(63) キ二一頁。(64) キ二二頁。(65) キ二二頁。
(66) キ一九頁。(67) キ二三頁。(68) キ二六頁。(69) キ三二頁。(70) キ三五頁。
(71) キ三五頁。(72) 本書二八八―二八九頁。(73) キ一九頁。(74) キ三八、三七頁。
(75) キ三八頁。(76) キ四三―四四頁。(77) キ四七―四八頁。(78) キ五三頁。
(79) キ五四―五五頁。(80) キ五五頁。(81) キ一九頁。(82) キ五六―五七頁。(83) キ五七頁。
(84) キ五八頁。(85) キ五六頁。(86) キ五六頁。(87) キ五八頁。(88) キ五八―五九頁。
(89) キ五八頁。(90) キ六二頁。(91) キ六一頁。(92) キ六九頁。(93) キ六九頁。

（94）キケロの生涯については、たとえば、『世界の名著13、キケロ、エピクテトス、マルクス・アウレリウス』鹿野治助責任編集、中央公論社、昭43、一一―二二頁を参照。

第2章　生と死を考える（その2）死を見つめる

1　エピクロスの指摘

本章での考察課題　私たちは、ここで、哲学的存在論的な意味で、生の営みを一挙に断絶させる、無の出現としての死そのものを、もっと鋭く見つめ直してみなければならない。そのようにすれば、それを介して、かけがえのない、一回限りの、各自の人生を、真剣に受け止め、それを自分なりに本来的に生き抜こうとする覚悟が実ってくることが、明らかとなるはずである。私たちは、そのために、以下に、エピクロス、ハイデッガー、サルトル、モンテーニュ、ヤスパースなどによる、死の分析を引き合いに出し、それらに学びながら、考察を進めることにしよう。

エピクロスの主張　まず最初に、西洋の死の思想において、後世に甚大な影響を与えた、エピクロスの見解を見ておかねばならない(1)。エピクロスは、古代のヘレニズム期の著名な哲学者であり(2)、人々を死の恐怖から解放しようとして、死の考察を進めたが、その彼の考察の根本には、何人も否定できない、死に関する重大な指摘が含まれている。
それは、死というものが、私たち人間にとっては、けっして直接みずから経験することのできないものである、という点に関わっている。つまり、私たちが、直接みずから死を経験したとすれば、私たちは、ただちに死んでしまうわけであるから、そのときには、もはや死を経験するということ自体が、なくなってしまうわけである。なにかを経験するということは、生きている間においてのみ、可能だからである。したがって、死を経験するということはありえない。すなわち、死というものは、私たちにとっては、経験不可能なものであり、私たちにとっては、存在しないのも同然といったものであるわけである。したがって、と、エピクロスはここから結論を引き出すのだが、死は、私たちにとって、経験不可能な、無にも等しいもの、それゆえに、なんら恐れるに足りないものである、ということになるわけである。こうしてエピクロスは、生にとっての、死のまったき異質性、その経験不可能性、その無にも等しい事態を鋭くあばいて、死への恐怖を、無根拠として、放逐することを狙ったのである。

エピクロスの言葉　実際、エピクロスは、次のように語っている。「死は、もろもろの悪いもののうちで最も恐ろしいものとされているが、じつはわれわれにとって何ものでもないのである。なぜかといえば、われわれが存するかぎり、死は現に存せず、死が現に存するときには、もはやわれわれは存しないからである。そこで、死は、生きているものにも、すでに死んだものにも、かかわりがない。なぜなら、生きているもののところには、死は現に存しないのであり、他方、死んだものはもはや存しないからである」[3]。「死はわれわれにとって何ものでもない、と考えることに慣れるべきである。というのは、……死は感覚の欠如だからである」[4]。「死はわれわれにとって何ものでもない。なぜなら、分解したものは感覚をもたない、しかるに、感覚をもたないものはわれわれにとって何ものでもないからである」[5]

したがって、エピクロスによれば、死を「恐ろしい」と言い、死は「やがて来るものとして今われわれを悩ましているがゆえに、恐ろしい」と「言う人は、愚かである」ことになる。[6]なぜなら、死は、われわれを「何の根拠もなしに悩ましているにすぎないからであ」り、「生のないところには何ら恐ろしいものがない」からである。[7]

このようにして、「死がわれわれにとって何ものでもないことを正しく認識すれば、その認識はこの可死的な生を、かえって楽しいものとしてくれる」とエピクロスは言う。[8]それは「不死へのむなしい願いを取り除いてくれる」からである。[9]エピクロスによれば、「生きるということ」は、「それ自体好ましいもの」であり、「美しく生きる習練と美しく死ぬ習練とは、ひっきょう、同じもの」[10]とされるのである。

エピクロスの思想　エピクロスの以上のような指摘は、後世に大きな影響を及ぼした。とりわけ、死が経験不可能なものであるという点は、死のパラドクシカルな性格を鋭く突いて、多くの人々の賛同を呼んだ。加えて、その事実にもとづいてエピクロスが引き出した帰結、すなわち、死は、生と異質の、まったく経験できないものである以上、死を恐れることはもちろん、死を考えることさえ、無意味であり、死は「どうでもよい」事柄として、これを度外視して、あとはひたすら、美しく生きることに心を向ければよいとするその見解は、快楽を至上と心得る人生哲学を唱道したエピキュリアニズムの主義主張と相まって、多くの人々に衝撃を与えた。ただし、エピクロスが、単純な快楽主義者でなく、最終的には、永続的快楽を大切と考え、瞬間的快楽を慎しみ（なぜなら、瞬間的快楽を追求しすぎると、あとで強い不快に襲われるからだが）、こうして「平静な心（アタラクシア）」を重視したことは、(11)忘れ去られてはならない。

エピクロスへの疑問　エピクロスの以上のような考え方は、さしあたりまず、一応もっともなもののように思われるであろう。とりわけ、死の経験不可能性という考え方は、正しい面を射当てている。けれども、その事柄を根拠に、あたかも死がまるで存在しない事実であるかのように考えて、それへの恐怖心を捨て、あとは現世の楽しみに眼を向ければよいとする主張のなかには、ただちにそれには付いてゆけない点が含まれていると感じざるをえない気持ちを覚える人も、かなりいるのではないであろうか。それは当然なのである。なぜなら、エピクロスの主張のうちには、矛盾が含まれているからである。

　さきに引用した文章において、エピクロスは、「死」が私たちにとって「何ものでもない」理由として、「われわれが存するかぎり、死は現に存せず、死が現に存するときには、もはやわれわれは存しない」という事実を挙げ、「死は、生きているものにも、すでに死んだものにも」関係がなく、「死んだものはもはや存しない」と語っていた。[12] したがって、死は、私たちに経験不可能な、無にも等しいものだと、エピクロスは見た。けれども、そう言いながら、他方でエピクロスは、上の文章中で、「死が現に存するとき」について語り、「すでに死んだもの」という言い方をし、もはや生命の存しない「死んだもの」の事実に言及しているのである。つまり、エピクロスは、一方で、死の直接的な経験不可能性を主張しながら、他方で、「死が現に存し」、もはや生命の存しない「すでに」「死んだもの」が横たわる事実を語り、こうして死の厳然たる事実性を承認しているのである。だからこそ、エピクロスは、「不死」を望むことは空しく、私たちは「可死的」存在であると語っていたのである。[13] この死の厳然たる事実性を、いったいエピクロスは、どこから汲《く》み取ってきたのであろうか。また、その死の厳然たる事実性が拒否できないものであるとすれば、それと、死の直接的な経験不可能性とは、いかに調停しうるのであろうか。さらには、死の厳然たる事実性が不可疑だとすれば、たとえいかに死の直接的な経験不可能性が説かれたとしても、死は、必ずや、私たちに襲いかかってくる不可避の運命であるわけだから、私たちが「死ぬべき存在」であるという事実は、やはり抹消し難く私たちの存在のうちに刻印されている宿命であることになるであろう。そうなれば、たんに死の直接的な経験不可能性の主張のみによっては、死の恐怖も取り除かれえないであろうし、ましてや享楽にのみ耽《ふけ》って、死を無視して生きることは不可能となり、私たちは、やはり、私たちが非存在となり、無へと転化する死の事実を直視し、この事態を率直に認めて、真剣に生の形成を考えねばならないことになるであろう。

疑問点の由来　したがって、死の直接的な各自的な経験不可能性の主張を除けば、エピクロスの見解には疑問が多いのである。その疑問点の根拠は、エピクロスが、私たちにとっての死の経験不可能性から、死がまるで存在しないものであるかのような結論を引き出している点にある。私たちに経験できないからといって、当のものが存在しないとは限らないのである。そのように考えることは、あまりにも主観主義的な偏向であろう。私たちは、自分には直接経験できないような多くの事象が存在するということを、率直に認め、受け容《い》れなければならない。私たちが直接経験したことのないような、南海の孤島や、ヒマラヤの奥深い山岳地帯や、銀河系宇宙の彼方《かなた》の世界も存在するはずであるし、私たちがもはや直接経験しえないような江戸期の文化や、私自身の過去も、存在していたはずであるし、また私たちがいまだ直接経験していないような二一世紀の日本や、未来の私自身や、したがってまた将来必ずや私の上に襲いかかってくる死も、やはり存在し、出現するはずの出来事であると考えねばならない。私の主観を越えて、このように客観的に、むしろ、より適切には、実在論的に、出来事が出現するというふうに、私たちは、ものごとの成り行きを受け止めているのが通例であるし、またその受け止め方は、ある意味では実際正しいのである。私たちは、主観的偏見に陥らぬよう、冷静に、ものごとを見つめてゆかねばならないと思う。

2　ハイデッガーの分析

ハイデッガーへ　死の厳然たる事実性を直視しながら、しかもそこから逃避せずに、死すべき宿命を背負った自己自身の存在を引き受けて、本来的に「実存」することの必然性を鋭く分析してみせた現代の哲学者に、ハイデッガーがいる。彼の著した二〇世紀の画期的な哲学書『存在と時間』[14]は、そのなかで、「死に関わる存在（ザイン・ツーム・トーデ、Sein zum Tode）としての人間の「実存」を深く抉《えぐ》り出して、何人も承服せざるをえない見事な分析を提示してみせた。[15] 実を言えば、ハイデッガーは、きわめて特有な術語を用いて思索を展開する哲学者であって、人間のことを「現存在（Dasein）」と呼び（というのも、人間は、世界のなかに「現」に「存在」して、「そのつど自分に可能な存在の仕方」を選び取って生きてゆくほかにはない存在者だからであるが[16]）、その現存在がそのつど取る自分自身の「存在」の仕方のことを、ハイデッガーはさらに、「実存（Existenz）」[17]と名づけ、このような「現存在」の「実存」が、根本的に、「死に関わる存在」であることをあばき出したのである。

ハイデッガーの出発点　ハイデッガーの出発点は、私たちが先に見たエピクロスの指摘する事態のうちにある。つまり、死を「経験」した人は誰もいない（なぜなら、「経験」すれば、死んでしまうのだから、そのときには、死を「経験されたものとして了解する可能性」(18)が消え去ってしまうからである）。それであるから、それだけいっそう、「他者の死（der Tod Anderer）」(19)が、強烈な経験となるのである。つまり、ハイデッガーは、エピクロスと違い、自分の死は経験できないとしても、しかし死は、「他者の死」という形で、いわば「客観的」に与えられ、「経験」されうると見たのである。(20)

他者の死において看取される事柄　では、他者の死に際して、何が見て取られうるのか。たしかに、他者が死ねば、その生き生きとした現存在は失われ、「ただ事物的に存在するだけ」の屍《しかばね》となるが、しかしそれは、けっして「純粋な物体事物」ではなく、ましてや「道具」などではなく、「それ以上のもの」であり、実は、残された人々は、故人が自分たちから「喪失」されたことに哀悼の意を表し、敬虔《けいけん》に故人を弔うわけである。(21)けれども、いくらそのようにしても、私たちは、他者の死そのものを純粋な意味では経験できず、せいぜいただ、その「場に居合わせている」にすぎない。(22)つまり、当の死んでゆくその人自身が味わった「存在喪失」(23)を、私たちは経験することができないわけである。そして、死において肝心要《かなめ》の事柄は、この死んでゆく者自身が、終わりに至り、死に至るということである。

したがって、他者の死の場面に居合わせて分かることは、「いかなる人も、他者から、その死を取り除いてやることができない」[24]ということである。「死ぬこと（das Sterben）は、いかなる現存在（＝人間）も、そのつど、自分で自分に引受けなければならない。死（der Tod）は、それが「存在する」かぎり、本質的にそのつど私のものである。しかも死は、そのつど固有な現存在（＝各自の人間）の存在に関わりゆくような、特有の存在可能性を意味する」[25]とハイデッガーは述べている。世の中の普通の事柄に関してならば、「代理可能性」[26]があるが、死に関してだけは、そうした代理可能性は完全に挫折する。こうして、「死」は、「各自」の「実存」に深く関わる「特有な存在可能性」であることが、示されたわけである。[27]

実存の可能的不可能性という無としての死　死が「特有な存在可能性」であるということは、ほかの言葉で言い換えれば、私たち人間つまりハイデッガーの言う「現存在」が、それに突き当たっては崩れ去るほかはないような、もはや「実存することが不可能となってしまうような可能性」が、「死」である、[28]ということにほかならない。つまり、「死」とは、「現存在の端的な非力さ（Nichtigkeit）[29]」のことにほかならない。別言すれば、死とは、「現存在の実存の可能的不可能性という無（Nichts）[30]」の出現にほかならないわけである。ハイデッガーは、人間の存在の根底に、このような「非力」で「無力」なものが潜むと見、そこに「無」の影が射し込んでいると捉《とら》えるのである。「人間は生まれるや否や、もうただちに十分死ぬ年齢になっている」[31]のであり、こうした「死」へと関わって生きざるをえない存在構造において、人間は実存しているというわけである。

　こうして、ハイデッガーにおいては、死は、たんに「生理学的―生物学的」ないし「医学的」な「失命（Ableben, Exitus）」として捉えられるのではなく、また、たんなる「生きもの」の「終焉《しゅうえん》（Verenden）」と見られているのでもない[32]。そうではなく、あくまでもハイデッガーにおいては、死は、「存在論的」、「実存論的」に、人間つまり現存在の存在構造、その実存のあり方の分析にもとづいて、析出されてゆくのである。言い換えれば、死は、もはやたんに観察される他者の死の次元にとどまっていることはできず、「無」にさらされた、「各自」自身の「実存」に深く関わる「特有の存在可能性」、つまり、みずからの「実存の不可能性という可能性」として、「存在論的」「実存論的」に問題化されてゆくことになるのである。

「終わりに達する」ことでなく、「終わりへと関わる」存在の重要性　そのように問題化されるとき、死が、各自の現存在にとって不可避のものでありながら、しかしまだ襲ってきてはいないものであることは明らかであろう。現存在は本質的に、「未完了」[33]のものなのである。けれども、その未完了、未完結のものを、人間という現存在は、あたかも未払いの借金の返済のように、順次支払ってゆくのではない。またその未完了の事態は、たんに認識できないものという意味のものでもない。むしろ、人間という現存在は、その未完了のものとして生成してゆくのである。そうはいっても、果実が熟するように、人間という現存在は、死において、完成するのでもない。人間という現存在は、むしろ、それが存在するかぎり、どこまでも、みずからの未完了であるというありさまで、みずからの終わりへと関わりつつ存在しているのである。「死（Tod）」によって「終わる」ということは、したがって、現存在が「終わりに達してしまうこと（Zu-Ende-sein）」を言うのではなく、「終わりへと関わりつつある存在（Sein zum Ende）」であることを指している。[34]「死（Tod）」とは、「最極限の未完了」であって、私たち「現存在がそれへと関わっているところのもの（etwas, wozu das Dasein sich verhält）」[35]、「現存在が実存しつつそれへと関わって存在している終わり（das Ende, zu dem das Dasein existierend ist）」[36]である。「死ぬ（Sterben）」とは、「現存在が、自分の死（Tod）に関わりつつ存在するゆえんの存在様式（Seinsweise, in der das Dasein zu seinem Tode ist）」[37]のことである。「死（Tod）」とは、現存在が「みずからの終わりに関わっている」[38]あり方のことにほかならない。

死へと関わる存在　こうして、死という問題における眼目は、人間が、死という「無」、あるいは、死という「終わりに達してしまって」、文字通り、実存しなくなった状態そのもののうちに存するのではない、ということになる。そのときには、人間はもはや現存在しなくなり、あらゆる可能性を剝《は》ぎ取られるだけだからである。そうではなく、大事な点は、私たち人間各自が、そのような終わりへと差しかけられ、そのように、「死に関わりつつ存在している（ザイン・ツーム・トーデ、Sein zum Tode）[39]」というところにある。ハイデッガーによれば、「現存在にふさわしい形では、死は、ただ、死へと関わる実存的な存在のうちにのみある[40]」のである。端的に言えば、死の問題の大切な主眼点は、死ぬことそのもののうちにあるのではなく、死に差しかけられた私たちの実存をいかに自覚し、いかにそれへと態度を取るかという点にあるということである。逆に言えば、人間的現存在が「死へと関わる存在」であるということは、そのように、死に差しかけられた、終わりある存在として、私たちが自分の実存を自覚し、これを鋭く見つめ、これへと関わって、自分の実存をいかに生きるべきであるのかという問題へと、切り換えられる、ということにほかならない。

死の規定　そのように考えたとき、死が、現存在にとって、いまだないが、やがて必ず襲いかかってくる「切迫（Bevorstand）[41]」として、差し迫ってきていることは明らかである。そのような死は、各自の現存在が、みずからの「最も固有な[42]」存在可能において引き受けねばならないものであることも明らかである。そうした死にさらされたとき、他の現存在への関係はいっさい断たれるから、死が、「没交渉の[43]」可能性であることも、はっきりしている。しかもそうした死は、最極限のものであり、そこにおいてはもはや実存することが不可能になってしまうような「追い越しえない(44)」可能性であることも疑いようがない。加えて、死は、「確実な」ものであり、それでいて、あらゆる瞬間に可能な、その出現の時期の「未確定性」を伴ったものであろう(45)。このような意味で、「死とは、現存在の終わりとして、現存在の、最も固有な、没交渉の、確実な、それでいてそうしたものとして未確定的な、追い越しえない可能性である(46)」ということになる。

本来性への決意　私たち現存在は、実存するかぎり、もうすでに、こうした可能性のなかへと「投げ出されて(47)」いたのである。それなのに、私たち現存在は、「人はいつか死ぬものだ(48)」などと、他人事《ひとごと》のように言って、死の不可避性を覆い隠し、「死から逃避(49)」しようとする。けれども、そうした「死に関わる非本来的な存在(50)」は、早晩崩壊せざるをえない。なぜなら、私たち人間は、自己の死と、いつの日にか必ず、向き合わねばならないからである。「非本来性は、その根底に、可能的な本来性をもつ(51)」のである。こうしてハイデッガーによれば、「死へと関わる存在」である私たちの実存の真実を、私たちが真剣にこれを真正面から凝視するならば、それは、そうした終わりある実存を、本来的かつ全体的に生き抜く覚悟ないし決意へと導くとされるのである。

運命の必然性を生きる勇気　それは、死という「可能性のなかへと先駆して(52)」、その死の可能性を可能性として了解し、耐え抜くあり方のうちから発現してくるとされる。しかも、そのような本来的かつ全体的な実存のあり方を取るよう、私たちのうちの「良心」(53)の呼び声がこれを促すという。このようにして、死にさらされた、しかもあらゆる点で「非力な」自己の「責めある存在」(54)を、本来的かつ全体的に引き受けて実存しようとする「先駆的決意性」(55)が出現してくるとされる。しかも、それは、具体的には、自己の「運命（Schicksal）」(56)の自覚となって出現してくる。つまり、現存在は、「死」の壁に突き当たって「打ち砕かれて」(57)、結局は、自分の「事実的」な現存在の場面へと突き戻されながら、そのなかで、他者と共に存在する「共同運命（Geschick）」(58)を背負いつつ、おのれの「運命」的実存の必然性を生き抜くほかにはないのである。ここに、「本来的な歴史性」(59)が成立する。そのとき、現存在は、おのれの死へと「先駆」しながら、過去からの伝承を「取り返し」つつ、自分の現在置かれた世界内存在の状況のなかを、ありありと「瞬《まばた》きし見つめながら」、そのなかへと関与してゆこうとするのである。(60)

ハイデッガーの長所　こうして、「死へと関わる存在」の自覚は、本来的な仕方で、この現実の世の中を生き抜く覚悟となって具体化するとハイデッガーは見たのである。ここには、「死」を直視しつつ真剣に「生」きようとする態度が、見事に抉り出されているように思う。私たちは、こうした死の分析に、多くのものを学ばねばならないと考えるのである。

3　サルトルとモンテーニュの見解

エピクロスからモンテーニュを経てサルトルへ　ところが、ハイデッガーの分析が公表されたのちに、これに異論を唱える論評が出現した。[61]その異論は、簡単に言えば、ほぼ次のような形態を取る。すなわち、死にさらされながら、それでいてなおかつ、その「死へと関わって」、死すべき有限の自分の実存を本来的に生き抜こうとする勇気が、いったいどこから人間に湧いてくることができるのか。むしろ反対に、近代初めの懐疑主義的なフランスの思想家モンテーニュが言ったように、そうした死などは、「自然の、どうでもよい、偶然的事実[62]」と見ることによってこそ、人間は、自由に息づくことができ、暗い思いから解放され、希望に充ちて生きることができるのではないのだろうか、というわけである。このような異論の出てくる根拠を探れば、容易に理解しうるように、それが、死などは経験不可能なものゆえ死のことを思い煩《わずら》うのは愚かであるとしたエピクロスの伝統に由来するものであることは、明らかであろう。そして実は、こうしたエピクロスからモンテーニュを経て現代へと至る流れのなかに立って、現代のフランスの実存主義者サルトルは、その『存在と無[63]』という大著のなかで、反ハイデッガー的な立場を取りながら、死などは「どうでもよい」事柄だとして、死などに煩わされない、まっしぐらに生に突き進む、自由の哲学を提唱したのである。けれども、そのサルトルの見解はほんとうに妥当であろうか。私たちは、サルトルの主張の主要論点を再吟味しながら、この問題を簡単に省みてみよう。

サルトルの見解　まずサルトルは、先述のように死を「特有な存在可能性(64)」と捉えたハイデッガーに「逆らって(65)」、こう言う。「死は、私の固有な可能性であるどころか、死は、ひとつの偶然的事実である(66)」と。なぜなら、死は、私の諸可能性の追求を可能ならしめるどころか、それを「無化(67)」し、私の人生からあらゆる意味を剝ぎ取る出来事だからである。私の人生の意味は、ひとえに、この世界のなかで、私なりに諸可能性を追求し、私なりに自分の人生を生き抜くことのうちからのみ、実ってくる。したがって、「私の主体性のうちには、死にとって、いかなる場所も存在しない(68)」。「死は私を傷つけない(69)」。「私の自由である自由は、全面的かつ無限であり続ける(70)」。こうして、「死を、絶対者に向かって開かれた小窓と見なすような希望」はすべて、「放棄しなければならない(71)」とサルトルは説いている。サルトルは、死を介して、絶対者を仰ぎ見るような宗教的考え方を、忌み嫌っているわけである。

サルトルへの疑問　こうしたサルトルの見解のうちに、死への思い煩いを打ち砕く強《きょう》靭《じん》な生の思想が横溢していることは、確かである。けれども、それは、「全面的」に正しい思想であろうか。残念ながら、私たちは、否と答えなければならない。

なぜなら、まずサルトルは、ハイデッガーが死を「特有な可能性」と捉えたことに反対して、死は、「私の固有な可能性」ではないと言うが[72]、しかし、ハイデッガーにおいては[73]、死は実は、「実存が不可能になる可能性」という「特有な存在可能性」であったことを忘れてはならないからである。こうした、あらゆる可能性の剥奪《はくだつ》としての「無」[74]の出現が、死であることを、まさにハイデッガーは述べていたのであり、それは、あらゆる可能性を「無化」[75]する死というサルトルの見解と同じだからである。サルトルは、こうした死の出現が、「ひとつの偶然的事実」[76]であると語っているが、それは、まさにハイデッガーが指摘していたように、死が、「確実」[77]でありながら、しかもその襲来の時期の「未確定性」を伴ったものであるということに、起因しているのではないであろうか。サルトルの固有性は、死がそのように「ひとつの偶然的事実」であるがゆえに、そのような死のことを思い煩うのは無益であり、私の「主体性」と「死」とは無関係である[78]、という点の指摘に存していた。けれども、死が、私にとって突然襲いかかってくる「ひとつの偶然的事実」であるのならば、同じく、私の「生」ないし「主体性」も、おそらく、私にとって突然ある時に、理由もなしに生じた、「ひとつの偶然的事実」ではないであろうか。しかし、「生きる」ということが、ある時点以来、私において突如理由もなしに生じた事柄であるからといって、それを、なおざりにし、「どうでもよい」事柄として扱う人は多分いないはずである。それと同様に、たとえ死が、いつの日にか突然私に襲いかかる「ひとつの偶然的事実」だからといって、それを「どうでもよい」

事柄として扱ってよいとする考え方が、当然の帰結として出てくるわけにはいかないのである。生も死も、私において、理由もなしに生起する事柄であるとはいえ、私たちは、いずれをも大切に扱い、生と死とが裏腹となった自分の実存を本来的に生き抜こうと決心するのが、人間の真情であろう。しかも、その私の「主体性」は、「全面的かつ無限」[79]ではなく、不自由の状況のなかに繋《つな》がれ、この世の中のさまざまな柵《しがらみ》に縛りつけられた拘束のなかでの「自由」であるほかにはないのが、真実の人間的主体性であり自由であろう。そのなかで、自分なりの「運命」を「愛[80]」して生きる覚悟が、各自の人生をほんとうに現実的に意味あるものとして生み出してくるゆえんの根本態度であると言わなければならないであろう。不自由と拘束と死のなかで、それにもかかわらず、「運命愛」を生き抜くことをほかにして、人生の生きがいは出現しえないのが人間というものであろう。人生の意義のなかには、死にさらされた有限の人生を生き抜くという事態が、必《ひっ》須《す》の運命意識として、織り込まれていると思う。そして、ここにのみ、生きることの根拠と確信が、根ざさねばならないのである。そうした考え方においては、「死を、絶対者に向かって開かれた小窓と見なすような希望[81]」、そうした超越的な既成宗教の諸観念は、さしあたり無縁であると言わねばならない。むろん、死にさらされた人生のただなかにおいて、いかに永遠性の確信を築きうるのかは、ひとつの大問題ではある。[82]けれども、その問題と、死の「彼岸」のどこかに「絶対者」があると信ずる超絶的な既成宗教上の諸観念とは、別物であろう。こうして、死にさらされつつ、しかもなおそこから逃避せずに、各自の「事実的」な現存在の場面のなかを「本来的」に生き抜こうと覚悟し決意するところに[83]、生と死をめぐる根本問題の核心が存していると言わなければならないと思うのである。

モンテーニュの見解　そして実は、フランス・ルネサンス期の大思想家モンテーニュ[84]も、たしかに一方で、死を、「自然の、どうでもよい出来事[85]」としながら、他方ではしかし、死を思う覚悟の重要性を繰り返し強調しているのである。すなわち、モンテーニュは、まず一方ではこう言う。死は、「生の末端」ではあるが、「目的」ではなく、「終局」ではあるが、「目標」ではない。「生はそれ自身が目的であり、その目指すところでなければならない。生の正しい研究とは、生を整え、生を導き、生に堪えることである[86]」と。それどころか、死は、なんら恐ろしいものでさえないとも言う。むしろ「死そのものよりも、死のまわりを取り巻いている人々の恐ろしげな顔つきや、ものものしい儀式が恐怖を生むのだ[87]」。「死そのものは死を待つことよりもつらくない[88]」と。けれども他方でモンテーニュは、やはり、「死に親しみ、馴れ、何よりもしばしば死を念頭におくようにしよう[89]」と語る。「死はどこでわれわれを待っているかわからないから、いたるところでそれを待ち受けよう[90]」。「死の修得はわれわれをあらゆる隷属と拘束から解放する[91]」ともモンテーニュは述べている。そして、「われわれの終焉は誕生のときからはじまる[92]」とモンテーニュは端的に指摘している。してみれば、やはりモンテーニュも、生と死を一体のものとして捉え、死そのものを「自然の、どうでもよい事実」[93]と見ながら、他方で、たえず、終わりある、死すべき各自の人生に対する心の準備を整えて、みだりに恐怖したりせずに、しっかりと覚悟を定めて、人生を歩むことを説諭していることが分かるのである。こうしたモンテーニュの態度こそは、私たちが、言わず語らずのうちでおのずと取っている、死への心構えであると言ってよいのではないであろうか。

4　ヤスパースの考察

ヤスパースへ　ハイデッガーと並んで、現代ドイツの大哲学者として忘れてならない人物に、ヤスパースがいる。彼の著した大著『哲学』[94]のなかには、きわめて有名な「限界状況」という思想があり、「死」は「個別的限界状況」のひとつとして[95]、そこでは、たんに自己自身の死という局面ばかりでなく、他者の死をも含め、きわめて包括的に、広く深く捉えられており、間然《かんぜん》するところがない。精神病理学から心理学を経て、哲学に進んだ思想家として、ヤスパースは、人間の実存の深層を見事に掘り下げていると言ってよい。

限界状況　「限界状況」とは、私たちの生きているさまざまな状況のなかで、「壁」に突き当たってその先が「見渡せず」、その前に立っては、ただ私たちが「挫折」するだけであるような状況のことである。[96] こうした「限界状況」を経験することと、「実存」することは同じであるとされる。[97] このような限界状況が、個別的な姿を取って現れたそのひとつが、死にほかならない。ヤスパースは、限界状況としての死の、特に五つの局面に注意を向けていると見てよいと思う。

最も身近な人の死　まず第一に、死は、他者の死、しかもとりわけては「最も身近な人の死」[98]という形で、出現し、私たちを震撼《しんかん》させる。身近な愛する人の死こそ、「人生の現象の中で最も深く切りこんでくる傷口」[99]である。「孤独のままあとに残された者がもつ胸かきむしるような憧れ」、「別離の身にしみ入るような堪えがたい想い」[100]が、残された者の胸裡《きょうり》を引き裂く。けれども、亡くなった人が大切な人物であればあるほど、いよいよ人は、故人との交わりを大事に胸の奥にかき抱き、忘れえぬ契りにおいて、その故人と共に生きる決心を固めるはずである。こうして、「死をも超えて持続する交わりの真理」のゆえに、人は、「心変りせぬ誠実さ」において、故人と共に生き、いまや故人の死は、新たな「存在の現実」となるのである。[101] ヤスパースは、死をも超えて持続する心の交わりと誠実さを強調している。

私の死　しかし第二に、やはり死の問題としては、「私の死」[102]が、なんと言っても、根本の問題次元を成すであろう。ヤスパースは、エピクロス以来、誰しもが認める事実、すなわち、私の死は私には経験できないという事実を、やはり承認する。けれども、だからといって、私の死は、私にとって、無関係ではないとヤスパースは見る。つまり、死という非存在を思ったときの「ぞっとするような気持ち」、「私はまだやり遂げねばならないことを抱えているということ、私は完成してはいないということ」が、私には痛切に実感されてくるわけである[103]。したがって、死は、たしかに非存在もしくは無であるが、この「無」のうちからのみ、「真の実存の確信」が実ってくるとヤスパースは言う[104]。そのときには、「死に直面しても本質的であり続けるようなことがらは、実存しつつ為され、一方、死に直面すれば崩れ去るようなことがらは、たんに現存在（些事《さじ》）にすぎない」ことが分かってくる[105]。それゆえ、些事に捕われている者には、死の不安は取り除きえないが、実存に目覚めた者にとっては、「死をまえにして落ちつきはらい、終焉を知って悠揚平静さを失わないことが可能になる[106]」。そのときには、「英雄的人間の死をも辞さぬ勇気」が可能となり、「自分はここに立ちそして斃《たお》れるのだ」と言って、一身を賭《と》すことが可能になるわけである[107]。ヤスパースは、死を先取りしつつ、本来的に生きる覚悟を重視していると言ってよい。

生きながらの死　しかし、さらに第三に、ヤスパースは、いわば、「生きながらの死」という現象があることに鋭く注意を向けている。つまり、死の定めを思い、それでも実存に目覚めぬときには、人間は、生きながらも、死んだも同然の状態になってしまうわけである。すなわち、「さあ、食べて飲もうじゃないか、だってあしたは死ぬんだから」(108)と言って、たんに享楽に耽《ふ》けるならば、実存は失われてしまうわけである。真の実存は、いたずらな延命にあるのではなく、「決断による充実」(109)のうちにあるとヤスパースは言う。

死の深み　けれども第四に、ヤスパースは、死のうちに、ある深さが隠れていることに注意を促す。「最高の生は死を怖れずに死を欲する」という意味で、いわば「死の深み」があるとヤスパースは言う(110)。死の深みということの意味は、「死の異質性が脱落するということであり、私は私の根拠としての死へと向かってゆくことができるということであり、死のうちには、概念的理解を超えた仕方でではあるが、完成が秘められているということである」(111)と、ヤスパースは述べている。死をも辞さずに、一身を擲《なげう》ってこそ、活路も開かれ、真の偉大な事業も達成されうるわけである。死して生きる、という覚悟のうちには、死をとおして大きく生き返り、復活するという決意が伏在している。こうした、死をとおした生の躍動という思想のうちには、死の汲《く》み尽くしえぬ深さという思想が伏在していると言っても過言ではないと思う。死は、ときに「庇護ある安らかさを与えてくれる」(112)わけである。

死の変貌　第五に、ヤスパースは、死は、「私とともに変貌する」(113)と語る。つまり、死は、私の生涯を通じて、私の人格的成長とともに、その相貌《そうぼう》を変化させるわけである。このことも、たしかに否定できないように思う。死は、容易には見極めえない複雑な意味と含蓄を秘めていると言わなければならないのである。

注

（1）『エピクロス――教説と手紙』出隆・岩崎允胤共訳、岩波文庫、昭34を参照（以下、本書をエピと略記）。
（2）エピクロスについては、簡単には、渡邊二郎『哲学入門』放送大学教育振興会、一九九六、一三五頁以下を参照。
（3）エピ六七―六八頁。（4）エピ六七頁。（5）エピ七五頁。（6）エピ六七頁。（7）エピ六七頁。
（8）エピ六七頁。（9）エピ六七頁。（10）エピ六八頁。
（11）前出注（2）の『哲学入門』一三五頁以下を参照。
（12）エピ六七頁。（13）エピ六七頁。
（14）M. Heidegger, Sein und Zeit, 1927. 7. Aufl., 1953（以下、本書をSZと略記）〔ハイデガー『存在と時間』原佑・渡邊二郎共訳、中央公論社、世界の名著62（昭46）、中公バックス世界の名著74（昭55）〕。
（15）この点については、渡邊二郎「「死へとかかわる存在」と「限界状況」」（泉治典・渡邊二郎編『西洋における生と死の思想』有斐閣、昭58、二五六―二六九頁所収〔『著作集』第3巻所収〕）や、同じく渡邊二郎「ハイデッガー“Sein zum Tode”から」（『日本医師会雑誌』第一〇五巻第七号、平成3、一〇九六―一〇九八頁所収）や、同じく渡邊二郎「哲学における死の問題」（関東学院大学人文科学研究所編『〝死〟を考える』理想社、一九九四、二一七―二六四頁所収〔『著作集』第3巻所収〕）などの、平明な叙述を参照。詳しくは、渡邊二郎『ハイデッガーの実存思想』新装第二版、勁草書房、一九八五、五二六―五五〇頁〔『著作集』第1巻所収〕を参照。

（16）SZ 12, 42.（17）SZ 12.（18）SZ 237.（19）SZ 237.（20）SZ 237.（21）SZ 238 f.（22）SZ 239.

（23）SZ 239.（24）SZ 240.（25）SZ 240.（26）SZ 239.（27）SZ 240.（28）SZ 306.（29）SZ 306.

（30）SZ 266.（31）SZ 245.（32）SZ 240 f., 247.（33）SZ 242.（34）SZ 245.（35）SZ 250.

（36）SZ 246.（37）SZ 247.（38）SZ 259.（39）SZ 234.（40）SZ 234.（41）SZ 250.（42）SZ 250.

（43）SZ 250.（44）SZ 250.（45）SZ 258.（46）SZ 258 f.（47）SZ 251.（48）SZ 253.（49）SZ 254.

（50）SZ 259.（51）SZ 259.（52）SZ 262.（53）SZ 267 ff.（54）SZ 284 f.（55）SZ 306.（56）SZ 384.

（57）SZ 385.（58）SZ 384.（59）SZ 386.（60）SZ 385 f.

（61）これはシュテルンベルガーによってなされた。詳細は、前出注（15）に掲げた、渡邊二郎『ハイデッガーの実存思想』新装第二版、勁草書房、一九八五、五三二―五三三、五四一―五四二頁を参照。

（62）「死ぬこと（le mourir）」は、「自然の、どうでもよい、偶然的事実（accident naturel et indifférent）」であると、モンテーニュは、『エセー』第三巻第四章で述べている。後出注（66）（85）を参照。

（63）J.-P. Sartre, L'être et le néant, 1943, 43e éd., 1955（以下、本書をENと略記）〔サルトル『存在と無』松浪信三郎訳、人文書院、全三巻、昭31、33、35〕。

（64）前出注（25）（27）を参照。

（65）EN 630.（66）EN 630.（67）EN 621.（68）EN 632.（69）EN 632.（70）EN 632.（71）EN 617.

（72）前出注（66）を参照。

（73）前出注（28）（30）を参照。

（74）前出注（30）を参照。

（75）前出注（67）を参照。

(76) 前出注（66）を参照。
(77) 前出注（45）を参照。
(78) 前出注（68）を参照。
(79) 前出注（70）を参照。
(80) これはニーチェの言葉である。
(81) 前出注（71）を参照。
(82) 本書七二頁以下を参照。
(83) 前出注（57）（59）を参照。
(84) 『モンテーニュI、II』原二郎訳（『世界古典文学全集』37、38、筑摩書房、昭41、43）を参照（以下、本書を、モI、モIIと略記）。
(85) モII一六九頁。（86）モII三三九頁。（87）モI六八頁。（88）モI三八頁。（89）モI五九頁。
(90) モI六〇頁。（91）モI六〇頁。（92）モI六五頁。
(93) 前出注（62）（85）を参照。
(94) ヤスパース「限界状況」渡邊二郎訳（ヤスパース『哲学』小倉志祥・林田新二・渡邊二郎共訳、『世界の名著』山本信責任編集、中央公論社、続13、昭51、『中公バックス世界の名著75』昭55、二七四—三五二頁所収）を参照（以下、本書をヤと略記）。なお、前出注（15）に挙げた小論、渡邊二郎「死へとかかわる存在」と「限界状況」をも参照。
(95) ヤ三〇〇—三一五頁。（96）ヤ二七六頁。（97）ヤ二七七頁。（98）ヤ三〇二頁。
(99) ヤ三〇二頁。（100）ヤ三〇三頁。（101）ヤ三〇三頁。（102）ヤ三〇三頁。（103）ヤ三〇七頁。
(104) ヤ三〇九頁。（105）ヤ三〇五頁。（106）ヤ三〇九頁。（107）ヤ三一〇頁。（108）ヤ三一二頁。
(109) ヤ三一二頁。（110）ヤ三一三頁。（111）ヤ三一四頁。（112）ヤ三一四頁。（113）ヤ三一四頁。

第3章　生と死を考える（その3）　永遠性の問題

1　生死を越えたものへの問い

死にさらされた生存への不安と懐疑　前章で見たように、私たちは、やがて何人にも不可避的に襲ってくる死の事実に対し覚悟を定め、この終わりある各自の人生を、自分本来固有の仕方で生き抜き、かけがえのない各自の人生を大切にして、これを立派に生き抜くということをおいて、どこにも、人生に対する真実の根本的構えをもちえない存在者なのであった。私たちは、この根本的事実に即して、各自、自分の人生をそれぞれなりの仕方で築いてゆくほかには、どこにも人生というものをもつことができないのである。

けれども、いかにそうした真剣な生き方がなされたとしても、やはり所詮《しょせん》は、人間が死すべき可滅的な存在者だとすれば、その人間の努力は、結局は、水泡に帰し、無意味の、空しい足掻《あが》きに帰着するのではないのかという不安と懐疑は、どうしても抑えがたく、私たちの心のうちに、頭を擡《もた》げてくるのではないであろうか。神や仏は、ほんとうに存在しないのであろうか。人間の魂は、死とともに終わってしまうのであろうか。人間は、過ぎゆく時のなかで滅びゆくものであり、けっして永遠性に与《あずか》ることができないものなのであろうか。絶対的なものは、どこにも存在しないのであろうか。こうした、いわば「生死を越えたもの」への問いが、死にさらされた私たち人間のうちには、不可避的に襲ってくると言ってよいと思う。

哲学と宗教の分岐点　この問題を考えることは、人間における「宗教的なもの」を考え抜くという試みになってゆくであろう。けれども、ここでは、私たちは、なんらかの既成宗教の立場を取ることを、みずからに禁止したいと思う。私たちの立場は、あくまで、人生に関する「哲学」の立場である。哲学は、あくまで人間的経験の枠内にとどまり、その限界と範囲内における人間的経験の根本的考察に、みずからを限定するのである。したがって、みだりに、神や仏を、独断的に担《かつ》ぎ出すことに対しては、私たちは慎重であらねばならない。ある意味で、私たちはここで、哲学と宗教との限界面、その接触点と分岐点のまえに立っていると言ってよいのかもしれない。あるいは、理性の立場と、信仰の立場との、連関と相違の地点にさしかかっているとも言うべきであるのかもしれない。

問題の深さと目下の狙い　しかも、こうした問題点については、実は、これまで数多くの優れた考察が加えられてきているのである。哲学と宗教、時間と永遠、有限者と絶対者、等々といった論題ないし問題意識の及ぶ射程は広大であり、東西の思想史のすべてが、この問題に関わっていると言っても過言ではない。けれども、ここでは思想史的考察の博捜《はくそう》を狙うことが、もともと目的であるのではない。目下は、ひとえに、死によってすべてが灰燼《かいじん》に帰してしまうのかという、私たちの素朴な懐疑と煩悶《はんもん》に対し、ささやかな自省を加えてみるということ、このことに私たちの考察の意図は尽きている。したがって、こうした事柄に関連するいわば形而上学的《けいじじょうがく》問題の周密な考察は、別の機会に譲らざるをえない。

カントの考察へ　ところで、まず、こうした問題に関しては、近代の合理的な啓蒙《けいもう》思想の洗礼を受けている「現代の私たち」にとっては、なんといっても、近代ドイツの大哲学者カントの出した答えが、最も納得のゆきやすい、きわめて人間的な解答であると、言わざるをえないのである。

カントは、『純粋理性批判』という近代の最も重要な書物の冒頭で、人間的な理性には「拒否」できないが、しかし「答えられない」根本的な問いがあるとした(1)。それが、形而上学的な問いであり、それは結局、その書物の後半部分や、それに続く『実践理性批判(2)』という著作で論ぜられているように、「自由」と「霊魂不滅」と「神の存在」という、三つの問題に集約されると言ってよい。どうして、この三つの事柄が、人間にとって、最も気懸りの種となる大問題であるのか、また、カントは、それに対してどのような解答を提供したのかということを、ごく「分かりやすい形に言い換えて」述べれば、以下のようになる。そしてここに、私たちの目下の問題が深く関わることになるのは、見やすい事柄であると思う。

自由　まず、「自由」であるが、もしも、この世界のなかに自由というものが存在しないとすれば、すべては自然の必然的な因果法則によって支配されることになり、したがって、人間的行為も、因果法則によって惹《ひ》き起こされた機械的出来事となり、人間の行為の「責任」を問うことが不可能になってしまう。しかるに、人間は、「人格」的存在者であり、行為の「善悪」を考え、責任をもって「道徳」的に振る舞いうる存在者であると考えざるをえない。ところが、そのためには、人間は、自然法則に左右されずに、「自由」をもって、あるべき道徳法則に則《のっと》って、「自律」的に「理性」的に、行為しうるのでなければならないわけである。それゆえに、「自由」というものが、どうしても、この世界のなかには存在しなければならないことになる。しかるに、カントによれば、こうした「自由」の存在は、理論的には認識できないとされた。この世界の出来事は、その「現象界」に関するかぎりは、自然必然的な「因果法則」によって説明されなければならないからであった。けれどもカントは、現象を越えた、「物自体」という「可想界」においては、「自由」が存在すると人間は想定してよいし、否、「自由」の存在を、私たちは「信」じざるをえず、それを「要請（Postulat）[3]」せざるをえないとカントは考えたのである。なぜなら、もしもそうでなければ、この世の中には、「理性的人格者」は存在せず、「道徳」は不可能となり、この世の中は真っ暗闇となってしまうからである。「自由」こそは「道徳法則」の「存在根拠」であり、逆に、「道徳法則」こそは「自由」の「認識根拠」であると[4]、カントは考えたのである。

霊魂不滅　さて、もしも、このように、自然の必然的な衝動に左右されずに、自律的な道徳法則に従って、人間が「人格」として行為して生きるとすれば、人間は、無限の「努力」を要求されることになるであろう。なぜなら、そのためには、自然必然的な欲求や衝動に打ち勝って、厳しく自己を律し、なすべき道徳的義務を、自由な自発的意志において、実践して生きねばならないからである。そのとき人間は、誠実に、道徳法則の求める「義務」に忠実に従って、刻苦勉励し、その一筋の道を、必死に精進して生き、一生涯にわたって研鑽《けんさん》の道を歩まねばならないことになるであろう。その努力の過程が、「死」とともに断ち切られ、微塵《みじん》となって砕け散り、徒労の試みとして雲散霧消することになれば、これはあまりにも無惨なことになるであろう。カントは、むろん、科学的な認識を尊ぶ近代的な哲学者であったから、「霊魂不滅」という事柄が、この「現象界」においてはもちろん、「物自体」という「可想界」においても、けっして理論的には認識されえず、証明不可能な事柄であることを見抜いていた。けれども、実践的立場に立てば、人間は、「霊魂不滅」を「信」じざるをえず、否、「要請」せざるをえないとカントは考えたのである。(5)つまり、人間の人格的努力は、けっして死をもって断ち切られはせず、永遠に課せられ、こうして人間の「霊魂」は「不滅」であると考えざるをえないと、カントは見たのである。そうでなければ、この世の中はあまりにも真っ暗闇であるとカントは考えたと言ってよいのである。

神の存在　さらに、カントによれば、そのような人間の人格的完成を目指す道徳的努力は、この世の中では、必ずしも報われるとは限らないとされた。人生は労のみ多く、幸薄いのがつねだからである。したがって、カントは、そのように「善」を目指す人間の誠実な精進に対して、これに報い、「幸福」を授けてくれるような「神」が「存在」することを、人間はどうしても、「信」じ、否、「要請」せざるをえないと考えたのである。(6)けれども、むろん、「現象界」の科学的認識を重んじた近代的な哲学者カントによれば、「物自体」の「可想界」において「神の存在」をいくら「証明」しようとしても、そのあらゆる試みは虚妄であることが暴露されるとされた。科学的認識の形では、「神の存在」は、客観的には、いかようにしても「証明」されえず、不可知であるとされたのである。けれども、実践的立場に立って、道徳的に「善」を目指して必死に努力するとき、その「神の存在」は、実践的に認識されてくるとカントは見た。すなわち、そうした「善」を目指す行為に、「幸福」を保証してくれるような「神の存在」が、そのとき、必ずや、「信」じられ、否、「要請」されざるをえないと、カントは考えたのである[7]。そうでなければ、この世の中はあまりにも真っ暗闇になってしまうと、カントは考えたからである。

理性信仰　こうして、カントは、「自由」と「霊魂不滅」と「神の存在」の三つが、理論的には認識できないが、しかし私たちの認識を「統制的」に導くべき究極の三つの「理念」であることを示し、しかもこれら三つの理念が、「実践的」に「要請」されてこざるをえないことを明らかにしたのである。カントは、こうしたみずからの立場を、「理性信仰（Vernunftglaube）[8]」の立場と呼んでいる。それは、理論的知識には拒まれたものを、実践的場面では「要請」せざるをえないという、「実践理性の優位[9]」を示す考え方であり、また、特定の宗教的信仰に依拠せずに、人間の「理性」にもっぱらもとづいて打ち立てられる、絶対的なものへの「信仰」だからである。カントの哲学は、究極的には、「人間とは何か[10]」に答えようとする知恵の教説であったが、その立場は、「自由」にもとづいて、「善」を目指して、必死に生きる人間の営為が、けっして徒労ではなく、「霊魂不滅」のものであり、しかも「神の存在」に裏打ちされ、「幸福」の保証されたものであることを、「信」じ、「要請」しようとする、「生きがい」を説諭する哲学であったことを私たちは知るのである。

限界意識の重要性　以上のようなカントの「理性信仰」の立場こそが、科学的知識の洗礼を受けた、啓蒙化された近代もしくは現代を生きる私たちにとって可能な、ぎりぎりの、宗教的な態度であると言わねばならないと思う。私たちの生きている現実をありのままに直視するとき、死にさらされた有限の私たちにとって、その有限性を越え出る次元への視界は、私たちの側からの「要請」もしくは「信仰（ないし信念）」という形においてのみ、あるいは少なくともそれをとおしてのみ、切り拓《ひら》かれうるのでなければならないように思う。有限性に制約されつつ、その有限性を突破しようとする、矛盾に充ちた苦悩と葛藤《かっとう》の、人間的実存における極限の限界意識のうちでのみ、「生死を越えた」「絶対的なもの」への問いは、立てられるべきである。究極的な知と無知の狭間《はざま》で、絶望と希望との相剋《そうこく》のただなかで、絶対的なものへの信仰的飛躍と、それからの懐疑的墜落という、二つのものの葛藤の苦悩において、人間は、死すべき自己と、絶対的なものの影とを、ともに見るのである。この苦悩を通過しない、独断的な絶対者信仰は、無知蒙昧《もうまい》や迷信邪教と、紙一重である。

カントとヘーゲルとヘーゲル左派とキルケゴール　たしかに、私たちは、こうした「要請」にもとづく「理性信仰」の立場が、たとえば、ヘーゲルによって、きわめて「主観的」な「反省哲学」にすぎないとして批判されたことを知っている[11]。そうした考え方によっては、毫《ごう》も「神」の客観的実在性は打ち立てられてはいず、真の「無限性」が見失われ、人は「有限性」のなかに窒息せしめられていると、ヘーゲルがこれを批判し[12]、むしろ、いかなる悟性的尺度によっても測りえぬ「無限」の存在としての「神が存在する」ことを、なによりもまず「理性」をもって人は承認すべきであるとヘーゲルが説いていたことは[13]、私たちも心得ている。しかしながら、そのようなヘーゲルの「理性」的な「絶対者」や「無限性」の立場が、完成期ヘーゲルの体系的哲学を介して、やがて、絶対者を人間的知のなかにすべて取り込み、人間をそのままただちに絶対者と見なす「無神論」の影を宿したものとして、後年、ヘーゲル死後に、ヘーゲル左派の人々によってあばき出されてゆき[14]、また、キルケゴールによって、それが真のキリスト教的「信仰」の立場ではないことが強烈に難詰されてゆくことをも[15]、私たちは知っているのである。もちろん、ヘーゲルの思索のうちには、優れた考え方が生き、かつ働いてはいる。けれども、現代の私たちは、もはや独断的ないし教条的な形で、「神あり」とする立場を、人生哲学の最初から、取ることはできないと思う。そのようにすれば、それはただちに、「哲学」ではなく、「宗教」に転化することになるからである。

残された問題　もちろん、神の存在に関しても、有神論、理神論、汎神論、さらには無神論と、いろいろな立場があるし、西洋古代のギリシアの神や神々の考え方から、西洋中世キリスト教の考え方、さらにはルターの宗教改革以来のさまざまな考え方もあるし、否定神学や神秘主義の立場、内在的宗教性を突破する逆説的宗教性の立場、さらにはそれに淵源《えんげん》する現代の弁証法神学の立場など、多種多様な考え方があって、けっして簡単ではない。さらに眼を大きく広げれば、世界宗教としてのキリスト教のほかに、仏教やイスラム教などの諸信仰が、私たちの視野のなかに入ってくるし、また、数多くの民間信仰の諸形態も、私たちの注意を引かざるをえない。けれども、ここで私たちは「宗教の哲学」を展開することはできない。

人間における根源的事実　私たちが、目下の時点で、確認してよいこと、もしくは確認すべきことは、ひとえに、死にさらされた有限の私たちの人生のただなかから、私たちの理性的な「自由」にもとづく誠実な人格的努力の過程において、とりわけ「霊魂不滅」と「神の存在」への問いかけが、それらの存在への不可避的な「要請」と「理性信仰」のありさまで、湧き上がってこざるをえないという根源的事実そのものにある。人間における「宗教性」の問題の根を示すこの根源的事実に直面して、パスカルの説いたように、「神あり」に「賭ける」[16]「信仰」へと突入し、大きな「回心」を経験して、宗教的生へと飛躍するか否かは、個々人の主体的決断に委《ゆだ》ねられた、「実存」と「信仰」そのものに関わる一大問題であると思う。「哲学」は、ここで、みずからに課せられた「限界」をあくまでも直視せざるをえないのである。「哲学」の立場に立つかぎり、私たちは、死にさらされた人間の有限性の事実そのものを深く見つめれば見つめるほど、そして、その際に、「自由」にもとづく現世での私たちの人格的努力が誠実なものであればあるほど、人間のうちには、止み難く、また抑え難く、カントが指摘したように、「霊魂不滅」と「神の存在」への「要請」と「理性信仰」とが、湧き上がってこざるをえないという、人間における根源的事実を、そのものとして、率直に承認し、この根源的事実を私たち自身のうちで繰り返し確認し直し、この根源的事実に根ざして、私たち自身の生と死を直視せざるをえないということ、これに尽きるのである。

限界意識　十字架にかけられたイエスは、「エリ、エリ、レマ、サバクタニ」、すなわち、「わが神、わが神、なぜわたしをお見捨てになったのですか」と叫んだ[17]。死にさらされる私たち、滅びゆく人間の根底に潜む苦悩も、つねに同じ叫びを発するであろう。この苦悩の極限とその限界意識のなかにのみ、「生死を越えるもの」への問いの核心が根ざすと、私たちは言うべきであり、また、私たちはその叫びを発することにのみとどまるべきであるように思う。それを越えた事柄については、私たちは沈黙せざるをえない。人事を尽くして天命を待つのみである。私たちも、イエスとともに、「父よ、わたしの霊《れい》を御手《みて》にゆだねます[18]」と、最後には言うよりほかにはないのである。これが、人間としての限界の極限であると思う。

2　霊魂不滅について

プラトンの霊魂不滅論へ　しかし、これに対して、もしかしたら人は、「霊魂不滅」を説いたプラトンの『パイドン』[19]という、哲学上の著作があるではないかと反論して、そのプラトンの議論をいかに考えるべきかと、逆に問いを投げかけるかもしれない。それであるから、私たちもまた、ここで、簡略に、そのプラトンの議論を振り返っておかねばならない。そうすれば、そのプラトンの議論は、これを現代的に解釈するならば、ひとえに、人間が、自分の「魂」をよく「気遣って」、真実の知にもとづいて、正しく生きるべく「自己集中」することのうちにこそ、霊魂不滅の根本問題は存すると説いていることが分かり、そこではけっして、単純な、あるいは俗流の、唯物論的な霊魂不滅のことなどはまったく問題になっていないことが明らかとなるはずである。むろん、古代の哲学者プラトンにおいては、死後の「ハデス」の国に関する「神話」的物語が出てきたり、魂の「輪廻転生《りんねてんしょう》」に関する古代的な信仰が引き合いに出されたりすることはある。しかし、その議論の本質は、ひとえに、死に対して覚悟を定めながら、死をも越えて生きるべき永遠不滅の人間的魂のあり方を説いて、人間の本来的生き方を説諭し、勧告するところに、その核心を有している。それは、生あるかぎり、本来的な生き方に徹して生きるべきであるという、人間に対する、峻厳《しゅんげん》な警鐘であり、強烈な覚醒の書なのである。そうであるからこそ、そこでは、なんの恐れもなしに、死をも越えて生きる永遠不滅の魂への確信を抱いて、平然と死を迎え入れうる「死の練習（メレテー・タナトゥー）」[20]が、要求せられ、人は、哲学的思索に徹して、死をも越えて、本来的に生きるあり方を、体得すべきだとされるのである。プラトンの教えは、真剣この上もない人生の生き方の提唱にほかならないのである。そしてまた実際、霊魂不滅の問題は、つねにそのような形でのみ論ぜられるべきであると思う。

さて、いま、プラトンの教えと言ったが、正確に言えば、それは、死刑執行をまえにしたソクラテスが、弟子たちに向けて語った教えであり、それをプラトンが、伝え残してくれていると考えるべきである。そのソクラテスの教え、もしくはソクラテスと弟子たちとが交わした対話的議論の主要な論点を、ここでは、ごく簡略に振り返って、私たちの「生と死を考える」思索の糧としよう。

哲学者は死を願うが、自殺は許されない　まず、ソクラテスは冒頭で、真実にもとづいて生き、真実を探究しようとする哲学者、すなわち「知を求める者」は、「死にゆくひとのあとを追うことをねがい[21]」、「すすんで死をむかえ[22]」、こうして「死に直面してなんらおそれをいだくことはなく[23]」、死後の最大の善を期待して従容《しょうよう》として死ぬものだと言う。ただし、だからといって、それは、自殺を勧めることではない。「自分で自分を殺《あや》める」ことは「神にゆるされざること」とされる[24]。というのも、人間は、牧畜の群れのように、なにものかの「見張り（phroura）[25]」のもとにあり、勝手にその「見張り」から抜け出すことは許されないからである。贈られた生命は、最後まで大事に扱い、これを生き抜かねばならないわけである。

知者が死を願う理由　しかし、真実に知を求める者が、「死」を願うということは、なぜなのであろうか。ソクラテスによれば、「死」とは、「魂が、肉体から離れ別れること(hē tēs psychēs apo tou sōmatos apallagē)[26]」、もしくは、「魂の、肉体からの解放と分離(lysis kai chōrismos psychēs apo sōmatos)[27]」にほかならない。死においては、「肉体(sōma)[28]」は「肉体」として、あるいは「屍体（nekros）[29]」として横たわり、「魂(psychē)」は「魂」だけのもの[30]となるのである。ところが実に、「知を求める者」は、まさに、その「思惟のはたらき[31]」において、「魂」を、汚れた「肉体」から引き離して、「ただみずからにおいてのみある魂自身となる[32]」ことに努め、こうして「存在そのものに到りうる者[33]」たることに精進するだけなのである。要するに、肉体こそは、愛欲、欲望、恐怖の原因であり、数限りない煩わしさの源泉であり、肉体に捕われる者は、真実を見つめることが不可能となり、まさに「肉体（ソーマ、sōma）」こそは、魂と真実を死滅させる「墓場（セーマ、sēma）」なのである[34]。そのような「肉体」から「魂」が解放されることが、「死」であるのだから、知者にとって、死は望ましいことになる。もしも人が死を恐れているのなら、その人は、現世の肉体に繋がる金銭や名誉などを愛しているのであり、真実の魂と存在にはまだ目覚めていないのだと弾劾される。こうして、「ただしく知を求めるひとたちは、まさに「死ぬことを練習している（apothnēiskein meletōsi)[35]」」とされることになる。

重要な点　ここで大切なのは、ソクラテスが、汚れた肉体とその情欲から離れ、いわばそうした人間の「非本来的なあり方」から脱却して、「魂」を「肉体」からできるかぎり「分離すること（chōrizein）[36]」に努め、つまりは、「魂がまさにそれ自身においてあるものとして、肉体のいたるところから、「ひとつに凝集し（synageiresthai）」、「結集する（hathroizesthai）」ように、慣れさせること[37]」が重要だとしている点である。後述にも出てくるように[38]、ソクラテス・プラトンは、魂が、それ自身として純粋に「自己集中」して、「ひとつに凝集し」、「結集する」こと、つまり、そのようにして、人間の魂が、自己自身の「本来的なあり方」へと目覚めて、自己徹底することを、人間の最重要な課題と見ているのである。これは、人間の本来的実存への覚醒以外の何でありえようか。霊魂不死の問題の核心は、ここに存するのである。

霊魂不死の論証へ　しかしながら、いかにそのように「魂」が、「ひとつに結集し（synēthroismenē）[39]」ようとも、もしかしたら、「魂というものは、ひとたび肉体から離れ去ると、もはやどこにも存在しないのではなかろうか[40]」という疑問が、当然湧いてくる。人が死ねば、魂も消滅し、肉体から離れれば、魂も散り散りになって、どこにも存在しなくなるのではないか、そのときにもなお、魂は、存在し、知のはたらきをもち続けうるのかどうか、という懐疑が、いぜんとして氷解しないまま、残るわけである。ここからして、当然、ソクラテスは、霊魂の不死不滅の論証のほうへと進まざるをえないことになる。それは数段階にわたって行われる。

①死者から生者は生じる　まず初めに、古来の説が引き合いに出されて、ひとの死後、魂はハデスに「存在する」[41]と世に称されているが、まさにそのとおりであるとソクラテスは言う。それというのも、「死せる者」から、「生きている者」が再び「生じてくる」からであると、[42]ソクラテスは述べる。およそ、生成するすべてのものは、反対のものから生じるのであって、「生きている者」から「死んでいる者」が生じるように、また、「死んでいる者」から「生きている者」が生じるのである。[43]したがって、「死者たちの魂」が、どこかに、つまり、そこからそれが再び生じてくるところに、「存在」していなければならないことになる。[44]「よみがえるという過程」も、「死んでいる者から生きている者が生じるということ」も、「死者たちの魂が存在する」ということも、真実だとされるわけである。[45]

②想起説　次に、そのことに、いわゆる「想起（アナムネーシス、anamnēsis）[46]」説が結びつけられ、魂が、私たち人間のうちに生じてくる以前に、どこかにすでに「存在していた」[47]のでなければならず、したがって「不死」[48]であると主張され、[49]以上の論証が補強されるのである。ソクラテスによれば、私たちが何かを「学び知る」とは、あらかじ

め自分たちのうちにあったものを「想起」することであり、とりわけ、「感覚的に把えられたもの」[50]から、「等しさ」[51]とか「正しさ」[52]とか、「美」とか「善」といった「存在の本来的なもの（ousia）」[53]を思い浮かべ、知るとすれば、それは、私たちがそれらの存在を「想起」していることにほかならず、そうした「存在の本来的なもの」が「存在」するのと同様に、私たちの「魂」も、私たちの生まれる以前に「存在」していたことが必然である、とされるのである。[54]

③魂は分離解体されない　けれども、問題は、「生前」に魂が存在していただけでなく、「死後」も魂が存在するという点の論証にあったはずである。[55]それに対しては、ソクラテスは、いまの想起説と、[56]先述の「すべて生あるものは死せるものから生じる」という説とを結びつければ、その疑問は氷解するとまず答える。つまり、魂は生前にも存在していたのであり、かつ、すべては死から生じてくるのだとすれば、魂は、死後も存在し、かつ、そこから再び生じてくるはずだからである。[57]しかしながら、人が死に、魂が肉体から離れて去ってゆくときに、実は、「魂」[58]は「散り散りになり」、こうして「存在することの終り」に至ってしまうのではないか、という恐れが、なおいぜんとして残るわけである。その疑問に対しては、ソクラテスは、次のように答える。すなわち、多から「合成」されたものならば、「分離・解体」されうるが、[59]魂はそうしたものではなく、「みずからの分離・解体をうけることのまったくないもの」、あるいは「何かそれに

近い性状のものである」と。[60] したがって、魂は、肉体から離れ去るや、散り散りになったり、無に帰したりはしない。とりわけ、「死の練習（メレテー・タナトゥー、meletē thanatou）」[61]としての哲学に励み、自分自身へと「結集した（synēthroismenē）」[62]魂は、「不死」で「神的」なものとなると言う。[63] ここでも結局、「魂」が、感覚から離れ、自分で自分自身のうちへと「集中し（syllegesthai）」、「結集する（hathroizesthai）」ことが大切であるとされるのである。[64] そうした魂は、散り散りにならず、不死であり、人間は、命あるかぎり、そうした魂であるべく努力しなければならず、そうすれば、死後も神的存在とひとつとなって至福に与《あずか》りうるとされるのである。ソクラテスとプラトンの教えは、こうした純粋な魂となって生きよ、という勧告であり、つまりは、本来的な自己への覚醒とその実践への呼びかけにほかならない。

④魂は和合や調和ではない　けれども、さらに弟子たちの疑問は続く。まず、魂とは実は、肉体のうちにある諸要素の「和合（krāsis）」ないし「調和（harmonia）」であって、[65]それは、肉体の死とともに、やはり滅び去るのではないのか、と疑われるわけである。これに対しては、ソクラテスは、魂が、諸要素に付随する「調和」などではなく、むしろ、肉体的諸状態を「導き（agein）」、統御する（despozein）」、「ずっとなにか神的なもの」であると答える。[66]

⑤魂は生の原理であり、死を受け容れない　しかし、いかに魂が肉体よりも長期間存続するとしても、魂は、多くの肉体に宿ることを繰り返すうちに、ついには疲労して、最後には完全に滅び去るのではないか。別言すれば、いかに魂が、強靭《きょうじん》で、神的で、私たちが生まれる以前から存在していたにはしても、しかし、それだけではまだ、魂の「不死性」[67]が完全に証明されたことにはならないように思われるわけである。この疑念を反駁《はんばく》すべく、ソクラテスは、永い弁論を展開し、物事の原因・根拠について、自然学的研究やアナクサゴラスに従った考え方を経たのちに、「第二の航行（deuteros plous）」[68]によって、ついに獲得した、みずからのイデア論を開陳する。世のプラトン学者たちが『パイドン』と言えば、そこにのみ関心を注ぐこのイデア論の詳細はいまここでは暫《しばら》くおき、ただひとえにその議論は、個々のもの[69]が、各々に独自な「存在の本来的なあり方（ousia）」を「分有」することによって生じると見る考え方のことを指すと、捉えておく。そして、この議論を当面の問題に引きつけて言えば、それによる帰結は次のようになる。すなわち、「魂」とは、その本来的存在においては、「生（zōē）をもたらすもの」[70]であり、それとは反対のものである死をけっして受け容《い》れないもの、つまり、「不死のもの（athanaton）」[71]であり、かつ「不滅のもの（anōlethron）」[72]であるということになり、こうして魂は、人の死後もずっと、「ハデス」[73]に存在し続け、とりわけ真実に生きた人の魂は、「さらに美しい居処」[74]に至るとされるのである。

魂の自己集中による世話　こうして、ソクラテスとプラトンにおいては、輪廻転生やハデスの神話はさておき、その霊魂不滅論を現代的に解釈するならば、ひとえに、生あるかぎり、否、未来永劫《えいごう》にわたって、魂の「世話（エピメレイア、epimeleia）」[75]が大事であるという主張がそこでは終始展開されているのであって、ここに霊魂不滅の問題の核心が据えおかれていると言ってよい。現世の汚れた肉体的欲望に眼をくらまされずに、心を引き締め、「魂」が、ひとつに「凝集し（synageiresthai）」[76]、「集中し（syllegesthai）」[77]、一言にして言えば、魂自身が自己自身へと「結集し（hathroizesthai）」[78]、「結集しきった状態になる（synēthroismenē）」[79]ことこそが、最大の課題とされ、そのときには、魂がその本来的存在を達成して、霊魂の不死不滅が確信されてくるのだとさえ、ソクラテスとプラトンは主張していると見てよいように思う。それはそのまま、死にさらされた人生を、曇りない眼で見つめつつ、純粋な魂となって、本来的な自己であることを全うすべく、全力を尽くして生きることを勧告する人生の教えとして、これを受け取ってもよいということにほかならないのである。

3　運命愛と、ニヒリズムの超克

運命愛　死にさらされた自己の存在を、それにもかかわらず、本来的な仕方で生き抜こうとすること、こうした、ニーチェ的な「運命愛（アモール・ファティ、amor fati）」

こそが、永遠性への視界を拓く原点であると言わねばならないように思う。

ニーチェは言っている。「人間における偉大さを言い表す私の定式は、運命愛である。すなわち、ひとは、何事であれ現にそれがあるのとは別なふうであってほしいなどと思ってはならないのであり、しかも、将来に対しても、永遠にわたってけっして、そう思わないことである。やむをえざる必然的なものを……愛すること(80)」と。自己の必然性を生き抜くこと、そのようにして本来の自己自身と成ること、ここにのみ、人生の秘義が存するのである。「君は、君自身であるところのものに成るべきである(81)」とニーチェは言う。「君が何をなそうとも、肝心なのは、自分がそれを無数回なすことを欲するかという点であり、これが最大の重しである(82)」と。「君が再び生きることを望むような仕方で、生きること(83)」、ここにのみ、必然的なものを愛し、自己の本来性を生き抜く運命愛が実る。「運命愛、これこそが今からのちは、私の愛するものであるように(84)」と、ニーチェは深い心中の決意を告白している。いかなる労苦、いかなる悲嘆に襲われようとも、「これが人生だったのか。よし、それならばもう一度(85)」と、覚悟を新たにして、日々人生を取り返しつつ、自己本来固有の必然性を生き抜くこと、この運命愛をおいて、どこにも、人生の意味が摑《つか》み取られ、花開く道はないと、私たちは、思い知るべきである。

ニヒリズムとその超克　たしかに、私たちの人生は、どこから来、どこへ向かって行くのか、定かには見通しえない、謎の一生である。それどころか、万物すべては、ちょうど、春が来、夏が訪れ、秋を経て、冬を迎え、また再び、春が来る、といったように、永遠の果てしない繰り返しである。昼夜の交代、多くの人々の生と死、それは、尽きることのない繰り返しにすぎず、まるで無意味な堂々巡りであるかのような観さえ呈している。「あるがままの生存は、意味も目標もなく、しかもそれでいて不可避的に回帰しつつ、無に終わることもない。すなわち、永遠回帰。これが、ニヒリズムの極限的形式である。すなわち、無が（無意味なものが）永遠に！」と、ニーチェは書いている。[86]
けれども、この人生を、それがそうであるよりほかにはないその必然性において直視しながら、いかにそれが苦悩と悲愁に彩られた人生であろうとも、「これが人生だったのか。よし、それならばもう一度」と、「勇気」をもって、決意の「瞬間」において、その人生への嘔吐《おうと》感を打ち砕きつつ、この永遠回帰の人生を引き受け、肯定して、それを果てしなく生き抜くことをほかにして、[87]どこにも人生は存在しえないのである。そのときには、いかに悔恨にみち、無駄とさえ感受される苦悩にみちたおのれの人生をも、その必然的な全体において、意味あるものとして「救済」[88]し、築き直す、果てしない「自己超克」[89]の決意が、私たちの心の奥底から湧き上がり、必死の努力が、命あるかぎり積み重ねられるであろう。

死をまえにして　そのような営為の果てに、人がもし、死を迎えるとしたならば、ニーチェの化身ツァラトゥストラが言うように、いまや、「至福のあまり吐息をつきながら」――なぜなら、生きることに耐え抜いたその人から、いまや、重荷が取り除かれるからだが――、次のように言うかもしれない。「今私は死んでゆき、そして消え去る。そしてたちどころに私は無になる。魂は肉体と同じく死ぬものだからである。けれども、私がそのうちにまきこまれている諸原因の結び目は、回帰してくるのだ。その結び目は私をふたたび創り出すであろう。私は永遠回帰の諸原因に属しているのだ。私は、この太陽と一緒に、この大地と一緒に……永遠に回帰してくるのだ」[90]と。ニーチェによれば、ここに示されているように、肉体はもちろん、魂も「死ぬ」のである。けれども、万物は永遠回帰するのであるから、この私は、必ずや、もう一度、否、永遠に回帰し、出現し、立ち現れるという、「永遠性」への確信が、ニーチェのツァラトゥストラのうちには、明らかに萌《きざ》しているのである。その根拠は、おそらくは、「これが人生だったのか。よし、それならばもう一度」という、本来的必然性への覚悟と、その努力と精進のすべてが、いまや、永遠性への祈りにまで純粋化され、結晶したということのうちに、求められねばならないであろう。本来性への決意は、ついには、永遠性への祈りへと転化せざるをえないのである。

復活の思想　ここに、おそらく、私たち人間の心の根底に潜む秘密が宿っているように思う。それは、苦悩を通じて歓喜へ、否定をとおして肯定へ、辛苦と忍耐の果てに永遠の生命を得て復活することへの希求となって、迸《ほとばし》り出てくる。労苦と忍従と否定を貫きとおしつつ、しかも永遠に絶えることのない新生と復活の生命に結ばれてゆき、それと一体化し、そこへと帰入し、こうして永遠の救済に与り、永生に繋がろうとする底知れぬ願いこそは、人間を突き動かしている根本衝動、根源的欣求《ごんぐ》であると思う。

ヘーゲルは、かつてこう断言した。「死を恐れ、荒廃から身をきれいに保つ生ではなく、死を堪え忍び、死のなかでおのれを保持する生こそは、精神の生である」[91]と。また、シェリングは、この世界の創造の終局点において、「一切のもののうちの一切」である「神」の「愛」が、その完全な「姿かたち」において顕現する時の到来を、切望していた。[92] 甦《よみがえ》りと復活と新生と永遠の生命こそは、人間の汲み尽くしえない希求の根本源泉であると言わなければならないように思う。

注

（1）I. Kant, Kritik der reinen Vernunft, 1781 (A), 2. Aufl., 1787 (B), A Ⅶ〔カント『純粋理性批判』篠田英雄訳、上、岩波文庫、昭62（第二八刷）〕。

（2）I. Kant, Kritik der praktischen Vernunft, 1788, Phil. Bibl., Bd. 38, 1990（以下、本書を KdpV と略記）〔カント『実践理性批判』波多野精一・宮本和吉・篠田英雄訳、岩波文庫、昭61（第七刷）〕。

（3）KdpV 152.（4）KdpV 4.（5）KdpV 141, 152.（6）KdpV 144, 152.（7）KdpV 142, 152.

（8）KdpV 145, 165,167.（9）KdpV 138-140.（10）I. Kant, Logik, Phil. Bibl., 3. Aufl., 1920, S. 27.

（11）G. W. F. Hegel, Glauben und Wissen, 1802, Phil. Bibl., Bd. 62b, 1962〔ヘーゲル『信仰と知』久保陽一訳、公論社、昭51、上妻精訳、岩波書店、一九九三〕。

（12）前注（11）の『信仰と知』を参照。

（13）たとえば、ヘーゲルの『大論理学』冒頭でのカント批判を見よ。G. W. F. Hegel, Wissenschaft der Logik, 1812, 1. Bd., Phil. Bibl., Bd. 56. 1951. S. 71 ff.

（14）たとえば、代表的には、K・レーヴィット編の『ヘーゲル左派』に盛られた諸論著を参照せよ。K. Löwith, Die Hegelsche Linke, Friedrich Frommann Verlag, 1962. 特にそのなかの、B・バウアーによる『無神論者にして反キリスト者であるヘーゲルに対する最後の審判のラッパ』（S. 123-225）を見よ。

（15）特にキルケゴールの『哲学的断片への完結的な非学問的後書』を見よ。S. Kierkegaard, Abschlie β ende unwissenschaftliche Nachschrift zu den Philosophischen Brocken, 1. u. 2. Teil, übersetzt von H. M. Junghans, Eugen Diederichs Verlag, 1957, 1958.

（16）パスカルの「賭」については、『パンセ』の断片二三三を見よ。B. Pascal, Pensées, Texte de l'édition Brunschvicg, Classiques Garnier, 1951, p. 134-138.

（17）『聖書』（新共同訳）、一九九二、マタイ二七の四六、マルコ一五の三四。

（18）『聖書』（新共同訳）、一九九二、ルカ二三の四六。

（19）Plato, Phaedo, in: Platonis Opera,I, Oxford University Press, 1950（以下、Ph と略記）〔プラトン「パイドン」松永雄二訳、『プラトン全集1』岩波書店、一九八〇（第二刷）所収〕。以下、本書では、この松永雄二訳の訳語・訳文を借用させていただいた。記して感謝申し上げる。

（20）Ph 81a1-2.（21）Ph 61d4-5.（22）Ph 62c11-d1（23）Ph 63e10-64a1.（24）Ph 61e5-6.

（25）Ph 62b4.（26）Ph 64c4-5.（27）Ph 67d9-10.（28）Ph 64c6.（29）Ph 115d1.（30）Ph 64c7.

（31）Ph 65c2.（32）Ph 65c7, d1-2.（33）Ph 66a7-8.

（34）Plato, Gorgias, in: Platonis Opera, Ⅲ , 1952〔プラトン「ゴルギアス」加来彰俊訳、『プラトン全集9』岩波書店、一九八〇（第二刷）所収〕、493a3.

(35) Ph 67e4-5.　(36) Ph 67c5.　(37) Ph 67c7-8.
(38) 後出注（39）（62）（64）（76）（77）（78）（79）を参照。
(39) Ph 70a7.　(40) Ph 70a2.　(41) Ph 70c4.　(42) Ph 70c9, d4-5.　(43) Ph 72a4-6.　(44) Ph 72a7-8.
(45) Ph 72d8-e1.　(46) Ph 72e5.　(47) Ph 73a1.　(48) Ph 73a2.　(49) Ph 72e5.　(50) Ph 76d9.
(51) Ph 74a12.　(52) Ph 75d1.　(53) Ph 76d8-9.　(54) Ph 76e5-7, 77a1-2.　(55) Ph 77a9-b2.77c2-4.
(56) Ph 77c7-9.　(57) Ph 77c9-d4.　(58) Ph 77b4-5.　(59) Ph 78c1-2.　(60) Ph 80b9-10.
(61) Ph 81a1-2.　(62) Ph 80e5.　(63) Ph 81a5.　(64) Ph 83a7-8.　(65) Ph 86b9.　(66) Ph 94e4-5.
(67) Ph 95c7, d1.　(68) Ph 99c9.　(69) Ph 101c3.　(70) Ph 105d4.　(71) Ph 105e3, 6-7 ff.
(72) Ph 106b2, d1 ff.　(73) Ph 107a1.　(74) Ph 114c4-5.　(75) Ph 107c2.　(76) Ph 67c7-8.
(77) Ph 83a7-8.　(78) Ph 67c-8, 83a7-8.　(79) Ph 70a7, 80e5.

(80) F. Nietzsche, Ecce Homo, in: Kröners Taschenausgabe, Bd. 77,1954. S. 335〔渡邊二郎編『ニーチェ』平凡社、世界の思想家17、昭51（以下、ニーチェと略記）、二〇八頁〕。

(81) F. Nietzsche. Die fröhliche Wissenschaft, in: Kröners Taschenausgabe, Bd. 74, 1956, S. 177〔ニーチェ、六一頁〕。

(82) F. Nietzsche, Die Unschuld des Werdens, II , in: Kröners Taschenausgabe, Bd. 83, 1956, S. 475.

(83) F. Nietzsche, Die Unschuld des Werdens, II , S. 474.

(84) F. Nietzsche, Die fröhliche Wissenschaft, S. 181〔ニーチェ、二二〇頁〕。

(85) F. Nietzsche, Also sprach Zarathustra, in: Kröners Taschenausgabe,Bd. 75, 1960, S. 173〔ニーチェ、二三二頁〕。

(86) F. Nietzsche, Der Wille zur Macht, in: Kröners Taschenausgabe, Bd. 74, 1959, S. 44〔ニーチェ、一一七頁〕。

（87）F. Nietzsche, Also sprach Zarathustra, S. 172 ff.〔ニーチェ、二二九―二三八頁〕。
（88）F. Nietzsche, Also sprach Zarathustra, S. 150-156〔ニーチェ、二二五―二二八頁〕。
（89）F. Nietzsche, Also sprach Zarathustra, S. 122-126.
（90）F. Nietzsche, Also sprach Zarathustra, S. 245〔ニーチェ、二四五頁〕。
（91）G. W. F. Hegel, Phänomenologie des Geites, 1807, hrsg. v. J. Hoffmeister, Phil. Bibl., Bd. 114, 6. Aufl., 1952, S. 29〔ヘーゲル『精神の現象学』金子武蔵訳、上、岩波書店、昭50（第六刷）、三二頁〕。
（92）F. W. Schelling, Über das Wesen der menschlichen Freiheit, 1809, in: SW, VII, 405. 408〔シェリング『人間的自由の本質』渡邊二郎訳（『世界の名著　続9』中央公論社、昭49、『中公バックス世界の名著43』昭55、四八六、四九〇頁）を参照〕。――なお、同じくシェリングの『クララとの対話』中井章子訳（『キリスト教神秘主義著作集』第16巻、教文館、一九九三、四〇七―五二〇頁所収）をも参照。

II　愛の深さ

第4章　愛の深さ（その1）　愛と、呼びかけてくるもの

1　人生への深い愛

人生と愛　私たちは、いま、死にさしかけられた、限りある人生を生きている。その有限の生命を思えばこそ、私たちのうちには、深くその生をいとおしみ、大切にして、これを充実した仕方で立派に生き抜こうとする思いが、溢《あふ》れ出るように込み上げてくるであろう。私たちの存在の根源には、滾々《こんこん》として尽きることのない生命への愛が、無限の泉のように湧き出ているように思う。

まことに、フィヒテがその『浄福なる生への指教』(1)の冒頭で、力強く訴え、また語ったように、「人生とは愛であり、人生の全形式と力は、愛のうちに存し、また愛のうちからこそ生じてくる」(2)ように思う。したがって、「あなたがほんとうに愛しているもの、あなたがその憧れのすべてをもって追い求め、努力しているもの」を打ち明けてくれるならば、「あなたは、そのことによって、あなたの人生を、私に指し示して見せてくれたことになる」とフィヒテが語るのは正しい。(3)まことに、「あなたが「愛している」当

のものを、あなたは「生きている」のである（Was du liebest, das lebest du）[4]」。フィヒテはこのように語り、そのことによって、私たちの人生の核心を、ずばりと言い当てていると言ってよい。私たちの生きているこの生命と人生は、そこにおいて私たちが何を愛しつつ生きているかという問題と、まったく同じであるというこのフィヒテの指摘は、生の本質を射抜いた鋭い言葉であると言わねばならない。

偽物の人生と真実の人生　ところで、私たちは、生きることによって、存在し、また、存在しつつ生きている。「存在」と「生命」は、「同一のもの」であるとフィヒテも語っている[5]。これに対し、「死」こそは「非存在」である[6]。けれども、純然たる非存在は、存在することができない。したがって、実際に存在するのは、「生命と死とが混合」した、上辺《うわべ》だけ「生」きているように見えて、ほんとうは「死」んでいる、「偽物《にせもの》（Schein）」もしくは「偽物の人生（Scheinleben）」である[7]。私たちは、こうした人生を避け、「真実の人生（wahrhaftiges Leben）[8]」を生きねばならない。

それはどこにあるであろうか。普通に、「存在」というと、なにか「固定した、凝固した、死んだ」存在を考えやすい[9]。けれども、ほんとうの「存在」は、「生きて」おり、「生命」と同じものなのである[10]。しかも、真実の存在は、「それ自身によってあり、また、それ自身から発してあり」、多様や雑多でなく「単一[11]」であり、「自分自身に等しく」、「移りゆくことなく、変わることのない」ものである。こうした「存在のみがあるのである」[12]。これに対し、「偽物」は、たえず移り変わり、定めなく浮動し、変動きわまりない。こうして実は、フィヒテによれば、「真実の人生は、一なる、変わることのない、永遠的なものを、愛する」ことのうちに存するとされる[13]。この「真実の人生の愛の対象」を、「神」と呼んでもよいとフィヒテは言う[14]。これに対し、「偽物の人生」は、移り変わる、定めのないものに執着する[15]。「真実の人生は、したがって、神のうちに生き、神を愛する。これに対し、ただの偽物の人生は、世俗のうちに生き、この世俗を愛することを試みる」ことになる[16]。「偽物の人生」が、偶然的で、空しいものに執着し、ついには、悲惨で、不幸であるのに対し、「真実の人生」は、移り変わることのないものを愛し、永遠的なものを愛し、こうして至福に満ちたものとなる[17]。というのも、そうした人生は、引き裂かれたものを「合一させ、結びあわせる」ところの真実の「愛」に根ざし、こうして「みずから自身に満ち足りた」愛に溢れて、「至福」そのものであるからである[18]。「愛されるものと合一し、深くそれと溶け合うことは、至福である」[19]。「真実の人生」は、こうして永遠の、変わることのない存在および生命と合一することを願い、それと結び合わされて生きる浄福を至上のものと見なすのである。

永遠的なものへの憧れ　いずれにしても、私たちの、かりそめの、移りゆく現象の世界を「支え、維持している」ものは、「永遠的なものへの憧れ（die Sehnsucht nach dem Ewigen）」であるとフィヒテは言う[20]。「不滅のものと合一し、融合しようとするこの衝動こそは、あらゆる有限的な現存在の最内奥の根元である（Dieser Trieb, mit dem Unvergänglichen vereinigt zu werden, und zu verschmelzen, ist die innigste Wurzel alles endlichen Daseins)」とフィヒテは述べている。[21] この「隠された憧れ」が、「永遠的なものへの愛[22]」にほかならないことは言うまでもない。こうして、人は、「崩れ去る、空しいもの」を捨て去り、「多様なもの」から「一なるもの」へと、私たちの「愛」を振り向け、ひたすらに、「心を引き締め」、「自分自身へと立ち帰り」、「真剣」に「深い思い」をもって、生きねばならない。[23]「この深い思いにみちた真剣さ、この峻厳な仕方での心の集中、自己自身への立ち帰り、これこそは、至福の生命が、私たちのところへと至り来るゆえんの唯一の条件である[24]」とフィヒテは言う。そのためには、もちろん、よく「思索」し、鋭い「自己意識」をもって、人生を生きねばならない。[25]「真実に生きる」ということは、「真実に思索し、真理を認識することである[26]」とフィヒテは語っている。

人生への愛　多様な分断と雑多の諸現象、その世俗の空しさに満ち満ちた「偽物の人生」を振り捨てて、変わることのない、移ろわぬ、永遠的なものとの合一を目指した「真実の人生」を生き抜こうとするこの態度、みずからの有限的生存を直視しながら、なおそのただなかで、永遠不滅の根源的生命の存在と融け合い、合一することを願う「憧れ」に衝《つ》き動かされた「愛」の「人生」、ここには、私たちすべての心の奥底に巣くう「人生への深い愛」が、まことに見事に表出されているように思う。もちろん、私たちは、日常の雑多な人生の営為のなかで、このような「人生への深い愛」を、完全に実現しきることができるかどうかは、定かではない。分裂と否定の辛苦を潜《くぐ》り抜けてゆく果てしない遍歴のみが、私たちに与えられた定めであるのかもしれない。けれども、たとえそうであるにはしても、私たちの「有限的な現存在の最内奥の根元」には、「永遠的なものへの憧れ」が、焔となって燃え盛り、この移りゆかぬ生命の存在を「愛」する心が、私たちの生存を「支え、維持している」ことは確かであるように思う。[27] 私たちは、実際、私たちのうちに滾《たぎ》り立つ「根源的な生命の存在」への「愛」において、私たちの有限の人生を生き抜こうとしているからである。

この意味において、「人生」とは、その根本において、私たち自身の「根源的な生命の存在」への「愛」において成り立つもの、端的に言って、「愛」の働きにおいて可能になってくるものだと言ってよいであろう。

2　呼びかけてくる美しいものへの愛

呼びかけてくるものの存在　ところで、このような私たちの「人生への深い愛」を実際に衝き動かし、それを具現させてゆくものは、いったい何であろうか。私たちは、ここでどうしても、そうした問題に関連して、私たちに「呼びかけてくるもの」が存在するという事実に触れざるをえないように思う。つまり、私たちの「人生への愛」をほんとうの意味で積極的に発動させ、成就してゆくものは、私たちを、そこへと招き、誘い、導くところの、ある「呼びかけてくるもの」の力にまつという事実が存在することを指摘せざるをえないのである。しかも、その「呼びかけてくるもの」に、「美」と「良心」という二つのものがある点に、ここで注意を促したいと思う。まず、初めに、美について少し考え直してみよう。

美と愛　美が、愛と結びついていることは、誰もが知っている。私たちは誰もみな、美しいものを愛するという本性を具有している。愛は、美しいもの、素晴らしいもの、光輝くものへと向かうし、また逆に、美の輝きは、愛の心を誘うはずである。美と愛が結び合うことは、私たちが、日常的にもよく見知っている事柄であると言ってよいであろう。

調和としての美　けれども、いったい美とはなんであろうか。いま、この問題についての詳論は別の機会に譲るとして、古くから、美については、二つの異なった考え方があることに、ここで触れておきたい。(28) 一つの考え方は、美を、「秩序」や「調和」や「均斉」や「節度」のうちに見るという見方である。この見方は、長い伝統をもった考え方である。それが、根強く、また一見しごくもっとものように思われることの理由は、私たちがつね日頃、混乱や無秩序よりも、調和と秩序のうちに、美を感受することのほうが多い点を考えれば、おのずと了察されるであろう。私たちは、たしかに、生来、整った、調和に満ちたものを、美しいと感じ、それを愛する本性をもっていると言ってもよいように思う。

その欠点　けれども、美については、もう一つ別の考え方があり、この考え方のほうが、もっと深くまた鋭く、私たちの美意識の根源をついていることを忘れてはならない。なぜ、美が、調和や秩序だけに尽きないのか、と言えば、その理由は二つある。一つには、調和や秩序ということなら、それは、ただたんに美しいもののなかにあるだけではなくて、さらに、醜悪なものや、害悪を生み出すものや、私たちの嫌悪するさまざまな不快なもののうちにも、存在するはずだからである。そうした嫌悪すべきもののうちにも、それらを生み出す、秩序立った組織や法則は、必ずあるはずだからである。したがって、調和や秩序は、美しいものにのみそなわっているとは言い難いわけである。実際私たちは、あまりにも秩序立った、整いすぎた、機械的な都市の光景には、かえって殺風景なものを感受して、これに嫌悪感を覚えることもあるはずである。さらにもう一つの理由としては、次の点がある。調和や秩序が成り立つためには、なんらかの複数の要素が、そこに存在しなければならない。それらの複雑な要素を相互に関係づけるところに、調和や秩序は成立してくるからである。それならば、なんらの諸要素をも含まない、単一なものは、美しくあることができないのであろうか。そうではないであろう。むしろ、なんらの複雑な要素をも含まない、単純素朴なものが、美しく輝くということもまたあるのではないであろうか。

根源的存在の輝きとしての美（プロティノス）　実は、以上の議論は、紀元後三世紀の新プラトン派のプロティノスが、その著作『エネアデス』のなかのある箇所で述べていることを、平易に言い換えて述べたものにほかならない。要するに、美は、たんに調和や秩序に尽きるものではなく、むしろ、その上に、さらに「光輝く」ありさまで私たちを魅惑するところにこそ、その本質をもつ、とされたのである。その美の「輝き」に接して、私たちは、究極的には、「美を越えた美」、「美の源泉」にして「極致」である、存在の根源へと、立ち帰ってゆくように導かれるのだ、とされたのである。「美」の「輝き」は、それを介して、「一」にして「善」なる存在の根源へと、私たちが呼びかけられ、呼びさまされるゆえんの契機にほかならない、というわけである。[29][30][31]

根源的存在の輝きとしての美（プラトン）　美が、たんなる調和や秩序を越えて、存在の根源の輝きであるとする考え方は、実はプロティノスに先立って、すでにプラトンその人のうちにもあった。プラトンは、『パイドロス』という対話篇のなかで、「美」こそが、「最も光輝くもの」、「最も恍惚と魅惑するもの」であるという定めをもったものだと述べている。美しいものは、最も直接的に、私たちを「襲い」、「魅惑し」、「射当て」、[32]

疑いようのない事実だと言ってよいであろう。

で、私たちを、存在の根源へと立ち帰るよう、呼びかけるものであることは、たしかに源へと向かわせるその働きには、ときに危うさも伴う。しかし、美が、光輝くありさまのもの」へと「高め、向かわせる」ものだとされたわけである。[33] むろん、美が存在の根「恍惚と連れ去り」、こうして「存在を輝き出させる」ことによって、私たちを「存在そ

美とは呼ぶものである（偽ディオニュシオス・アレオパギタ）　こうした流れのなかに立って、紀元後六世紀の初め頃に、ある無名の人物が、聖書の「使徒行伝」（一七の三四）に出てくる「ディオニュシオス・アレオパギタ」の名を借りて、ある書物を著した。それが、『偽ディオニュシオス・アレオパギタの書』と呼ばれるものである。そのなかに『神の名について』と題する論述があり、その第四節で、「美（カロス）」とは、「呼ぶ（カレオー）」ものであると、偽ディオニュシオス・アレオパギタは宣言するのである。[34] 言い換えれば、ギリシア語で「美しい」ことを「カロス」と言うが、それは、ギリシア語の動詞で「呼ぶ」という意味をもつ「カレオー（もしくは、それを不定詞の形で言い表せば、カレイン）」という語に由来する、というわけなのである。もちろん、この語源説は、言語学的には疑問視されているのだが、[35] しかし、事柄そのものの本質連関を射当てた考え方としては、これは実に、目も覚めるような素晴らしさをもった言明であると言わねばならないであろう。

すなわち、ここにおいて、プラトンやプロティノス以来、暗々裡《あんあんり》に気づかれていた事柄が、端的に、語り明かされることになったわけである。つまり、「美」とは、根源的存在が、その光輝きにおいて、私たちを「呼び止め」、「呼び返し」、「呼び求めて」、私たちに、その根源的存在へと立ち帰るよう、「呼びかけ」、促すものであるというわけである。ここにおいて、美に関する最も根源的な真理が、発言されるに至ったと言ってもけっして過言ではないであろう。

光の形而上学（ヨハネス・スコトゥス・エリウゲナ）　もちろん、こうした偽ディオニュシオス・アレオパギタの思想にあっては、あらゆるものを、美の輝きにおいて、みずからのほうへと呼ぶ根源的な存在は、万物の根源を成す名状し難い神的存在であり、それは、万物をば、「美」を「愛する」ように誘うことによって、おのれのほうへと立ち帰らせる働きを行っていると見なされているのである。そして、こうした背景のなかから、やがて紀元後九世紀に、ヨハネス・スコトゥス・エリウゲナが現れ、「光の形而上学」を説くに至ったことは、よく知られているであろう[36]。つまり、彼によれば、すべての被造物は、神の現れであるが、神の最も重要な現れは、光であるから、それぞれの被造物は、その光輝きをとおして、みずからの根源を指し示しているとされる。こうして、「可視的な諸形態は、不可視の美の諸像であり、それらをとおして、神的摂理は、人間的精神を、真理そのものの純粋かつ不可視の美へと、呼び戻す」[37]というわけである。

「存在者のすべては、したがって世界もまた、絶対的な（純粋な）光が色調の陰りを帯びて、みずからを現したものであり」、根源的存在は、「美」を介して、あらゆる存在者を、「自分自身のほうへと「呼び」戻している」ということになるわけである。[38]

美と愛　こうして、西洋中世から近世初めにかけて、「美」は、その「光輝き」によって、私たちを、突如、呼び止めて、見失われた根源的な存在へと思いを馳《は》せしめ、こうして「愛」の献身において、私たちをそのほうへと連れ戻すゆえんのものと捉《とら》えられていったのである。こうした伝統のなかでは、美の「明るさ（claritas）」と「輝き（splendor, resplendentia, relucentia）」が強調され[39]、美の「呼ぶ」働きが、「自分のほうへと呼ぶ（vocare ad se）」、「誘う（allicere）」、「招く（excitare）」という事態として捉えられ、このような「美への憧れ（pulchritudinis desiderium）」が、すなわち「愛（amor）」にほかならない、とされていったのである。[40]

もちろん、そうした「呼びかけ」の根源にあるものは、そこでは、名状し難い、神的な、絶対的なものであり、それが、人間を呼びさまし、愛において、その根源的なものへと立ち帰らせようと意図していると考えられている。けれども、その考え方は、逆に言えば、「美」の輝きと、その「呼びかけ」のなかでこそ、人間のほんとうの「愛」が目覚め、その「呼びかけてくるもの」を大切にしようとする希求が芽生えてくるという事態を、指摘していることにほかならないであろう。

人生への愛の出発点　私たちの「人生への愛」は、私たちへと「呼びかけてくるもの」の輝きに接し、それに捕えられ、それを大切に育て上げ、拡充しようとするという仕方で、具体化してゆくように思う。そのときの「美しい」ものとは、たんに感覚的なものではありえない。むしろ、それは、精神的感激であり、心の震撼《しんかん》であり、深い感銘であり、素晴らしい理念の輝きに魅せられた感奮である。私たちの「人生への深い愛」は、こうした根源的存在への覚醒とともに動き出すのである。私たちが、自分の、ささやかながら、ある種の天命や、使命感に目覚め、自己の生きがいや活路を見出《みいだ》し、この「一筋の道」におのれを賭《か》けようとする決断の瞬間においては、この光輝くものの「呼びかけ」と、それへの献身的な「愛」と、それにもとづく「誠実」な人生行路の選び取りという道筋が、伏在しているように思う。私たちの意義ある人生は、こうした仕方以外には、発動しえないように考えられるのである。

3　良心の呼び声

美の呼びかけ　私たちの人生への愛は、私たちを魅惑し、私たちをみずからの根源的存在へと向けて呼びさまし、感奮させるところの、光輝く、美しい、素晴らしいものへの覚醒とともに、ほんとうの意味で、積極的に、また内容豊かに、開始しうるように思う。私たちに向けて語りかけ、「呼びかけてくる」美しいものによって、心の底から揺り動かされ、感動させられてこそ、私たちは、自分自身の進む道が、自分自身に見えてくるのだと言ってもよい。人生に対する私たちの情熱は、根本的に、こうした深い精神的感銘に発する活力に、その尽きることのない源泉を負うのである。

良心の呼びかけ　ところで、光輝く美による「呼びかけ」のほかに、もうひとつ、私たちは、「良心」の「呼び声」の経験をもっているのであって、この二つの「呼びかけ」の経験が、深く、私たちの人生への愛に含蓄されていることを、私たちは認識しなければならないと思う。「美」による「呼びかけ」が、いわば積極的な形での、私たちの人生への愛の発露であるとすれば、「良心」による「呼びかけ」は、その裏側に位置して、私たちの人生への愛の手綱を引き締める役を果たしていると言ってもよい。「美」が、人生の「前景」を形作るとすれば、「良心」は、人生の「背景」に潜んで、その営為を、根底から支え、導き、吟味検討する、冷徹な視線として、私たちを見張る役目を果たしているのである。

良心論へ　ここで、良心の問題について、詳密な考察を企てることはできない(41)。目下は、ごく簡単に、良心の本質的な働きについて触れ、その「呼びかけ」が、私たちの人生への愛を導く重要な機能を果たしている点に、なにほどかの照明が当てられるならば、それで十分としなければならない。

良心を表す西洋語には、種々のものがあり、それと結びついて、良心の意味に関しても、多くの側面があり、さらにそれと連関して、さまざまな良心解釈がこれまで思想史のなかで提起されてきたことは言うまでもない。けれども、何人も認めざるをえない事柄として、以下の諸点があることは、衆目の一致するところであろう。

良心の原義　まず、良心の語は、もとはギリシア語の「シュンエイデーシス（syneidēsis）」や、ラテン語の「コンスキエンティア（conscientia）」という言葉に溯《さかのぼ》り、元来は、「共に知る」ということを意味していた。[42]「共に知る」とは、初めは、他人が行為する場面に自分も「一緒に」居合わせて、それの善し悪しを「共に」「知っている」という意味で使われたようだが、転じて、やがて、自分自身の振る舞いについて、当の自分自身がそれを「共に」「知っている」という、自分の行為への「随伴意識」、もしくはもっと一般的には、当の自分の「自己意識」の意味において、その語は用いられていったようである。[43]

良心の二義　こうしたところから、やがて、それらの語は、二つの意味で用いられるようになったとされる。[44]すなわち、それらの語は、第一に、なによりまず、人間的自己の「内面性」を表す言葉として重視され、こうして「良心」こそは、人間の魂の最内奥の「導き手」であり、かつ、この大切な「火花」を汚れなく保持し、育成することによってのみ、人間的生の正しい形成がなし遂げられてゆきうるというふうに、考えられるようになったわけである。それとともに第二に、人間は、この「良心」の光に照らして、自分の行為を事前にまた事後に深く吟味精査するようになり、その結果、ときには後悔に捕われ、みずからを責め苛《さいな》む心的苦悩を背負ったり、場合によっては逆に、安堵《あんど》の胸を撫《な》で下ろすといった安心感を得たりすることにもなっていった。そのようにして生じてきたものが、「良心の疚《やま》しさ」とか「良心の安らぎ」といった現象にほかならない。要するに、この結果、良心は具体的には、自分の行為の善悪を観察し監視する厳しい精神の眼の意味となっていったのである。

　中世の後半以降から、「良心」に含まれるこの二つの意味合いが、それぞれ、さらに、「シュンテーレーシス（synterēsis）」と「コンスキエンティア（conscientia）」という別個の言い方によって、指示されてゆくようになり[45]、上記の二面性が、良心の働きの根本作用と見なされていったと言ってよいようである。要するに、「良心」とは、まず第一に、根本的には、人間の内面的自己意識の核心を成すものとして、人間的精神の「導き手」であり「火花」なのである。そしてその次に第二に、それは、具体的な行為の場面で、事前および事後に、「叱責」[46]や「安堵」の働きとなって現れ、私たちの行為を監視し、吟味し、裁く、「内面的な法廷」の場となって展開してゆくわけである。

二義の分かれる根拠　なぜ、人間の精神の最内奥の「導き手」が、同時に、人間の行為の「叱責」や「弁明」などの反省意識へと転ずるのかと言えば、それは、人間が、もともと「非力」で、「責めあるもの」[47]であり、けっして全能ではなく、別言すれば、人間にとって真の「普遍性」に高まることは容易ではなく、自己の「個別性」でもって、その根源的な良心の光を汚してしまうことが人間にはきわめて頻繁に起こりやすい[48]、という点に、その本質根拠をもつと考えるべきであろう。つまり、人間は、どんなに素晴らしく、また善いとみずからが思った理想や普遍的価値や理念のうちにも、やがて、いつの日にか、我意と利己にみちた、独善的で、また下賤《げせん》な欲望や野望を混入させて、これを堕落した姿へと引き摺《ず》り落とし、これを汚れたものへと蹂躙《じゅうりん》してしまうことが起こりやすいのであって、それほどまでに人間は、もともと罪深く、悪の汚れのしみついた存在者なのである。それだけに、私たちは、いっそう鋭くまた純粋に、「良心」という「内面的な法廷」の場に身を置いて、その「呼び声」に耳を傾けつつ、自分のあり方や生き方に、監視の眼を光らせ、自己を正しく導くよう努力しなければならないのである[49]。

良心の呼び声の分析　良心が、「呼び声」として、私たちに「呼びかけ」、「語りかけてくる」ものであるという事態を、最も鋭く掘り下げて、分析してみせた哲学者は、ハイデッガーであろう[50]。彼によれば、良心は突如、「沈黙という無気味な様相」[51]で、堕落した非本来的な自己に向かって、「呼びかけて（Anruf）」きて、本来的な自己であるようにと、自分を「呼びさます（Aufruf）」とされる。[52] それは、雑事に取り紛れ、自己喪失して、自分を「聴き逃して」いる自己の状態を打ち砕いて、本来的自己たるべく促して、その良心の呼び声を「聴き取る」ように勧める。[53] それは、「何物かが呼ぶ（es ruft）」[54] という形で、「私のなかから」「私の上へと」「襲ってきて」、「私に向けて」発せられる。ただし、それを、「見知らぬ力」としての、なにか神や世間が、私を呼ぶのだと捉えるのは正しくないとハイデッガーは見る。[55] むしろ、当の私たち、この世界の中に生きる自己自身が、「呼ぶもの」であるとともに「呼びかけられるもの」[57] でもあるとハイデッガーは捉える。[56] そのときには、「非力」で「責めある」自己自身が、そうであるよりほかにはない当の自己自身として、真摯《しんし》に、本来固有の仕方で、引き受けられ、耐え抜かれるのである。なぜ私たちは、「非力」で「責めある」存在であるかと言えば、その理由はこうである。つまり、私たちは、自分で自分の存在の根拠をおいたのでは「非ず」、また、さまざまな可能性を追求しながらも、そのすべての可能性を選びうるものでは「非ず」、さらに、自分本来のものでは「非ざる」、非本来的なあり方のなかに落ち込みうる存在者だからである。[58] しかし、こうした「非力」で「責めある」存在である私たち自身を、私たちは自分に引き受けて、真摯に生きる「決意性」[59] の覚悟を固めるほかにはないのである。つまり、私たちは、「良心をもとうと欲する」[60] 覚悟において、この世界を生き抜く決意を固めるよりほかにはないのである。

良心による自己吟味の重要性

そのときには、こうした良心の内面的火花に照らされながら、私たちは、既述したように(61)、「叱責」したり「弁明」したりする、良心による自己監視の眼差《まなざ》しを、峻厳《しゅんげん》に、かつ冷徹に、当の自分自身に振り向けつつ、自己を厳しく律しながら生きねばならないであろう。さきに述べたように、私たちの人生への愛の前景は、美しく素晴らしいものの輝きに魅せられた「呼びかけ」への聴従が、これを形作ると言ってよい。けれども、そうした私たちの行為は、つねにその背後において、良心による「呼びかけ」によって支えられ、吟味され、監視され、厳しく見守られていなければならない。その良心の呼び声は、非力で、責めある自己を本来的に生き抜く決意性となって実るとともに、それが、「非力」で「責めある」ものであればあるだけに、たえざる反省意識における自己吟味が、そこでは要求されてくると言うべきである。この「良心の呼び声」による、決意と、自己吟味を失うとき、私たちの、美的人生愛は、過《あやま》つ虞《おそ》れなしとはしないのである。

呼び声を聴くこと

私たちの心の奥底には、このように、「呼びかけてくる」ものの声が鳴り響くのである。美しく素晴らしいものに魅せられた魂を誘い導く「呼びかけ」と、そうした自己の生き方を、それよりほかにはない、かけがえのない、もはや引き返すことのできない一筋の道として、自己の非力さと責めある存在において、それだけにいっそう厳しく吟味し、悔い改めつつ、正しくこれを貫きとおすように勧める良心の「呼び

声」とが、私たちの心の根底に、つねに響き渡るのである。まことに、リルケの歌ったように、

　声がする、声が。聴け、わが心よ[62]

である。

私たちは、そうした声の「呼びかけ」を、「沈黙」のなかで、「聴き取り」、こうして、自己自身の実存の「語り」に耳を澄ませながら、人生の道を歩まねばならない[63]。私たちの人生への愛は、このような、内面的な「語り」の空間において、その道筋が見通せるものとなってゆくのである。

私たちは、心を洗わねばならない。洗い清められた心のなかでのみ、私たちを導く、内面の声が、響き渡るからである。

注

（1）J. G. Fichte, Die Anweisung zum seligen Leben, 1806, hrsg. v. F. Medicus, Verlag von Felix Meiner, Phil. Bibl., Bd. 234, 1954（以下、本書をFと略記）〔フィヒテ『浄福なる生への指教』高橋亘訳、岩波文庫、昭15（第二刷）〕。

（2）F 11.　（3）F 13.　（4）F 13.　（5）F 13.　（6）F 14.　（7）F 13 ff.　（8）F 12 ff.　（9）F 13.

(10) F 13 f.　(11) F 15.　(12) F 14.　(13) F 15.　(14) F 15.　(15) F 16.　(16) F 16.　(17) F 16.
(18) F 12.　(19) F 16.　(20) F 17.　(21) F 17.　(22) F 17.　(23) F 22.　(24) F 22 f.　(25) F 19 f.
(26) F 20.　(27) F 17.

(28) 以下については、渡邊二郎「美と幸福について」（平成七年度科学研究費補助金一般研究（C）研究成果報告書所収［『著作集』第10巻所収］）を参照。

(29) Plotinos Schriften, Phil. Bibl., Bd.1a, Enneades, 1, 6. S. 1-5〔邦訳『プロティノス全集』第1巻、中央公論社、二七九頁以下〕。

(30) Enneades, 7, 7, 22, op. cit., Bd. 3a,S. 306〔邦訳『プロティノス全集』第4巻、四七五頁〕。

(31) Enneades, 7, 7, 32, op. cit., Bd. 3a,S. 330〔邦訳『プロティノス全集』第4巻、四七五頁〕。

(32) Plato, Phaedrus, 250d7-e1, in: Platonis Opera, II, Oxford University Press, 1950〔プラトン「パイドロス」藤沢令夫訳、『プラトン全集5』岩波書店、一九七四所収〕。

(33)「　」括弧内の言い方は、『パイドロス』の当該箇所を説明するハイデッガーの記述から借りた。M. Heidegger, Nietzsche, I, Neske, 1961, S. 227 f.

(34) Dionysios Areopagita, Von den Namen zum Unnennbaren, Auswahl und Einleitung von Endre von Ivanka, Johannes Verlag Einsiedeln, Freiburg, 1990, S. 59 f.

(35) タタルキエヴィッやバイアーバルテスも、そう言っている。W. Tatarkiewicz, Geschichte der Ästhetik, Bd. II, Schwabe & Co AG Verlag, 1979, S. 43; W. Beierwaltes, Eriugena, Vittorio Klostermann, 1994, S. 140 Anm.

(36) 前注（35）に挙げたW. BeierwaltesのEriugenaという書物を参照せよ。

(37) Historisches Wörterbuch der Philosophie, Bd. 8, Schwabe & Co AG Verlag, 1992, S. 1352.

(38) W. Beierwaltes, Eriugena, S. 132, 140.

（39）前出注（37）の Historisches Wörterbuch, S. 1357 f. を参照。

（40）前出注（37）の Historisches Wörterbuch, S. 1360 f. を参照。

（41）たとえば、渡邊二郎「「良心」Gewissen の問題」、中埜肇編『ヘーゲル哲学研究』理想社、一九八六、一五九―二〇〇頁所収を参照〔『著作集』第8巻所収〕（以下、本書を、良心と略記）。

（42）良心一六〇―一六二頁。（43）良心一六〇―一六二頁。（44）良心一六二頁。（45）良心一六二頁。

（46）カントは、この良心の「内面的な法廷」性を強調した。I. Kant, Metaphysik der Sitten, Akademie-Ausgabe, VI, S. 438 ff.

（47）「非力」で「責めある」は、ハイデッガーの良心論の基本概念である。

（48）「普遍性」と「個別性」は、ヘーゲルの良心論の基本概念である。

（49）ハイデッガーの良心論に欠如しているこの面を、私たちは重視しなければならないのであり、この点で、カントやヘーゲルの考え方に私たちは学ばねばならないということを、ここでぜひとも明確に注記しておきたい。

（50）M. Heidegger, Sein und Zeit, 1927, 7. Aufl., 1953, S. 267-301（以下、本書を SZ と略記）〔ハイデガー『存在と時間』原佑・渡邊二郎共訳、中央公論社、世界の名著62（昭46）、中公バックス世界の名著74（昭55）〕。

（51）SZ 277.（52）SZ 269.（53）SZ 271.（54）SZ 275.（55）SZ 275,278.（56）SZ 277.

（57）SZ 284 f.（58）SZ 284 f.（59）SZ 270,288.（60）SZ 270,288.

（61）良心の「呼び声」の分析にハイデッガーは秀でており、ある意味で、良心の「内面的自己意識」（シュンテーレーシス）の面を鋭く掘り下げたが、他方それとともに、私たちは、事前と事後に、叱責《しっせき》し、裁く、厳しい「内面的な法廷」としての良心（コンスキエンティア）の面をも、けっして忘れ去ってはならず、ここにカントやヘーゲルの良心論の重点もあったことを見失ってはならないと思う。

（62） R. M. Rilke, Duineser Elegien, Insel-Verlag, 1955, S. 7〔リルケ『ドゥイノの悲歌』手塚富雄訳、岩波文庫、昭32、一一頁〕。

（63）「沈黙」と「聴取」と「語り」と「呼び」という言葉の世界を重視したのが、『存在と時間』におけるハイデッガーであったと言ってよい。

第5章　愛の深さ（その2）　葛藤を秘めた人間

1　悩み多き人間

愛の心の広さ　私たちの愛の心の及ぶ範囲は広く、その対象には果てしがない。私たちはまず身近な自分の周囲の事物や事象に、愛着の気持ちを降り注ぐ。自分の好きな文房具から書斎、好みに合った食物や衣服や住まい、さらには音楽や読書、学問や芸術への愛といったものもある。とりわけ、近しい関係にある友人や恋人や家族や、隣人や同胞への愛情は、誰もが大切に自分の心のうちにこれを養い育てている。他者への愛憎は、人の心を動かす非常に大きな要因であることを、私たちは誰もがみな、心得ている。こうして、愛は、人生から、社会、自然、世界へと及び、この存在する宇宙への愛にまで広がりうるであろう。なかんずく、そのように世界のなかにあっていま人生の盛りを生きている自己自身を、私たちは、大切にし、立派に、有意義に、生き抜きたいと思い、自分の人生を愛そうとするであろう。そこには、自分の仕事への愛も含まれ、価値や理想への愛も、入り込んできている。限りある、滅びゆく自己の人生のなかで、与えられ、恵まれ、贈られた生命と存在を大切にして、そこに隠され、宿された使命と意義を、十全に開花させて、人生の意味を全うさせたいと、私たちは冀《こいねが》って生きているであろう。

挫折と悲嘆　けれども、そのような私たちの切実な愛の思いは、容易に達成されうるであろうか。おそらくは、否であろう。私たちは、人生の途上で、多くの困難に出会い、苦悩を経験し、挫折《ざせつ》に見舞われ、この世の中が容易ならぬ辛酸と労苦にみちていることを嘆き、悲嘆と絶望に襲われることが、しばしばであろう。私たちの愛の思いが深ければ深いほど、私たちの思いどおりにはならない人生の厳しい現実は、苦痛と悲愁を私たちのうちに生み出す。災害や事故や不運による自己の生きる場所の喪失、愛する者の裏切りや忘恩、当てにならない他者の心変わり、虚偽や欺瞞《ぎまん》や妨害による他者の攻撃、激しい競争や嫉妬《しっと》や足の引っ張り合い、さまざまな人間の悪業と憂き世の修羅場、これらのすべては、私たちを鬱屈《うっくつ》した気分のなかに落とし入れ、厭世《えんせい》的な感情のうちに突き落とす。私たちは、達せられぬ望みを託《かこ》ち、不遇を嘆き、人生に長嘆息して、切ない吐息を漏らす。それでもなお負けじとばかりに必死に生きる人生の過労と重圧は、私たちの心身のうちに暗い影を落とし、それに加えて、ままならぬ人生の怨嗟《えんさ》が重なれば、私たちの人生愛の熱情は、悲愴《ひそう》の激情へと転化し、悲憤慷慨《こうがい》はとどまることを知らないありさまとなる。私たちの人生の喜悲劇には、底知れぬものがあると言わねばならないであろう。

愛という漢字　そもそも、漢字の「愛」という字の発生の起源を尋ねてみても、このことは立証されうる。[1] 愛という字は、もとは、「既《き》」と「心」とを合わせてできた字であるとされている。[2]「既」は、「皀《ひゅう》」（食物）が喉《のど》に閊《つか》えて咽《むせ》び、息が詰まることを表した字である。[3] したがって、それと「心」とを合わせた「愛」という字は、「心が強く打たれて息が詰まるような思いになること」[4]を表していたとされている。それは、「歎《たん》」と同様に、心が強く動かされて、嘆くありさまを示していたわけである。転じて、「愛」は「慈しむ」という意味にも使われたという。[5] この「既」と「心」とを合わせた字を簡略化して、さらに「旡《き》」と「心」とを合わせた文字「㤅《あい》」が作られたという。[6] この字は、「元気のない意」[7]を表したとされる。この字の下に、「静かに行く意」を表すところの「夊《ち》」という字を加えてできた文字の変形が、今日の「愛」という字であると言われている。[8] したがって、「愛」は、「元気のない足どりで行くこと」をも表すとされる。[9] 要するに、「愛」という字のうちには、「心が強く打たれて息が詰まるような思いになり」「元気のない足どりで静かに行くこと」といった、人間の切なく悩む心のあり方が、深く刻み込まれているわけである。「愛」の字のうちには、「せつない気持ちで足の進まぬさま」、「足をひきずり行き悩むさま」[10]、「胸がつまって苦しい気持ち」が表されていると言ってよいわけである。

深い愛の苦しさ　「愛」という漢字のこうした起源論は、たいへんに面白いものだと思う。普通、私たちは、愛という現象に、明るく朗らかな、希望にみちた、軽快な振る舞いを想像しがちである。けれども、それは、幼稚な錯覚なのである。そうした振る舞いは、まだ、ほんとうの切ない愛の思いの深さを知ってはいないのである。愛の思いが深くなったとき、人は、胸が閊《つか》えて、息苦しくなり、あまりにも重い心を抱いて、元気がなくなり、蹌踉《そうろう》（ふらふら）として、足を引き摺《ず》り、行き悩んでしまうのである。このことは、切ない恋をした人ならば、誰もが知っているはずである。あまりにも元気で快活な人のうちには、深い愛の思いはまだ宿ってはいないことのほうが多いのである。青ざめ、うなだれて、元気がなく、深い思いに沈んだ、悩める人のうちにこそ、熱く激しい、切ない愛の情念は、沸騰しているのである。

深い心の苦悩　このことは、愛には苦悩がつき纏《まと》うことを暗示している。深く悩んだ人間のうちにこそ、大きな魂が、潜んでいるのである。ニーチェは言っている。「すべて深く悩んだことのある人間――いかに深く悩みうるかということがその人間の位階を決定する――は、精神的な自負と嘔吐とを抱いている」[11]のであり、そうした人間にのみ、「最も長い梯子をもち、最も深く降りてゆける魂」[12]が、可能になるのである、と。打てば響き、当意即妙の軽快な人物は、底が浅いのである。「深い泉の場合と同様に、深い人間の場合には、何かが落ちこんでくるとそれが底に達するまでには長い時間がかかる。

はたの人間は普通あまり長く待つことができないので、こういう人たちを無感覚で無情だと――あるいはまた退屈だとも、見なしやすいものである」(13)。けれども、そうした人間のうちにこそ、深い思いが宿っているのである。

引き裂かれた心と愛

愛する人は、そのように深く悩む人である。とりわけ、そのような人は、人間の心の奥底に、分裂や葛藤《かっとう》が潜み、人間の魂が、一筋縄ではゆかない多様な要素を含むことに苦しむはずである。愛の思いに悩む人のうちには、自己のうちの二元的な対立や矛盾が自覚されているはずである。私たち日本人のうちには、漢訳仏典から入ってきた愛にまつわる多くの言葉が、大きな亀裂《きれつ》を含んで多様に分裂しうる人間の心のありさまを映し出していることがよく理解されうることと思う(14)。すなわち、一方で、私たちのうちには、我執に捕われた、激しい「渇愛」の心が、私たちを、さまざまな「愛欲」や「淫愛」へと駆り立てるとともに、他方において、「愛憐《あいれん》」と「慈愛」の心が、悩みにみちた同胞を優しく包み込む抱擁力となって生い育つことを、私たちは知っている。私たちは、つね日頃、おたがい同士の「敬愛」や「恩愛」や「愛想」を大切にし、「友愛」にみちて、万人万物を「愛惜」し、「愛護」しなければならないと考えている。けれども、やはり、時として、「愛着」と「愛執」の激情が、私たちを「愛憎」の恐ろしい修羅場に巻き込むことがあることを、私たちは十分心得ている。私たちは、執念深い「渇愛」の心と、それを乗り越えた「慈愛」の心との間に、引き裂かれ、揺さぶられていると言ってもよい。「愛執」の苦悩のなかから、「呻《うめ》き」、「あわれ」と思う「悲（カルナー）」の心が生まれ、こうして他者の苦悩も共感できるようになり、真実の「愛情」である「慈しみ」の心が芽生えうる。(15)「仏心とは大慈悲なり」(16)と言われるが、私たちは、「渇愛」と「慈悲」という二つのものの間に引き裂かれていると言ってもよいと思う。

二つの魂の分裂　ドイツの文豪ゲーテは、『ファウスト』のなかで、人間のうちには「二つの魂」が住み、人間はその間で引き裂かれ、その葛藤の焔の燃え滾《たぎ》る苦しみから救い出されることを望みつつ、容易にはそのことを果たしえないという現実を、次のような有名な詩句において、歌っている。

「ああ、わたしの胸のなかには、二つの魂が住んでいる。
一つの魂は、もう一つの魂と、分裂しようとしている。
一つの魂は、むくつけき愛欲に燃えて、絡みつく官能をもってこの現世にしがみつく。
もう一つの魂は、力ずくで、塵界から離れて、
高貴な先人たちの天界へと登っていこうとしている。(17)」

と。ファウストは、「大地」と「天空」の間を支配する「精霊」にすがって、この苦し

みから逃れ、「新しい、彩りはなやかな人生」、「見知らぬ国々」に連れていってもらえたら、どんなにかよかろうにと、長嘆息するのである。[18] それというのも、「二つの魂」の葛藤のなかにいるということが、人間であるということにほかならないからである。

シェリングの人間論　ゲーテと同時代に生きたドイツ観念論の哲学者シェリングも、人間が、「暗闇」と「光」、すなわち、野生の活力にみちた「我意」と、我れを放棄した無心の「愛」との間に、引き裂かれた存在者であることを、さまざまに語っている。[19] とりわけ、シェリングの書き残した『シュトゥットガルト私講義』[20] のなかには、人間のあり方を、三重の構造において捉《とら》える、たいへんに示唆に富む、優れた人間論が展開されている。

いま、ごく簡単に言うと、そのシェリングの考え方によれば、人間のあり方の最も深い根底には、暗い「情念（Gemüt）」が熱い焔を燃え滾らせており、次にその上に、それが意識化された欲望の形で「意志（Wille）」となって現れて「精神（Geist）」の次元を構成し、最後に、その上に、人間のうちのほんとうに善い神々しいあり方である「愛（Liebe）」の「心（Seele）」が花開くとされる。「愛」の「心」こそは、最高の人間のあり方なのだが、それが実るためには、その根底に、暗く激しい我執の激情が、さまざまな病気を生む形で、混乱の渦を巻き起こしているとされるのである。というのも、シェリングによると、この三重のあり方の各々のなかには、さらにそれら三重のあり方が再び影を落とし、また、それらの諸連関が中断されて混乱を生み出し、人間のうちには分裂や葛藤や精神的病気が生じうるからなのである。

情念　すなわち、まず暗い「情念」のなかでも、最も深いところには、「憂鬱(Schwermut)」の気分を引き摺った「憧憬(Sehnsucht)」という情念が巣くっているとされる。[21] というのも、自分ではどうにもできないような激しい憧《あこが》れが、人間の生命の根本には潜んでいるからであり、それを背負った人間は、重い気分に捕われるからである。次に、その情念のなかに、いわば精神に見合った形で、「欲望(Begierde)」がその焔を吹き出してくるとされる。[22] さらにその上に、情念のなかには、いわば心に見合うものとして、「感情(Gefühl)」の働きが成り立ってくるとされる。[23] けれども、この「感情」が発散されずに、鬱屈した「憧憬」と「欲望」に苛《さいな》まれるだけの状態になると、人間には「情念の病気」である「気鬱病」が生じてくるとされる。[24] しかし、「情念」こそは、人間の実在的な側面であるので、「どんなに偉大な精神も、情念なしでは、不毛であり、何ものも生み出せず、また創り出すことができない」[25] とシェリングは述べて、強烈な情念の活力を、人間の基盤と見ている。

精神　次に、この情念の上に「精神」の層が高次のものとして成り立ってくるが、これは、基本的には、「意識化された欲望」であり、「意志」と見られている。[26] この意志のうちで、いわば情念に近いものとして、きわめて実在的な「我意（Eigenwille）」が、自己主張を成す形で出現してくる(27)。その上に、本来の「意志（Wille）」が、自由をもって働き出すが、これは、悪や罪や誤謬《ごびゅう》を犯しうるものとされている(28)。その上に、ようやく、普遍性をもった意志が、「悟性（Verstand）」という姿で、働き出すとされる(29)。けれども、この「悟性」の導きが欠如する精神のあり方も可能であり、それが「愚鈍（Blödsinn）」(30)という病気にほかならない。けれども、それにとどまらずに、この意志的精神の最高のあり方である「悟性」でさえも、もしも、より高次の「愛」の「心」によって導かれないならば、最も恐ろしい「狂気（Wahnsinn）」という病気に罹《かか》るとされるのである(31)。実は、シェリングによれば、そもそも、「悟性」さえもが、その根源を探ると、悟性を欠いた、荒々しい生命の活力に帰着するのであり、実は、「悟性」とは、「統御された狂気」にほかならないとされる(32)。ところが、そのような「悟性」が、より高次の「愛」の「心」に導かれないとき、恐ろしい悪や犯罪が起こりうるとされるのである。頭は良いが、「心」を欠いた、恐ろしい残虐非道の罪悪は、ここから生じうるわけである。「心」の働きが失われると、人間のうちの原初的な暗い野性が、恐ろしい情念や狂気の行為となって出現しうると、シェリングは見ており、そこには人間をきわめてリアルに、赤裸々に直視する眼差《まなざ》しがある。

心　したがって、最高の、善い、神々しい原理である「愛」の「心」が、下位のあり方をほんとうに統御して、あるべき調和にみちた人間の姿を実現させるとき、そこに初めて、人間の素晴らしい諸活動が成立してくるとシェリングは見ている。すなわち、第一に、「心」が、下位の実在的原理である「憧憬」と「我意」に働きを及ぼすと、「芸術と詩歌」が生まれるという[33]。第二に、「心」が、下位のあり方のうちの最高の原理である「感情」と「悟性」にその働きを向けると、「哲学」が生じ、そのときにこそ、「高次の心に服従した悟性」である「理性（Vernunft）」が目覚めるとされる[34]。第三に、「心」が、下位のあり方の中間的原理である「欲望」と「意志」に関係して働くと、そこに「道徳」が生まれるという[35]。最後に第四に、「心」がまったく純粋に、いっさいの関係なしに働くと、そこに、その「愛」の本質が発揮された「宗教」の領域が成り立ってくるとシェリングは考えているのである[36]。

愛の葛藤　このようなシェリングの思想のうちには、激しい「我欲」と、神々しい「愛」との間に引き裂かれた、葛藤にみちた、悩み多き人間の姿が見事に活写されていると言ってよいであろう。人間は、たしかに、一方で、我執の化身にほかならぬ、欲情と支配欲に突き動かされた「愛執」の妄念に取り憑《つ》かれる存在者であるとともに、他方で、自己放棄と献身の、神々しい善性にあふれた、聖なる次元へと高まりうる存在者なのでもある。人間における「愛」の魂の多様な葛藤は、まことに、悩み多き人間の核心を形作っていると言わねばならない。

2　ニーグレンによるアガペー的愛について

スウェーデンの神学者ニーグレン　人間のうちに潜む愛の情念の二元的な対立や葛藤ということに思いを致したとき、それと連関してどうしてもここで話題に上せなければならない一事実がある。それは、現代のスウェーデンのキリスト教神学者のニーグレンが、『アガペーとエロース』[37]という書物を著して、「キリスト教の愛」は、本質的に「アガペー」[38]であり、それは、ギリシアのプラトンに発する「エロース」としての愛とは根本的に「対立」[39]しかつ「相違」[40]すると見て、両者の「混同」[41]を戒め、両者の峻別を厳しく説いたことがあるという事実である。それ以来、このことはきわめて有名となり、愛と言えば、つねに「アガペー」と「エロース」という、二つの根本的に相異なる形があるとされることが、きわめて一般化しているので[42]、ここで私たちもそのことに、どうしても触れざるをえないのである。

アガペーとキリスト教の根幹　ニーグレンによれば、アガペーとエロースとの相違は、たんに「言葉」の上のことにとどまらず、その「観念」、つまり人生をどう捉えるのかという人間の「生活態度」の根本に関わる相違として、取り上げられる[43]。むろん、その際に、両者の「価値」についてその優劣を「評価」しようというのではなく、たんに

「事実」を判断しようとするにすぎないとニーグレンは断ってはいる(44)。けれども、ニーグレンはキリスト教神学者であるので、どうしても、愛の問題を、「キリスト教の側から」、つまり「アガペーの側から」見るということは不可避であると告白している(45)。ニーグレンの立場からすれば、「アガペーの観念」こそ「キリスト教の根本観念」であり(46)、したがって、これに異教的なエロースの観念が加わり「混合」されれば、アガペーの本来の観念が「弱められ」、「損害」を蒙《こうむ》るとニーグレンは見ている(47)。それゆえ、キリスト教的なアガペー的愛の真の姿を明確にし、これを純粋な形で守るということに、ニーグレンの狙いは定められている。

ニーグレンによれば、イエスによって説かれ、共観福音書のなかで示され、パウロによって強調されたこのアガペー的愛が、やがて、中世初めの「教会史の初期」(48)以降、ヘレニズム思潮と重なり合い、こうして紀元後五世紀のアウグスティヌスにおいて、エロース的なものと結びついて「カリタス」(49)の観念を生み出し、中世全体を通じてその「合流」(50)が支配的となるが、しかし近世に至って宗教改革において、ルターによって再び純粋なアガペーの観念が「復興」(51)されたと見なされる。ニーグレンは、このルター的精神を継承して、現代において、アガペー的愛の純粋性を擁護し、これを、非キリスト教的なエロース的愛から峻別しようとするわけである。

エロースとアガペーとの相違　その場合、あらかじめ注意しておかねばならないのは、ニーグレンにおいては、アガペー的愛に対立するエロース的愛が、普通エロースという と連想されやすい官能的愛欲の意味において受け取られてはおらずに、むしろ、いわば 良い意味でのギリシア的プラトン的なエロースとして、つまり、「感覚的な愛」ではな く、「最も洗練された精神的な形」のエロースとして受け取られている点である。[52] 言い 換えれば、エロースとは、人間の魂が、精神の高みに登ろうとしてなす、最高の憧れや 努力や熱意の意味と解せられているわけである。エロースとは、「地上的欲求の対象物 から離れ、天上的な物を求めて救いを得んとする、人間の魂の欲求」[54]とされているので ある。[53] プラトンのエロースについては、次節で改めて考察し直すが、いずれにしても、 ニーグレンにおいては、このように、いかに高尚で気高い理想や価値を目指して努力す る人間的情熱すなわちエロース的愛でさえも、その限界をもっており、それはキリスト 教的なアガペー的愛の深さには及ばず、到底その境涯には比肩すべくもないとされるの である。

どうしてかと言えば、エロース的愛は、どんなに崇高な理念を目指す精神的努力であ ったとしても、「自己中心」的であって、個人としての自己の「幸福」[56]の追求にとどま るからである。[55] これに対し、アガペー的愛は、「神中心」的であって、そこではおよそ 人間的な価値の尺度を越えた、絶対的な愛が問題になっているからである。エロース的 愛が、人間中心的、自己拡充的な、精神の努力であるのに対し、アガペー的愛は、人間 的な価値尺度を越えて、あらゆるものに降り注がれる、神の絶対的愛に根ざし、その愛にもとづいて、自己を捨て、あらゆる存在を慈しみ、他者を愛する、自己放棄の献身的な愛となって実現されてゆくのである。

エロースとアガペーとの対立の根本にあるものは、人間中心的な人生・世界観と、神中心的な人生・世界観との対立であると言ってもよい。ニーグレンによれば、キリスト教の出現とは、それ以前の「自己中心の宗教」から、「神中心の宗教」への「根本的な変化」[57]にほかならず、しかもその「神」とは「アガペー（愛）[58]」であり、それゆえに人間にとっての善は、その神の愛に依拠して「アガペー（愛）」を実践し、こうして「神を愛し、隣人を愛せよ」という「誡《いまし》め」に従って生きることにほかならない[59]。そこで問題なのは、「神と人間の関係[60]」ないし「神と人間の交り[61]」である。つまり、人間から神に至るのではなく、神から人間に至るというように、神の絶対的愛のあり方に、徹頭徹尾帰依して、それに服従して、自己滅却の献身的なアガペー的愛を実践し、その絶対的愛そのものとなって生きる、ということが大切とされるのである。

神の愛の本質　キリスト教の愛の教えの基本が、上でも言及したように、「神を愛し、隣人を愛する」ことにあることはもちろんであり、「心を尽くし、精神を尽くし、力を尽くし、思いを尽くして、あなたの神である主を愛しなさい、また、隣人を自分のように愛しなさい」と説かれることは付言するまでもない（ルカ一〇の二七、マタイ二二の三七―三九、マルコ一二の三〇―三一）。しかし、ニーグレンによれば、この言葉そのものは、旧約聖書にもあり、旧約聖書においても愛の掟《おきて》が重んぜられていた以上、この言葉がイエスによって説かれたときの、まったく新たな「アガペーのキリスト教的な観念[62]」こそが肝要であるとされる。そのときには、「人間の神に対する新しい関係[63]」、「神との交りの新しい道[64]」が提起されていたのだとされる。

それが何であるのかを理解するには、イエスの次の言葉、「わたしが来たのは、正しい人を招くためではなく、罪人を招くためである」（マルコ二の一七）という一句の意味を、深く熟慮しなければならないとニーグレンは言う[65]。罪人は、普通の人間の立場から見れば、「一番価値を持っていないと見える人々[66]」である。けれども、神は、そのような人々のうちにも「隠れた価値[67]」を見出《みいだ》し、その罪人を、その存在において、絶対的に優しく包み、いとおしみ、愛するのである。「神から愛される人々が、どれほど神の愛に値するかということは、問題にならない」ず、愛に関しては、「愛することが神の本性」なのだと答えるよりほかにないとニーグレンは述べる[68]。神は、すべてのものを等しく愛し、絶対的に肯定するわけである。そこでは、人間的価値の尺度による評価は意味をなさない。父なる神は、「悪人にも善人にも太陽を昇らせ、正しい者にも正しくない者にも雨を降らせ」るのである（マタイ五の四五）。善人や悪人、正しい者や正しくない者といった、人間的社会が作り出した相対的価値の区別を越えて、神は、すべての者の上に絶対的な愛を降り注ぐのである。

アガペーの四つの特質　したがって、ニーグレンは、こうした「人間に対する神の愛[69]」にもとづいて、キリスト教的アガペーの四つの特質が出てくると言う。すなわち、第一に、アガペーは、「自発的」であって、けっして他の何物かに触発されて起こるのでなく、けっして「誘発されないもの」である[70]。「神の愛の原因や説明を、神から愛される人々の価値に求めることは、無駄である」[71]。正しいから、賢いから、勇気があるから、才能があるから、愛されるのではない。生来の人間の愛情は、こうした「誘発される[72]」愛であるが、神の愛は、そうではなく、「自発的で、「誘発されない」もの」である。したがって第二に、「アガペーは人の功績にかかわりがない[73]」。「人間の善や立派さが全く考慮に入れられていない」という点にこそ、「アガペーの意義」が存する[74]。人間の作った相対的価値尺度を越えて、否、それどころか、罪ある、咎《とが》ある、哀れな、敗残の、弱き人々の上にこそ、かえって、神の無限の愛は注がれるのである。それゆえに第三に、「アガペーは創造的である」[75]。というのも、「それ自体の中に価値のないもの」が、いまや「神の愛の対象」となることによって、「価値を得る」からである[76]。罪ある、落ちこぼれた人々は、神の愛の対象となることによって、みずからの存在の価値を創出される。「神から愛される人々は、みずからのうちに何らの価値も持ってはいない。彼の価値はただ神が彼を愛するという事実に在るのである」[77]。神からの愛を受け、みずからの存在が神の愛のうちに包み込まれて、絶対的肯定に至るということが、新たな生と存在の出発点になるわけである。こうして第四に、「人間の側から神に到達できる道はな」く、

「神がみずから人間のもとに来り給わなければなら」ず、「アガペーは神御自身の人間に至る道」であり、こうして「アガペーは神との交りの道を開く」ものとなるわけである。(78)

神への愛と隣人への愛　キリスト教の愛は、以上のように、「自発的」で、「誘発されない」で、「非打算的」で、「無制限で無条件」な、神による愛に、その根本をもち、これに依拠すべきものであるから、(79)ここからして、キリスト教において愛の誡めとして説かれる二つの事柄、すなわち、主なる汝《なんじ》の神を愛すべしということと、自分と同じように汝の隣人を愛すべしということとが、その真の意味において明らかにされうることになる。すなわち、第一に、人間は、「無条件」に「自己放棄」をして、「神に属する」のでなければならず、(80)「神の絶対主権」を「承認」し、「自分のために何も求めない」で、「神」に対し「無条件降伏」をなし、「神のみこころが行なわれるように」とひたすらに願い、何らの褒賞も期待しないことが、「神に対する人間の愛」のあり方とされる。(81)第二に、隣人を自分のように愛するということも、「神のアガペーの体験」(82)にもとづき、その神の愛を「隣人その人」(83)に、無条件に振り向けることでなければならない。したがって、隣人を「自分のように」愛せよと言われるからといって、「自己愛」のような第三の誡めをそこに絶対に付加してはならず、(84)「自己愛」こそは「新約聖書と相容れない」(85)最たるものであり、むしろ、「敵を愛し、自分を迫害する者のために祈る」（マタイ五の四四）ことが肝要とされる。(86)こうして、アガペー的愛とは、「無条件な自己投与」(87)とされるのである。

パウロの重要性　ニーグレンによれば、福音書に示された以上のようなアガペー的愛を、さらに明確に提示したのがパウロであるとされる。実は、アガペーというギリシア語名詞は、共観福音書のなかでは二箇所（マタイ二四の一二、ルカ一一の四二）にしか現れず、その動詞形は一般的な意味で多数用いられるが、しかし神の愛を表してはいない。[88]ところが、パウロこそ、「アガペーという語」を「術語」として採用し[89]、これを「最初に聖書に取り入れ」、「後代に伝え」たとされる。[90]

そのパウロにとっては、「十字架につけられたキリスト」（コリントⅠの二の二）こそが問題であり[91]、そこに示された「愛（アガペー）の神」（コリントⅡの一三の一一）が大切であり[92]、こうして「パウロの教えの中心点は、十字架のアガペーなのである」[93]とニーグレンは言う。すなわち、パウロにとっては、キリストは「罪人」である「わたしたちのために死んでくださった」のであり、このことにより、「神はわたしたちに対する愛を示され」たとされる（ローマの信徒への手紙五の八）[94]。こうして、ニーグレンによれば、パウロにおいて、「イエスの十字架上の死」は、「神のアガペーの絶対至上の表現」であり、「十字架上に示された愛」は、「神御自身の愛」であり[95]、その愛は「自発的で、誘因のないもの」であり[96]、そこにおいては神が「神のアガペーを示し給うた」という「事実」が大切とされる。[97]

その結果、「キリストがわたしたちを愛し」たように、「あなたがたも愛によって歩みなさい」（エフェソ五の二）と説かれる。[98]「すべては神からくる」のであり、アガペーとは、「人間に対する神の愛」なのであり、[99]「隣人愛」[100]も、それにもとづくのである。「神に対する受容的な愛」が、「信仰」と言われるが、[101]そこで大切なのは、「自己愛」が、徹頭徹尾「アガペーの反対」であるという点である。[102]アガペーは、おのれの利を求めず、完全な自己投与であり、「アガペーは自己と自己の利益のまわりに集中する生活すべてに審判を宣告する」のである。[103]アガペーは「全く神中心」なのである。[104]

愛に関してパウロの述べた次のような著名な言葉も、こうした無条件の神の愛の具現にほかならないとされる。[105]すなわち、パウロは言う。「愛は忍耐強い。愛は情深い。ねたまない。愛は自慢せず、高ぶらない。礼を失せず、自分の利益を求めず、いらだたず、恨みを抱かない。不義を喜ばず、真実を喜ぶ。すべてを忍び、すべてを信じ、すべてを望み、すべてに耐える」と（コリントIの一三の四―七）。

ヨハネの問題性　ニーグレンによれば、パウロのあと、ヨハネにおいて、「神は愛（アガペー）です」（ヨハネIの四の八、一六）と明言され、したがってキリストの信者たちは、神から生まれた「愛する者たち」として、「互いに愛し合いましょう」（ヨハネIの四の七）と呼びかけられる。[106]けれども他方において、そこにはパウロとの「相違」[107]が出現してきたとニーグレンは見る。なぜなら、一つには、ヨハネにおいて、アガペーは、

「宇宙論的な形而上学的な調子」を帯び、「神のアガペー」は「御子に対する父の永遠の愛」となり、もはや「自発的な「誘発されないもの」」ではなくなり、「神の愛の自発性」が「弱め」られ始めているからである。[108] 二つには、キリスト者の隣人愛が、仲間うちの「兄弟の愛」へと変化し、「排他的」となり、「本来のすべてを抱擁する広さ」を失い、共観福音書の教えを「弱めている」からである。[109] 三つには、「神に対する愛」が、「この世の愛」と区別されて、「神や神の物に対する欲望」へと変化し始め、その純粋さを失い出すに至っているからである。[110] こうしてニーグレンは、パウロまでのキリスト教的な愛（アガペー）の、非党派的な、無条件の絶対性を、何よりも強調力説してやまないのである。

ギリシアのエロース的愛の特質　以上のようであるから、キリスト教的なアガペーが、ギリシア的なエロースと決定的に異なるとされるのも当然である。プラトン以前の「オルフィック教」の神話においてすでに、人間は、ゼウスの神の子ザクレウス（すなわちディオニュソス）を殺戮《さつりく》し貪《むさぼ》り食ったティタンの灰から作られたものとされ、したがって邪悪なティタンの性質をもつ「地上の存在」であるとともに、自分のうちにティタンによって貪り食われた「神の火花」をも所有しているところの、矛盾した存在者であるとされていた。[111] したがって、人間のうちの汚れた部分を清めて、神の故郷へと上昇してゆくことが、オルフィック教によって説かれたが、これが、「エロースの観念の普遍的な基盤」[112]であるとニーグレンは見る。

プラトンはこの伝統を継承しており、彼においては、エロースは、「感覚的な愛」ではまったくなく、[113]むしろ、「知覚し得るものから超感覚的なものへの人間の回心」[114]、「霊魂の上昇運動」、「形相の世界を求めるよう霊魂を上方へ駆りたてる真の力」、「束の間のものから離れて永遠のものを求める」[115]訴え、「輝かしいイデアの世界に対する霊魂の愛」[116]、「美と善に対する愛」[117]なのである。けれども、ニーグレンによれば、こうしたエロース的愛は、第一には、「ただ価値を持っているものだけを、愛し、欲求し」[118]、こうして「上方を目ざし、イデアの天界に到達せんことを願う」[119]「欲望の愛」[120]にすぎず、第二には、「人間」が「神」に至ろうとする道程ではあっても「神が人間の方に降ってくる道」であることはけっしてなく、[121]第三には、「自己中心の愛」にとどまり、自己の「幸福」を追求するにすぎないものとして、[122]批判的に位置づけられるのである。

プラトン以後のアリストテレスにおいては、このエロースが、「宇宙の推進力」[123]にまで高められ、さらにプロティノスにおいては、「堕落した魂の天の原籍への復帰」[124]の希求として現れるが、これらすべては、キリスト教的なアガペーの愛とは異質であるとされる。

エロース対アガペー　要するに、エロースとアガペーは、「自己中心の見解」と「神中心の見解」とを代表しており、[125]決定的に異なるとされる。エロースは「自己のための善」を求めるが、アガペーは「自己を与える」[126]。エロースは「上昇せんとする人間の努力」であるが、アガペーは「上から降って来る」[127]。エロースは「人間の功績」であるが、アガペーは「神の愛のみわざの救い」であり「無代価の賜物」である[128]。エロースは「自己中心の愛」であるが、アガペーは「おのれの利を求めず、惜しみなく自己を消費する、非自己的な愛」である、等々[129]。しかもニーグレンによれば、ギリシア的な「霊魂の本性的な不死に対する信仰」は、「アガペーの観念と全く相容れないもの」とされ、キリスト教においては、「死者の復活に対する信仰」が肝要であり、この「死者の復活は神のアガペーのしるし」であるとされる[130]。

いずれにしても、ニーグレンにおいては、以上のように、ギリシア的なエロースの愛に対して、キリスト教的なアガペーの愛が、その本質的特徴において際立たせられたのであった。

3　プラトンによるエロース的愛について

プラトンの『饗宴』対話篇へ　ところで、一方、キリスト教的アガペーと対比される、ギリシア的なエロースについては、その実態は、いったい、いかなるものだったのであろうか。ニーグレンがエロースをどのように見ていたかは、前述したことから明らかである。けれども、ギリシアに発するエロース的愛についていては、実は、そのことを話題にしたプラトンの『饗宴』[131]という対話篇を読むと、もっとさまざまな側面がエロースには付随し、もっと豊かな意味内容がそれに含蓄されていたことが分かるのである。

実は、プラトンの『饗宴』という対話篇は、悲劇作家のアガトンがその作品によって最初にディオニュソス祭における悲劇の競演で優勝したことを祝って、宴会が開かれた折に、集まった六人の人物たちが、たんにお酒を飲むだけでなく、むしろ談論風発し合って、とりわけ、従来あまり讃美《さんび》されていなかったエロースの神を讃《たた》え、「できるかぎり美しくエロースの讃美をなすこと」[132]を、順次試み、たがいに披露し合ったその演説の記録という形を取っているのである。そこでは、パイドロス、パウサニアス、エリュクシマコス、アリストパネス、アガトン、ソクラテスなど、六人の人物たちが、順次発言をするという仕組みになっており、それに応じて、エロース的愛の諸側面が、展示されるという仕掛けになっている。このなかで最も重要なのは、言うまでもなく、最後にソクラテスが、ディオティマという婦人から聞いた話として伝え、それに託して物語る演説にあるのだが、しかし、そのほかのエロース礼讃の演説にも、きわめて興味深い意味合いが含蓄されているのである。それで、それらの諸言説にも若干考慮を払いながら、ギリシア的なエロースの多様性に対し注意を振り向けつつ、ソクラテス・プラトン的なエロースについて、その本質を摑《つか》まえるよう努力してみなければならない。

パイドロスの説　まず最初に演説を行ったパイドロスによれば、エロースの神は、「いちばん古い神」[133]であり、しかも「最大のよき事どもの源」[134]であるとされる。というのも、ギリシアでは成人男子が美少年を可愛がる少年愛（パイデラスティア）が盛んであったが、自分の恋している少年や、自分を恋している少年に、自分がなにか恥ずべきことをしているのを見られるのは、たいへん恥ずかしいことだと誰でも思うであろう。そのように、恋（エロース）をすると、人は、醜いものを恥じ、美しいものに対して功名を競う心を目覚めさせられ、こうして、恋（エロース）は、道徳的な純化の働きをなすというわけである。

パウサニアスの説　次にパウサニアスによれば、エロースは、アプロディテ（美の女神）と不可分の関係にあるとされる。ところが、このアプロディテに二種類があり、「パンデモス・アプロディテ」を慕うエロースは、「真に低俗」[135]で、女性の、しかもことのほか、その肉体を恋し、あまつさえ、できるだけ考えのない者の肉体を恋する。ところが、「ウラニア・アプロディテ」を慕うエロースは、[136]ただ男性とのみ関係し、本質的に強壮で理性に恵まれた者を愛するとされる。パウサニアスは、このようにエロースに、低俗な肉体的恋と、精神的な人格的恋とを区別するのである。そしてパウサニアスはこう言っている。「よくない人とは、あの、低俗な恋を懐く者、つまり魂よりはむしろ肉体を恋する者のことである。そしてじつにそのような者は、その恋の対象が永続性のないものであるから、彼自身また永続性に欠けるのである。つまりこういう者は恋の目当てだった肉体の花が凋むと同時に、数々の言葉や約束を足げにして「飛び去って行く」のである。それに反して相手の人柄に――それが立派なときのことであるが――その人柄に恋をする者は、永続的なものと融合するのであるから、一生を通じて変らないのである」[137]と。ここには、低俗な官能的恋と、精神的人格的恋ないし結合との、巷間《こうかん》しばしば目撃される二種類のエロース（愛）が、的確に描写されていると言ってよいであろう。

エリュクシマコスの説　続いて発言したエリュクシマコスによれば、エロースの神の力は、たんなる愛や恋の次元を越え、人間の自然性や身体性を、調和にみちて発展させ、こうして「すべての幸福[138]」を人間に調《ととの》えてくれるゆえんのものと見なされる。つまり、身体の健康で優良な部分のもつ「エロース」すなわちその「恋（欲求[139]）」を、満足させてやることは美しいことであり、またしなければならないことであって、これが、医学や音楽の役目だとされる。こうして、エロースは、ここでは、万物すべてに潜在する調和の活力を認識し、役立てる、幸福の術に関係する事柄と捉えられている。つまり、エロースは、ここでは、自然的事象の本性の欲求充足といった広義において考えられ、万物の生命活動の基本原理の意味合いさえもがそこに託されていたことは、看過されてはならないであろう。

アリストパネスの説　これに引き続いて、有名な喜劇作家のアリストパネスが、たいへんに興味深い話を披露することになる。アリストパネスによれば、昔、人間の種類には三種のものがあり、男と女のほかに、男女両性を合わせもつ「アンドロギュノス（おとこおんな）[140]」という一種があったとされる。この「おとこおんな」は、丸くて、強くて、生意気だったので、ゼウスの神は、この人間どもを二つに切ったという。「そこで本来の姿が二つに断ち切られたので、皆それぞれ自分の半身を求めていっしょになった。そして互いに相手をかき抱きまつわり合って一身同体になろうと熱望し」[141]た。「まことにそんなわけで、このような大昔から、相互への恋（エロース）は人々のうちに植え付けられているのであって、それは人間を昔の本然の姿へと結合するものであり、二つの半身を一体にして人間本来の姿を癒し回復させようと企てるものである」[142]とされる。こうして、恋を成就し、それぞれ自分の恋人を手に入れ、昔の本然の姿に戻るならば、人間は幸福になり、またそれは尊いことであると、語られる。自分の意にかなった素質の恋人を手に入れることは、人間の本然自然の欲求にほかならず、それの原因をなすエロースの神は、当然、讃えられてよいというわけである。このアリストパネスによる、「自分の半身を求める恋」としてのエロースの物語は、たいへんに有名であり、また、人間の自然かつ本能的な男女間の恋心を、神話的に表現した寓話として、自然的現実とそのなかでの人間的幸福を探し求めたギリシア人にいかにもふさわしい、恋愛論だと言ってよいであろう。

アガトンの説　これに続いて、アガトンの演説は、さらに、エロースの神の別の側面を指摘している。すなわち、エロースの神は、永遠に若く、華奢《きゃしゃ》で、容姿の上でみずみずしく、この神に触れれば、人は「みな詩人になる」(143)とされる。この結果、このエロースの神が生まれて以来、「美しいものを恋い求めることからして、神々にも人間にもすべてのよきことが生じたのである」(144)と語られる。ここでは、恋や愛の働きから、芸術や詩文の成立することが指摘されており、エロース的恋情が、悲歌や抒情《じょじょう》の源泉であることが示唆されて、はなはだ興味深いものがあると言わねばならない。

ソクラテスの説　しかし最後に、ソクラテスが、ディオティマという婦人から聞いた話を物語り、それに託して、ギリシア的エロースの精髄を打ち明けることになる。すなわち、ディオティマの話によれば、エロースの神は、アプロディテ（美の女神）が誕生したときの祝宴の折に、ポロス（富の神）の子種を、ペニア（貧の神）が身ごもった結果、生まれた神であるとされる。したがって、エロースの神は、「生まれつき美しいものを恋する者」(145)であり、富と貧、充実と欠乏との中間にあって、あくことなく、美しい善きものを求めて、その充実を冀《こいねが》う、果てしない探究の精神の権化と目されることになる。しかも、「知」は「最も美しいものの一つ」(146)であるから、「美しいものに対する恋（エロース）」(147)は、必然的に、「知を愛する者」(148)であり、こうして、「知ある者と無知なる者との中間にある者」(149)、「知と無知に関してその中間にある者」(150)とされることになる。言い換えれば、ここに至って、エロースとは、真実の知を求め、それを獲得しようとする愛知の精神、つまり哲学的探究の精神のこととして、その秘密を解き明かされることになったわけである。

しかも、それと結びついて、さきにアリストパネスによって説かれたような「自分の半身を求める恋」が、ついに否定されるに至るのである。というのも、たしかに、自分の半身を探し求める人々こそ、恋している人々であるというもっともらしい見解が説かれはするが、しかし、恋の対象は、なんらかの意味で、「善い[151]」ものでなければ、半分でも全体でもないからである。実際、人々は、自分の体の一部が悪ければ、足でも手でも切り捨てるであろう。こうして、「人々の恋する対象は、善いもの以外の何物でもない[152]」はずである、ということになる。いまや、恋や愛の働きが、善という価値と結びついて発動するものであることが、指摘されるに至ったわけである。そして、こうしたエロースの働きが、最終的には、永遠不滅の真実のイデア的世界へと向かうゆえんが、そのあと縷々《るる》物語られてゆくことになる。しかも、『饗宴』という対話篇は、こうした精神的エロースの権化であるソクラテスを讃えるアルキビアデスの演説で終わっているのである。

ギリシア的エロースの諸要素　以上のように見てくれれば、プラトンによって描かれたギリシア的エロースには、さまざまな要素が混入し、その低次のものから高次のものまで、あるいは広義の一般的要因からその本来の結晶化した精髄をなす真義に至るまで、幅広い意味合いが含蓄されていたことが明らかである。

ギリシア的エロースは、まずソクラテスがディオティマに語らせているように、元来、欠乏と充実との中間にあって、あくことなく充実を求め、美しいものに恋い焦がれる、自己充足の探求の働きとして考えられていたと言ってよい。それを最広義に、きわめて一般的かつ自然的に解するならば、エリュクシマコスが述べるように、エロースは、万物の生命活動の基本のあり方として、自然的欲求の充足や、その活力の調和ある発展という意味合いにおいて捉えられることになり、医学や音楽の狙いとも結びつくものとされることになる。しかし、そうしたエロースは、人間においては、とりわけ、その男女の間で、アリストパネスの語るように、自分の半身を求める恋情という形で、日常卑近に芽生えてくる。しかもその際に、パウサニアスの述べるように、女性の肉体だけに恋い焦がれ、きわめて移り気にその官能にだけ惑溺《わくでき》する低俗な恋もありうることが、率直に認められ、告白されている。

けれども、そうした肉体には永続性のないことが指摘され、それと違って、人格的精神的な結びつきを尊び人間的絆を大切にする、愛の交わりにおける人間的交流が、高次のエロースとして、同じくパウサニアスによって提示されている。それとも連関して、ほんとうの恋心に陥った者には、恥の意識が芽生え、道徳的な純化が成就されてゆくことが、パイドロスによって指摘されている。それればかりでなく、エロースの神に捕えられた者のうちには、やがて、詩文や芸術を愛好する若々しく繊細な精神が、生い育ってゆく点が、アガトンによって語られている。こうして次第に、自然的な欲求としてのエロースが、高次の精神的探究の態度としてのエロースへと、転換し始めてゆくことになる。

その頂点において、ソクラテス的な、真の知を愛し求める精神的情熱としてのエロースが、出現してくる。そうした真理愛の精神の覚醒を根拠づけるものは、基本的には、価値の意識であろう。ソクラテスによれば、ただやみくもに、自分の半身を求める本能的欲情は批判される。なぜなら、半身であれば、何でもよいというのではなく、善い、美しい、価値ある半身でなければ、人は、恋情さえ起こしえないであろうと指摘されるからである。こうして、エロースは、善なる、美しい、価値あるものに向けて、それによって満たされた充実への欲求として、その本質を顕《あら》わにしてくる。しかも、真理を知るということこそ、最も美しい、それ自体で価値のある、永遠不滅の課題であるとされ、その不滅の真理に触れて、それと一体化し、魂の最高の浄化において、永遠的な真なる存在と一つになることこそ、最高の知的エロースの情熱にほかならないとされるわけである。ここにギリシア的なエロースの絶頂が打ち立てられたことは、付言するまでもないであろう。

私たちの問題　こうしたギリシア的なエロースが、今日に至るまで、しかも、いま愛の問題を考えている現代日本の私たちにとってさえも、きわめて力強く訴えかけ、共感を呼び起こす要素を秘めて生き続けていることを、私たちは、率直に認めなければならないように思うのである。

ただし、私たちは、さきの節で、こうしたギリシア的エロースとは異なる、キリスト教的なアガペーの愛をも瞥見《べっけん》しておいた。いったいこの二つの愛はどう関係し合うのか、その相違と対立のなかに立って、私たちは、愛の問題をどのように考えるべきであるのか、こうした点については、章を改めて、さらに考え直してみたいと思う。

注

（1）たとえば、諸橋轍次他著『新漢和辞典』大修館書店、昭50（三訂第三刷）（以下、諸橋と略記）、その他を参照。

（2）諸橋三一九頁。（3）諸橋三一九頁。（4）諸橋三一九頁。（5）諸橋三一九頁。

（6）諸橋三一九頁。（7）諸橋三一九頁。（8）諸橋三一九頁。（9）諸橋三一九頁。

（10）中村元「「愛」の理想と現実」、仏教思想研究会編『仏教思想1、愛』平楽寺書店、一九八三（第二刷）、三頁（以下、本書を中村と略記）。

（11）F. Nietzsche, Jenseits von Gut und Böse, Kröners Taschenausgabe, Bd. 76, 1953, S. 218〔渡邊二郎編『ニーチェ』世界の思想家17、平凡社、昭51、五七頁〕。

（12）F. Nietzsche, Also sprach Zarathustra, Kröners Taschenausgabe, Bd. 75, 1960, S. 231〔前注『ニーチェ』二一〇頁〕。

（13）F. Nietzsche, Menschliches, Allzumenschliches, Kröners Taschenausgabe, Bd. 72, 1954, S. 324〔前出注『ニーチェ』六七頁〕。

（14）中村九－一四頁を参照。

（15）中村七頁。（16）中村七頁。

（17）Goethes Werke, Bd. III, InselVerlag, 1965, S. 37〔ゲーテ『ファウスト』第1部、相良守峯訳、岩波書店、一九九二（第四五刷）、七八－七九頁、詩句一一二二－一一一七行〕。

（18）前注の詩句に続く部分を参照。

（19）これは、シェリングの自由論、諸世界時代論、芸術論など、さまざまな論考について言えるが、ここでは触れない。

（20）F. W. Schelling, Stuttgarter Privatvorlesungen, 1810, in: Schellings Werke, Originalausgabe, VII, S. 417-484（以下、本書をSPと略記）。詳しくは、渡邊二郎『ニヒリズム』東京大学出版会、一九七五、二四〇－二四七頁を参照〔『著作集』第6巻所収〕。なお、渡邊二郎「西洋思想からみた秩序と混沌」、東京大学公開講座『混沌』東京大学出版会、一九九一、一八九－二一五頁所収をも参照〔『著作集』第7巻所収〕。

（21）SP VII 465.（22）SP VII 466.（23）SP VII 466.（24）SP VII 469.（25）SP VII 466.（26）SP VII 467.
（27）SP VII 467.（28）SP VII 467 f.（29）SP VII 467.（30）SP VII 469.（31）SP VII 469.（32）SP VII 470.
（33）SP VII 471.（34）SP VII 472.（35）SP VII 472 f.（36）SP VII 473.

（37）A・ニーグレン『アガペーとエロース』岸千年・大内弘助訳、新教出版社、一九九五（復刊第一刷）。原書は二巻（第一巻一九三〇、第二巻一九三六）から成り、邦訳も二巻三分冊で出版されたが（一九五四、一九五五、一九六三）、その重要な第一巻が、上記のように「新教セミナーブック」として独立した形で最近刊行された（以下、本書をニと略記）。スウェーデン語原書や近代語訳を見る暇がなかったので、以下の叙述はもっぱら上記邦訳書に依存している。訳者の方々に感謝したい。

(38) 二五頁。(39) 二六頁。(40) 二七頁。(41) 二七頁。
(42) たとえば、量義治『無信仰の信仰』ネスコ文藝春秋、一九九七という、現代の代表的なキリスト教的信仰の書の、特に一五七―一七九頁を参照せよ。
(43) 二八―九頁。(44) 二一〇頁。(45) 二一〇頁。(46) 二一一頁。(47) 二一〇頁。
(48) 二二五頁。(49) 二二六頁。(50) 二二五頁。(51) 二二七頁。(52) 二一八―一九頁。
(53) 二一九頁。(54) 本書一四三頁以下。(55) 二一四頁以下。(56) 二一五頁以下。(57) 二一五頁。
(58) 二一七頁。(59) 二一七頁。(60) 二一四頁。(61) 二一五頁。(62) 二三〇頁。(63) 二三三頁。
(64) 二三四頁。(65) 二三四頁。(66) 二四三頁。(67) 二四三頁。(68) 二四三頁。(69) 二四三頁。
(70) 二四四頁。(71) 二四四頁。(72) 二四四頁。(73) 二四五頁。(74) 二四六頁。(75) 二四六頁。
(76) 二四六頁。(77) 二四六頁。(78) 二四八―四九頁。(79) 二六〇頁。(80) 二六〇―六一頁。
(81) 二六三頁。(82) 二六四頁。(83) 二六六頁。(84) 二六八頁。(85) 二六九頁。(86) 二七〇頁。
(87) 二七二頁。(88) 二八三頁。(89) 二八三頁。(90) 二八四頁。(91) 二八四頁。(92) 二八五頁。
(93) 二八六頁。(94) 二八六頁。(95) 二八六頁。(96) 二八八頁。(97) 二八九頁。(98) 二八九頁。
(99) 二九六頁。(100) 二九四頁。(101) 二九六頁。(102) 二一〇〇頁。(103) 二一〇〇―一〇一頁。
(104) 二一〇二頁。(105) 二一〇〇頁。(106) 二一一六頁以下。(107) 二一二七頁。
(108) 二一二一―一二三頁。(109) 二一二三―一二四頁。(110) 二一二五頁以下。(111) 二一三二頁以下。
(112) 二一三四頁。(113) 二一四二頁。(114) 二一四一頁。(115) 二一四二頁。(116) 二一四四頁。
(117) 二一四七頁。(118) 二一四八頁。(119) 二一四九頁。(120) 二一四七頁。(121) 二一四九―一五〇頁。
(122) 二一五二―一五三頁。(123) 二一五九頁。(124) 二一七二頁。(125) 二一八五頁。(126) 二一八八頁。
(127) 二一八八頁。(128) 二一八八頁。(129) 二一八八頁以下。(130) 二二〇四頁。
(131) Plato, Symposium, in: Platonis Opera, Tomus II, Oxford University Press, 1950（以下、本書をSと略

記）〔プラトン「饗宴」鈴木照雄訳、『プラトン全集』5、岩波書店、一九七四、一―一二六頁所収。以下、この訳書に準拠して、引用を行う。訳者に御礼申し上げる〕。

(132) S 117d2-3.（133）S 178c1-2.（134）S 178c2-3.（135）S 181a7-b1.（136）S 181c2 ff.（137）S 183d8-e6.（138）S 188d7-8.（139）S 186b4 ff.（140）S 189e2.（141）S 191a5-8.（142）S 191e8-d3.（143）S 196e2.（144）S 197b8-9.（145）S 203c3-4.（146）S 204b2-3.（147）S 204b3.（148）S 204b4.（149）S 204b5.（150）S 203e5.（151）S 205e3.（152）S 205e7-206a1.

第6章　愛の深さ（その3）

1　自己滅却と自己拡充との間

アガペーとエロースとの対立　私たちは、前章において、人間における愛の心の根深さを辿《たど》り直し、その二元的葛藤《かっとう》のありさまを、とりわけ西洋伝来のアガペー的愛とエロース的愛との対立という形で、取り上げ、確認し直してみた。この問題を最初に提起したニーグレンにあっては、この二つの愛の形は、ただ純粋にその相異なる姿において記述されたのみで、けっして二つのうちのどれがより高次のものであるのかについては、なんらの価値評価をも自分は企てるつもりはないと断られていた[1]。けれども、この二つの愛の形が、その相違において際立たせられ、そのいずれもが、人間のうちに深く宿る愛の基本原理であることを知れば知るほど、私たちは、その二つのものの対立と相剋《そうこく》の間に立って、去就に惑い、私たちはいったいそのいずれの愛を選ぶべきなのか、私たちには、その二つのいずれをも認めうる高次の立場は不可能なのか、それともそうした愛の総合の立場が可能であるのかどうか、要するに、愛の根本問題について私たちはいかに考えるべきであるのか、といった疑問が、どうしても湧き上がってくるのを私たちは感じざるをえないのである。それで以下に若干、私たちはその点について思いをめぐらしてみようと思う。

アガペーとエロースという二つの愛の形が、相異なり、相対立するものと位置づけられるのは、たしかに当然であるように思われる。ニーグレンによれば、それは、畢竟《ひっきょう》、(2)神中心の絶対的愛と、人間の自己中心的な自己愛との、差異に帰着すると言ってよい。

アガペー　アガペー的愛とは、何よりもまず、人間的な価値尺度による評価などにいっさい左右されずに、否、むしろ罪深く、哀れな者たちをこそ、優しくかき抱き、いっさいのものを分け隔てなく絶対的に許し、肯定し、慈しむところの、神の愛を意味する。したがって人間としての私たちは、その神のみこころが行われるようにとひたすらに祈り、神に無条件降伏をして、なんらの褒賞をも期待せず、自己を放棄して生きねばならず、さらには、隣人その人を、無条件的に絶対的に愛し、自分を迫害する敵こそを愛し、けっして自己愛などを持ち出してはならず、こうして無条件的な自己投与において生きねばならないとされるのであった(3)。アガペー的な愛が、いっさいのものを許し、慈しむ神の愛を体現して、徹底的に自己愛を放棄し、人間中心的な価値尺度を捨て去り、自己滅却的に隣人愛に生きる、実践的態度を帰結させることは明らかである。

エロース　一方、これに対して、エロース的愛が、自分に欠けたものを充実させようとする、自己拡充的な生命の根源欲求という性格をもっていたことは、確実である。ニーグレンは、このエロース的愛に、感性的ないし官能的な意味合いを否定し、それをもっぱら高次の精神的意欲の意味合いにおいてのみ、解釈しようとしたが(4)、しかし、これは行き過ぎであり、プラトンにおいては、もっと幅広い意義が、ギリシア的エロースの実態として考慮に入れられていたことは、前述のこと(5)から明らかであり、その点は、ここでひとこと注意しておかねばならない。しかし、いずれにしても、エロース的愛が、欠乏から充実へと向かって、広範な自己拡充の活動を繰り広げ、広くは、生命活動全般の調和的発展の活力の意味合いにおいて捉《とら》えられ、したがって、時には女性の肉体に恋い焦がれる官能的色情や、男女がたがいに自分の半身を求め合う恋情となって現れさえするものと見られていたことは否定できない。けれども、そうした低次のエロース的愛の移り気や、その永続性の欠如の自覚から、次第に、エロース的愛の純化が開始し、それに道徳的な恥の意識や、芸術や詩文への愛好が結びつき、ついには、エロース的愛が、真実の善美の永遠的存在と一体化しようとする、理想主義的な精神的向上の情熱の意義において確立されるに至ることは、すでに見たとおりである(6)。こうしてエロース的愛が、価値ある高次のものを目指して向上努力しようとする、自己拡充的、自己肯定的な、発展的生命原理の意味合いにおいて成立することは、なんとしても否定できない。ソクラテス的な真理愛の探究精神は、こうしたエロース的愛の発現のひとつの極致なのであった。

両者の対立　いま、このアガペー的愛と、エロース的愛との対立を、極度に尖鋭化《せんえいか》したときは、それは、とりわけニーグレンの記述のうちに見られたように、(7)神中心と自己中心の生き方の対立として、もはや両立不可能な確執となるであろう。とりわけ、キリスト教的なアガペー的愛の立場に立てば、エロース的な自己愛は、罪とされることになるであろう。そのときには、エロース的な自己拡充は、ことごとく、その自己中心的、自己愛的な根本性格において拒否されるであろう。高次のエロース的な精神的情熱さえも、自己にとって価値あるものを目指す自己中心性を免れないかぎり、批判の対象とされるであろう。そうした自己中心性を全面的に放棄して、あらゆるものを許し、罪ある者さえをも慈しみ、すべてをかき抱く神の愛を体現して、人間は、自己滅却と、献身的な隣人愛に生きねばならないとされるわけである。

問題点　けれども、いったい、人間は、そのような神の絶対的愛の立場に、ほんとうに立つことができるであろうか。人間は、自己拡充の生命原理や精神的向上の努力を、ほんとうに放棄することなどできるであろうか。むろん、それは、エゴイズムを擁護することではない。他者や隣人の生命は、大切にされねばならない。けれども、だからといって、自己を全面的に捨て去って、神に無条件降伏をなし、他者の絶対的肯定にのみ趨《はし》れば、今後は、まったくの他律となり、自分の立つ瀬がなくなることは火を見るよりも明らかである。自分もほんとうの意味で生かされ、かつ充実して生きることを許され、また他者も、その存在を承認され、大切にされ、生きることを許されてこそ、初めて、あらゆるものを絶対的に肯定する神の愛が実現されたことになるのではないであろうか。したがって、たんに自己滅却を果たして、神中心的な隣人愛に生きればよい、というものではないはずであるし、またそれは生身《なまみ》の力弱い現実の人間には、極度に困難なことである。神中心的な隣人愛もたしかに大切ではあるが、しかし、よい意味での自己拡充も、やはり重要であり、また人間にとっては放棄できない原則であると言わねばならない。実際、ほんとうの意味で、自分を大切にしない者が、どうして隣人愛に目覚めることなどできるであろうか。万人万物すべてに生命を贈り届けた絶対的な存在に思いを馳《は》せ、その命に恵まれて、いま人生を生きている自分の存在の大切さを思い、それを愛する者こそが、初めて、同じくその絶対的存在によって生命を恵まれた他者の存在の尊さの自覚に至りうるのである。また、逆に、隣人の生命の大切さや尊さを知った者こそは、それと同じく、生命を贈られて生きる自分の存在の譲りえない尊さをも知りうるのである。したがって、他者愛も、自己愛も、ともに等しく許されて、承認されうる次元が切り拓《ひら》かれねばならないのである。

事実と当為との間　けれども、このことは言うに易《やす》く、行うに難《かた》い事柄である。そこには、事実と当為とが入り混じるからである。私たちは、現にすでに、あらゆるものに生命と存在を贈ってくれる絶対的存在の働きによって、いま実際に、隣人とともに生かされ、かつ生きているのである。他者との共同存在、その共生のありさまは、現実の事実である。けれども、そのことによって、もうすでに、愛の理想や、愛の当為が成り立ったわけではない。その共同存在のなかで、つまり他者との共生の繋《つな》がりのなかで、私たちは、現実には、多様な愛憎の葛藤や、争いや、対立や、さまざまな確執のなかへと転落し、こうして愛の問題が容易ならぬ相貌《そうぼう》をもって立ち現れてくるのを如実に経験するのである。そのときにこそ、自己拡充的なエロース的愛を優先すべきか、それとも自己滅却的なアガペー的愛に生きるべきか、その両原理の狭間《はざま》に立って、私たちは踠《もが》き、苦しむのである。そのとき、その両原理が二者択一的に意識されるのではない。むしろ、私たちは、その二つの原理をともに認めつつ、しかしながら、個々の場合に、どの程度まで、そのいずれかの原理が、他よりも優先されるべきか、その具体的な折り合いのつけ方に苦慮し、心中密《ひそ》かに苦悶《くもん》することが多いのである。つまり、それは、具体的な、あるべき、愛の当為の課題、個別的な決断の際の基本原則の問題として、はなはだ厄介な面貌をもって、出現してくるのである。したがって、愛の問題は、(8)私たちが、次の問題群として検討を目論《もくろ》んでいる「自己と他者」という課題の圏域に、必然的に接続してゆくのである。

けれども、いまは、その点を暫《しばら》くおいて、私たちは、以上の事柄との連関において、次の諸点を確認しておくことにしたい。

愛の生かす働き　まず、一つには、キリスト教における「愛」とは、「生かす働き[9]」のことであるという点である。そもそも、旧約聖書の冒頭に、「初めに、神は天地を創造された」（創世記一の一）とあるが、この「創造（バーラー、bārā）」とは、それにもとづいてさまざまに「形造《かたちづく》（アサー、asāh）られたもの」を「生かす働き」のことであり、神の霊とは、万物に「生命を与える働き」のことなのである。[10]「創造神の信仰」とは、「こうした真の生命の根源への思い」のことである。[11]こうした、「存在に生命を与える働き」が、イエスにおいて「愛（アガペー）」として、新たな光を当てられたのであった。[12]したがって、「愛」とは、「生かす働き」であり、人間[13]は、この愛に生きてこそ、ほんとうに「生きる」ことができ、生命の意味を獲得しうるとされるわけである。

隣人愛と自己愛　したがって、二つには、その生かす愛の働きにおいて、自己も、他者も、ともに生かされ、かつ生きるのでなければならないはずである。キリスト教の愛の掟《おきて》が、神への愛と、隣人への愛という二つの誡《いまし》めに集約され、しかも後者について、「隣人を自分のように愛しなさい」と説かれたことは、既述した。[14]これについて、ニーグレンは、これをもとに、自己愛の原則などを立ててはならないと厳しく戒めていたが、[15]一方、キルケゴールは、『愛のわざ[16]』の冒頭において、この誡めが、「隣人に対する愛と自分自身に対する愛とのことを語っている」と見ている。[17] キルケゴールによれば、「人が共感や反感において例外をつくることなく、隣人を愛し、全人類を愛し、すべての人を愛し、敵をさえも愛するというのが、キリスト教の教えにほかならない[18]」とされ、「隣人」とは「自己愛からはるかに遠く隔たったところにあるものである[19]」と述べられる。けれども、他方において、この誡めは、「はじめて正しい自己愛を教えようとする[20]」ものでもあり、「自分自身を正しい仕方で愛することと、隣人を愛することとはぴったり相応しているのであって、畢竟全く同一のもの[21]」であることを教えているとされる。つまり、それは、「自己愛」を人からもぎとると同時に、正しい「自己愛」を教え、また、「自己愛を放棄せしめること」が、同時に「真の自己愛を教えること」に繫がる[22]、という結構において提起されている根本命題であるとキルケゴールは言っている。これは、まったく正しい指摘であろう。

宗教と道徳と法との間　したがって、三つには、それとも結びついて、実は、愛の成立場面に、異なった位相を区別することが必要であるように思う。イエスは、罪人という一番価値をもたないような人々をこそ、絶対的にいとおしみ、人間的な価値尺度を越えて、あらゆる生命を愛することを宣言した[23]。神は、悪人にも善人にも、正しい者にも正しくない者にも、わけ隔てなく、太陽を昇らせ、雨を恵み、その存在を見守ってくれるとされた[24]。しかしながら、それだからといって現実の人間社会のなかで、殺人を犯し、暴虐非道の悪業を行った罪人が、道徳的にその責任を問われず、法的に裁きを受けなくてもよいであろうか。けっしてそうではないであろう。私たちは、やはり、罪悪や不正を犯した者に対しては、内面的道徳的に、その責任を問い、良心の前に恥じて、悔い改めることを要求し、ひいては外面的法的に、その犯した犯罪の結果に応じて、裁きを受け、償いの生活を強いられるべきであることを要求しなければならない。けれども、そうした私たちの道徳的および法的次元のほかに、さらに宗教的次元があることを、私たちはやはり、承認しなければならない。それは、私たちの道徳的かつ法的な価値尺度を越えて、いかなる罪人といえども、あらゆるものに生命と存在を贈り届けた絶対者の眼から見れば、それ自体として、いとおしみ、慈しみ、許され、かき抱かれ、優しく労《いたわ》られるべき存在であるかもしれないからである。おそらくは、絶対の神は、あらゆる罪人をも、哀れむべき、悲しい、傷ついた存在として、かき抱くであろう。けれども、それは、あくまで、宗教の立場なのである。キリスト教の根本原理である神の愛、絶対的にすべてを許すアガペーの愛は、あくまで宗教思想であると思う。その神の愛を体して、神に絶対に服従し、自分を迫害する敵をも隣人として、自分と同じように愛するというのは、すべての存在に恵みの雨を降らせ、これを慈しみ、生かそうとする、宗教的な絶対愛の精神にほかならない。私たちは、このような、人間の価値尺度を越えた、絶対的かつ宗教的なアガペー的愛の次元があることを、深く心に銘記しなければならない。けれども、それはあくまで、宗教的精神の立場にとどまる。現実の道徳的かつ法的な社会生活の次元では、私たちは、やはり、内面的に厳しく自他ともに道徳律に徹して生きねばならず、また外面的に法的な裁きに服しつつ世の中の秩序に従って振る舞いかつ生きてゆかねばならない。それらの宗教・道徳・法の三次元が、相互に矛盾するような場合があっても、私たちは、たえず、それらの全体を包み込む、包括的総合的な視座を打ち立てる努力を怠らずに、正しい判断を形成して、誤りなく、人間生活を営むことができるように努力しなければならない。

自己と他者　こうして、四つには、愛は、けっして、自己滅却の他者奉仕、献身的な隣人愛のみに尽きず、自己自身の生命の本来的充実を願い、こうして、みずからに与えられた、かけがえのない、引き返すことのできない人生を、意義深く生き抜いて、自己の人生を愛し、充実して生き抜き通す覚悟をも培ってくるものと考えねばならない。自己の人生を大切にし、愛する者のみが、他者の人生の大切さをも、ほんとうに自覚しうるのである。そうした者同士の間にこそ、真の理解と、愛情が育つのである。愛は、自と他をともに生かす働きでなければならず、けっして一方のみに局限されてはならないものであるように思う。

2　愛の憧れ

愛の憧れ　いま、自己拡充としての愛を考えた場合、そこにはプラトンの指摘したさまざまなエロース的愛の諸要因が生き続けていると言ってよいが、そのことを、もうひとつ別の分かりやすい言い方によって表すならば、愛の心のうちには、深い「憧《あこが》れ」の気持ちが、泉のように湧き上がってくるものだということになるであろう。愛する対象に向けて、優しく激しく恋い焦がれ、切なく憧憬する、熱い吐息と嗟嘆《さたん》こそは、太古以来、私たち人類の胸裡《きょうり》に深く刻まれた、愛の想念そのものにほかならないであろう。私たちの胸のうちに、溢《あふ》れるばかりに込み上げてくる、切ない愛の想いと、恋い慕う情熱の迸《ほとばし》りは、古来、数々の悲歌や悲恋、愛の限りない物語や思想を生み出してきた。それらのうちには、汲《く》めども尽きぬ深い愛の諸相が刻印されていると言ってよい。文学や芸術の根源には、愛の情熱が、沸騰していると言ってもけっして過言ではないであろう。

いま私たちはここで、そうした「愛の憧れ」のいくつかの基本特徴について、簡単な素描を試み、私たちの胸裡に巣くう愛の心の深さを思い量る縁《よすが》としたいと思う。

（1）合一への愛

まず第一に、愛の心の根本には、「神秘の合一（ウニオ・ミスティカ）[25]」への憧れが潜むと見てよい。別の言葉で言えば、愛はつねに、「合一への愛」であるよりほかにはないのである。愛する対象と一体となり、完全に融け合い、一つになることこそは、愛の情熱を突き動かす根源的な衝動なのである。

神秘の合一（プロティノス）　このことを最も純粋な形で表明したものが、プロティノスなどに見られる「神秘主義（ミスティシズム）」の思想であると言ってよい。「ミスティシズム」とは、元来、「眼を閉じ」[26]、「口を閉ざす」という意味を表す「ミュオー」というギリシア語動詞に由来し、内面的な瞑想《めいそう》の極致において、「忘我奪魂の恍惚の境地（エクスタシー）」に到達し、こうして究極的な存在と「合一」[27]することを冀《こいねが》った思想の流れを指している。その代表例の一つとしてのプロティノスにおいては、「世俗的な愛欲」の「厭わしさ」[29]から離脱して、「天上のきよらかな愛」に帰るとき[28]、人は、根源的な一者と「一体」となり、「知性的な光明」[30]にみたされつつ、「没我[32]（エクスタシス）[31]」において、「自己放棄」を果たしながら、それと「一体化」を成就するとされる。ここでは、いわば「合一への愛」が、世俗の移ろいやすさを離脱して、純化された姿において、究極的な根源的存在との「神秘の合一」として、語り明かされていると見てよい。そのことを逆に言えば、およそいかなる愛の姿のうちにも、なんらかの形で、「忘我奪魂の恍惚の境地」における「神秘の合一」への憧れが、伏在しているということにほかならない。こうして、愛は、つねに、「合一への愛」であるよりほかにはないのである。

近代において、こうした「神秘の合一」ないし「合一への愛」を想起させる、一、二の著名な詩句を、挙げてみよう。

生命の小川（ゲーテ）　ゲーテは、『ファウスト』[33]のなかで、夜の帳《とばり》が垂れこめた書斎で物思いに耽《ふ》けるファウストに、こう歌わせている。

「ああ、私たちの狭い部屋に
ランプの火が親しげに再び灯《とも》ると、
私たちの胸のうちは、明るくなる。
心は、自己自身を認識し始め、明るくなる。
理性が再び語り始め、
そして希望が再び花開き始める。
人は、生命の小川に憧れる、
ああ、生命の源泉に向かって憧れる。」

ここで歌われる「生命の小川」や「生命の源泉」への「憧れ」こそは、根源的な存在への希求であり、それとの「合一への愛」にほかならないであろう。私たち自身のうちに流れている、根源的生命の「泉」や「川」こそは、私たちを衝き動かしている「憧れ」

の尽きることのない湧出《ゆうしゅつ》であり、私たちの「人生への愛」の根源であろう。

夜の歌（ニーチェ）　ニーチェは、『ツァラトゥストラ』のなかの「夜の歌」の一節において、こう歌っている。(34)

「夜だ。ほとばしり出る泉は今みな声を高めて語る。そしてわたしの魂もほとばしり出る一つの泉だ。

夜だ。愛をもつ者たちの歌がみな、いまようやく目をさます。そしてわたしの魂も、心に愛をもつひとりの者のうたう歌だ。

鎮《しず》められていないもの、鎮めることのできないものが、わたしのなかにある。それが声を出そうとする。愛への熱願がわたしのなかにある。その熱願がみずから愛のことばを語る。」

真夜中の暗闇のなかで、鎮めることのできない愛の情熱が、折から吹き上げる噴水や湧泉のように、みずからの熱願を語り明かそうとし始めるのである。この愛の情熱は、激しく、切なく、「合一への愛」を手探りせざるをえないはずである。

存在と合一（ヘーゲル）　ヘーゲルのような大哲学者でさえも、その初期の断片において、「合一と存在とは同義である」[35]と捉え、「愛のうちにおいてのみ、人は、客体と一つである」[36]と説き、後年の壮大な概念的体系の根底に潜む根本動機を打ち明けているのである。すべてと結ばれ、すべての分裂を乗り越え、いっさいと宥和《ゆうわ》する、愛と和解の思想こそは、ヘーゲルを突き動かす思索の根本動機だったと見てもよいのである。ここでも、「合一への愛」が、いっさいの存在を貫く強靭《きょうじん》な思索の動因となっているのである。

(2) ロマンティックな憧れ

さて第二に、このような「合一への愛」は、当然のことながら、「ロマンティックな憧れ」の形態を取って出現してくると見てよい。「ロマン主義」やそれの基底を形作る「憧憬」の精神については、語られねばならない多くの問題がある。けれども、ここでは、まず端的に、その「ロマンティックな憧れ」を歌ったひとつの詩を掲げることから始めよう。

ミニヨンの歌（ゲーテ）　ゲーテは、『ヴィルヘルム・マイスターの修業時代』第四巻第一一章で、次のような、著名な、ミニヨンの歌を、書きとどめている。少し古いが、格調高い文語的訳文において、[37]これを紹介しておこう。

「憧憬（あこがれ）を知る人ならでは

いかで我が悩みを知るべき。
唯《た》だひとり我れ
すべての喜びより離れ、
蒼空（あおぞら）遠く
かなたへ見入る。
ああ、我を愛し我を知る人は
遠く、かなたの上にあり。
この目は眩暈（めまひ）し、
この五臓はたぎるばかり。
憧憬（あこがれ）を知る人ならでは
いかで我が悩みを知るべき。」

南国イタリアへの憧れをも含め、かなたの遥《はる》かな恋人に寄せる、この憧れの歌こそは、すべての「ロマンティックな憧れ」の原型をなすと言ってよいであろう。胸中深く巣くう切望と、その満たされぬ苦しみ、この苦悩に彩られた熱願と、切ない愛の思いの吐息こそは、「憧れ」としての愛の本質を形成する。

旅への誘い（ボードレール）　フランスの象徴派詩人のひとりボードレールは、『悪の華』のなかの「旅への誘い」において、次のように歌っている。これには、さまざまな訳文(38)があるが、日本の七五調に近く、少し意訳した形の、心地よい響きをもつ次の訳文において、引用しておこう。

「いとしき人よ、恋人よ、遥かなる国にゆきて、共に暮らす愉しさを夢みむ。君によく似しその国にて、静かに愛し、愛しつつ死にゆかむ。……見よ! 漂泊《さすらひ》の思ひをのせて、運河の上にねむる船、君がかすかなる、ねがひを充さんがため、世の涯よりぞ集《つど》ひ来ぬ。……

かしこは、ものすべて秩序と美と奢侈と平和と逸楽のみ。」

ここでは、遥かなるものへの憧れ、愛と死の入り混じった合一への夢想、現在の苦悩からの脱却と、異国の旅への誘い、すべてが美しく輝く愛の国への憧憬、こうしたものが、ほとんど絶望に近い切ない嗟嘆のなかで、運河の上に浮かぶ船の風景に重ね合わされて、歌い上げられている。そこには、「ロマンティックな憧れ」が、見事に、表出されていると言ってよいであろう。

ロマン主義の問題　一八世紀末から一九世紀前半にかけて全欧を風靡《ふうび》した「ロマン主

義」の思潮については、ここでは触れることができない[39]。けれども、近世初期の「ロマンス語」による「愛」と「幻想」の物語の精神を生かして、新たな「前進する全体詩(progressive Universalpoesie)」としての「ロマン」の物語形式を想到するに至ったフリードリッヒ・シュレーゲルを中心とするドイツ・ロマン主義の運動の根本には、フィヒテから始まる、無限の生命への「憧憬(Sehnsucht)」が、滾々《こんこん》と湧き溢れ[40]、この永遠的な愛の生命への憧れが、その基底を形作っていると言ってよいのである[41]。それだからこそ、ロマン主義は、理性や概念を嫌い、啓蒙《けいもう》を排除し、むしろ、有機的生命を重んじ、生々流転を愛し、感情や想像力を尊び、個性を大切にし、創造的活力や天賦の才を重視し、歴史や民族や言語や芸術を尊重したのであった。そうしたロマン主義的思潮のなかには、「愛の憧れ」が切々と息づいていたと言うことができる。

（3）官能的な愛

ところで第三に、こうした「合一への愛」が、「ロマンティックな憧れ」を越えて、さらに、直情径行、天衣無縫のまま、奔放かつ赤裸々に出現するとき、そこに、男女が、たがいに口付けし、抱擁し合って、あくことなくたがいの肉体を求め合う「官能的な愛」が成立してくることは、言うまでもない。ここに、自然的な本能の発露としての愛恋の交情が、太古以来、人類において営々と積み重ねられてきた事実が関連する。

万葉集から　たとえば、『万葉集』を見れば、いかに古代の日本人が、天真爛漫《らんまん》、男女相かき抱き、官能的愛の坩堝《るつぼ》のなかに溶け込んでいたかが、明らかである。一、二の例を引いてみよう。

「上野（かみつけの）　安蘇（あそ）のま麻群（そむら）　かき抱（むだ）き　寝（ぬ）れど飽（あ）かぬを　あどか我（あ）がせむ」（巻一四の三四〇四）[42]

上野（かみつけ・こうずけ）は、現在の群馬県全域を指し、その安蘇（あそ）村には、麻の群生する箇所（ま麻群《そむら》）があるのであろう。その麻の背の高いものを抜き取るには、自分の肩の高さあたりのところを両手で抱き、体を後ろに倒して、麻の束を抜き取ったという。これを、男女の抱擁に見たてて、歌った歌が、この歌である。その麻の束に抱きつくのと同じように、恋人と抱擁し合って寝て、どんなに愛し合っても、飽きることがないのをいったいどうしたらよいのかと、この歌は、官能的愛に惑溺《わくでき》しきった本能礼讃を大らかに歌い上げている。

あるいは、こういう歌もある。

「高麗錦（こまにしき）紐（ひも）解き放（さ）けて　寝（ぬ）るが上（へ）に　あどせろとかも　あやにかなしき」（巻一四の三四六五）[43]

高麗錦（こまにしき）は、赤地錦の類《たぐ》いで、女性の美しさを暗示している。その衣裳《いしょう》の紐（ひも）を、解き放ち、裸身となって、男女が、同衾《どうきん》している。しかもそれに加えてさらに、睦言《むつごと》を交わしつつ愛欲を堪能《たんのう》しようとする女性の乱れた肢体が、なんといとしく、切ないことか、と、この歌は歌っている。

あるいは、もうひとつ、こういう歌もある。

「夢（いめ）の逢ひは　苦しかりけり　おどろきて　掻き探れども　手にも触れねば」（巻四の七四一[44]）

夢のなかで逢《あ》うのは、辛《つら》いことだ、なぜなら、目覚めて手探りしても、あなたがいないのだから、と、この歌は、ひとり寝の淋しさを歌っている。それは、その裏で、男女の抱擁し合う同衾への憧れを歌っていることにほかならない。赤裸々な、奔放な、官能的愛の交情が、このように、古代日本人においては、率直に謳歌《おうか》されていたのである。

（4）リビドー（性）とエロース（生）とタナトス（死）の本能

第四に、このような「官能的な愛」の根深さは、当然のことながら、人間における「性の衝動」の根強さを暗示しており、そうした「性本能のエネルギー」を「リビドー」[45]

と呼んで「無意識」裡におけるそれの根源的支配力を強調したフロイトの思想を想起させずにはいない。晩年になるとフロイトは、[46]この「性本能のリビドー」をさらに拡大して、それを「生きとし生けるものを一つに結」[47]び・「万物を維持」[48]し・「繰りかえし生命の更新を求めかつそれを実現する」[49]ところの「生の本能（エロース）」[50]と捉えるに至り、これに「死の本能（タナトス）」が対立すると見た。[51]

性本能と自我本能、快感原則と現実原則　いまフロイトについて詳述することはできないが、[52]初めフロイトは、「性本能」と「自我本能」とが抗争すると見た。[53]というのも、性の衝動に対しては、人は、羞恥《しゅうち》や驚きや苦痛を感じ、これを抑圧したり、それに抵抗したりするからである。たとえば、『精神現象の二原則に関する定式』（一九一一）[54]では、性の衝動は、初め自己愛の形をとり、やがて潜伏（中間）期を経て、ついには「生殖機能に役立つ対象愛」にまで具体化するに至るが、[55]終始、それは「快感原則」の支配下にあるとされた。[56]けれども人間は、「失望」[57]を味わったりして、けっして「快感原則」だけでは生きられないことを知り、「外界との現実の関係」[58]を考え、「注意」や「記憶」や「思考過程」を取り容《い》れて、[59]「傷害にたいして自分をまも」り、「有用なもの」[60]を求め、「結果の確かでない快感はすて」、「確実な快感を新しい方法でものにする」べく、「現実原則」[61]にもとづいて生きようとするに至る。そして現実には得られない欲求は「空想」や「白日夢」となり、[62]「芸術」は、「空想の世界でその性的な願望、野心的な願望をかなえさせる(63)」手段を提供するものと捉えられた。

自己愛と対象愛とを含むエロース（生の本能）　いずれにしても、最初はこのように、性衝動に対して、自我が、「抑圧し、検閲するもの」として対立させられたが、やがて『快感原則の彼岸』（一九二〇）に至って、フロイトは、「自我こそリビドーの本来の根源的な貯蔵所」であると見るようになり、「自我本能と性的本能との根源的対立は不充分」であると考えるようになった(64)。むしろ、「性的本能」は「生の本能（エロース）(65)」であり、「万物を維持するエロース(66)」、つまり「生命ある物質の諸部分を凝集し結合することを求めるエロース(67)」と捉え返され、この「エロース」すなわち「生の本能」が、一つには、「自己愛」や「自己保存本能」や「自我本能」の形で現れるとともに、二つには、いわゆる特定の「対象に向けられたエロース」、つまり「対象本能」の形を取って現れると見なされるようになった(68)。この結果、人間が時にあまりにも「対象愛」に向かい、自分を失いそうになると、同じ一つのリビドーないしエロース自身のうちで、「自己愛」のリビドーが、「対象愛」のリビドーを「抑圧」するようになり、こうして自己保存を企てるとされ、「抑圧」するものの実態が明らかにされるに至った(69)。

タナトス（死の本能）　けれども晩年のフロイトは、人間を、たんに「生の本能（エロース）」からのみ成るものとは見ずに、さらに人間には「死の本能（タナトス）」があると捉えるに至った。[70] たとえば、生命の危険と結びついた災害などを蒙《こうむ》ったために「外傷性神経症」に陥った人は、早くその災害のことを忘れればよさそうなのに、逆に実は、「夢」のなかで「災害の場面に繰りかえし引きもど」されるという。[71] また、母親が何時間もいなくなる経験をした子供は、繰り返し部屋のなかで、「物を投げすて」、「子供を置きざりにした母親にたいする、日頃は抑圧された復讐衝動」を満足させ、「不快」で「苦痛」な体験を「反復」するという。[72] さらに、「神経症でない人」においても、何をやっても「つねに同一の結果に終わ」り、いつも裏切られ、忘恩に悩まされ、失敗の苦痛を味わい、こうして不快な事柄の「反復強迫」に取り憑《つ》かれるあり方が存在することが確認される。[73] こうして人間には、「不快な体験をも反復」し、「同一性を再発見」して快感を覚え、「以前のある状態を回復しよう」とする「保守的」本能があり[74]、ついには「死んで無機物に還る」ことを望む「死の本能」がある[75]と想定せざるをえないとフロイトは言う。これが、時に、対象に向かって「サディズム」的な衝動として現れたり、自我自身に対して「マゾヒズム」的衝動となって現れたりすることがあるとフロイトは言う。[76] いずれにしても、フロイトは、すべてを性欲やリビドーやエロースからのみ説明するのでなく、人間のうちに、「エロース（性や生の本能）」と「タナトス（死の本能）」との二元的対立を見ていたことは、忘れられてはならない。

エス・自我・超自我・本能　晩年の『自我とエス』（一九二三）[77]、の論述によれば、人間の通常の知覚意識の根底には「自我」が潜むが、その自我は、さらにより深層の「未知で無意識な」「エス（それ）」と呼ばれる根源的なものの「表面」化した部分にすぎないとされる。[78]「エス」のなかには、「抑圧」されたものも含まれ、[79]そこでは「快感原則」が支配し、これに対し、「自我」は「理性」ないし「分別」という形で働く。[80]しかし、この「自我」のなかには、「超自我」ないし「自我理想」といったものが分化して形成され、それは「幼年時代における父との同一視」に由来し、のちに「良心」や「無意識的罪悪感」として自我を厳格に支配する働きを及ぼすとされる。[81]こうした「エス」や「自我」は、さらに「性本能（エロース）」と「死の本能」の影響を受けるとされた。[82]要するに、自我のうちには、さまざまな葛藤が潜むことが明らかにされたと見てよい。

いずれにしても、フロイトにおいては、「性」や「生」の本能が、エロース的なものとして、無意識裡に根源的に人間のうちに強烈な支配力を揮《ふる》うものであることが、あばき出されたわけである。

（5）エピクロスの知恵

しかしながら、第五に、いかに人間のうちに快感原則が作動しているにはせよ、かつてギリシアの快楽主義者エピクロスが指摘したように、[83]人間は、快楽の限界を見定め、こうしてやがて官能的な愛の次元から脱却してゆくものであることを、私たちは学び知らねばならない。

単純な快の否定　エピクロスはこう言っている。たしかに、「快」は「善」ではあるが、「われわれは、どんな快でもかまわずに選ぶのではなく」、「快」から「いやなこと」が結果してくるときには、それを「見送」り、逆に、「長時間にわたって苦しみを耐え忍ぶことによって、より大きな快がわれわれに結果するときには」、「快」よりも「苦しみ」がまさると考えている、と。[84]したがって、真の「快」は、「道楽者の快でもなければ、性的な享楽のうちに存する快でもない」。[85]「飲食」や「宴会騒ぎ」や「美味美食」、「美少年や婦女子」との「遊びたわむれ」といった「享楽」ではなく、「一切の選択と忌避の原因を探し出し、霊魂を捉える極度の動揺の生じるもととなるさまざまな臆見を追い払うところの、素面《しらふ》の思考こそが、快の生活を生み出すのである」と、エピクロスは言う。[86]

性愛の危険　それゆえに、こう言われる。「肉体の衝動がますます募って性愛の交わりを求めている、と君は語る。ところで、もし君が、法律を破りもせず、良風を乱しもせず、隣人のだれかを悩ましもせず、また、君の肉体を損ねもせず、生活に必要なものを浪費しもしないならば、欲するがままに、君自身の選択に身を委ねるがよい。だが、君は、結局、これらの障害のうちのすくなくともどれかひとつに行き当らないわけにはゆかない」[87]と。実際、性愛の交わりのみを念頭に置く者は、やがて、不倫に走り、道徳を乱し、他人を悩まし、健康を損ね、遊蕩に身をもちくずし、資産を蕩尽する結果に終わることの多いことは、世の習いであろう。

美しい生と老境の祝福　「若者がではなくて、美しく生を送ってきた老人こそが、祝福されていると考うべきである。というのは、男盛りの若者は、考えが定まらず、運によって、激しく弄ばれるが、老人は、かつては期待することすらむつかしかった善いことどもを、損われることなく安全に感謝の念によって包み、老齢を、あたかも泊り場として、そこに憩うているからである」と、エピクロスは述べている。(88)

意義と価値への愛　プラトンがすでに述べていたように、(89)人間は、たんに「半身」を求めるのではなく、そこに、「善い」ものの輝きを見、「意義」と「価値」を発見するからこそ、ほんとうの意味で、愛の心を動かされるのである。「意義」と「価値」といった「精神」的なものが見出《みいだ》せないならば、人間は、当のものを「愛」することができないという構造になっていると考えねばならないのである。

（6）価値への愛

こうして第六に、現代の現象学的な倫理学者マックス・シェーラーが指摘したように、(90)人間の「愛憎」の働きのなかには、「価値」の意識が作動しており、「愛」のうちには、

「価値」への志向が伏在していると見なければならない。

愛憎　シェーラーによれば、「愛憎」の気持ちは、私たちにおいて、生涯を通じて「変わらない」[91]のが普通であるという。自分はどうして、ある対象に好感をもち、他の対象に対しては嫌悪感を抱くのかは、本人自身にはよく分からないのだが、少なくとも、その対象に「価値」が現れているのは確かであり、「愛憎」は「価値」のあるものへと向かう情緒的態度なのである。[92]その際、「愛」は、「より高い価値」を目指して積極的に進むが、「憎」は、「より劣った価値」を廃絶しようとする。[93]「愛」は「創造的」だが、「憎」は「破壊的」である。[94]ただし、愛が、「より低い価値」から「より高い価値」に向から運動であるとはしても、その二つの価値が、最初から明確に与えられていなくともよい。[95]また、愛は、「汝そうすべし」という「義務的命令の意味」をもってはいない。[96]そうなってしまうと、愛の本質は、破壊されてしまう。愛は、むしろ、「君が、本来の君であるように」と願う心なのである。[97]こうした「愛」のなかでのみ、「他者の個体性」が、立ち現れてくる。「愛」が消えると、「個体」は消えてしまう。[98]

三つの愛　こうした「愛」は、結局、シェーラーによれば、「生命的愛」[100]、「心的愛」、「精神的愛」の三つの形において出現するとされる。[99]まず、「生命的作用」は、低俗なものではなく、「高貴」なものに向かう。したがって、たんに「快感」をそそるものに対する「愛」はありえず、そこにはただ、「感情作用」のみがある。「たとえば、人間に対して、ただたんに感覚的に振る舞うことは、絶対に愛のない、冷たい振る舞いである。それは、実際、他人を、自分の感覚的感受作用の道具にしてしまわずにはおかず、したがって、その作用を働かせ――せいぜい――それを享楽するための道具に、他人をしてしまわずにはおかないのである」[101]。こうして、たんなる「感覚的な愛」は、ほんとうの愛ではないとされる。次に、「心的作用」は、「認識」や「美」、つまり「文化価値」に向かうとされる[102]。さらに、「精神的作用」は、「聖」なるものに向かうとされる[103]。こうした三つの「愛の機能」は、本質的に分離可能であるとされ、したがって、人間の本性には、「不調和」が起こりうる[104]。調和した本性は、幸福な偶然なのである。したがって当然、愛の現れ方も、多義的で多様であることになる。人間は、愛の心において分裂したあり方を取ることが起こりえ、葛藤のなかに巻き込まれうるわけである。感覚的な享楽、生命の健《すこ》やかさへの愛、文化価値への愛、聖なる宗教的なものへの帰依など、さまざまな価値に対する「愛憎」の葛藤は、人間に不可避であることになるわけである。

（7）遠人愛

こうしたなかで、第七に、ついに人間は、ニーチェが述べたように[105]、かなたの「別の岸への憧れの矢」[106]を放って、そのためには、「没落」をも辞せず、身近な卑俗なものを「軽蔑」[107]して、遠く遥かな理想を愛し、追い求める、必死の自己超克と、理念追求の献身的生き方を、讃美し、実現しようとするようになるであろう。そうしたところから、ニーチェは、むしろ、大胆、率直に、「隣人愛（Nächsten-liebe）」ではなく、「遠人愛（Fernsten-liebe）」を説いた[108]。つまり、身近の、卑俗な烏合《うごう》の衆ではなく、「最も遠い者、未来に出現する者」を「愛」し、さらには、「人間への愛」よりも、さらに高く、「事業と目に見えぬ幻影とへの愛」に生きることが肝心だと、ニーチェは説いた[109]。遠く遥かなもの、遠く遥かな人々、遠く遥かに未来において実現されるべき理想を目指して、営々として精進し、努力する者をこそ、ニーチェは讃美した。こうした意味で、ニーチェは、「隣人愛」でなく「遠人愛」を勧めた[110]。このニーチェの激しい「超え出てゆく人（超人）[111]」への愛こそは、あらゆる真摯《しんし》な情熱の根源であり、すべての高貴なものの出現の源泉であると思う。私たちの愛は、ここに至って、汲めども尽きぬ人生への愛となって、花開くのである。そして、ここにこそ、私たちの生きがいの源泉が潜むと、私たちは考えたいと思う。

注

（1）本書一三一―一三三頁。（2）本書一四二頁。（3）本書一三七―一三八頁。
（4）本書一三三―一三五、一四一―一四二頁。（5）簡単には本書一四九頁以下。
（6）本書一四三頁以下。（7）本書一四二―一四三頁。（8）本書一九〇頁以下。
（9）赤司道雄『聖書』中公新書、昭56（第二四版）、一三八頁（以下、本書を赤司と略記）。

（10）赤司二七頁。（11）赤司二七頁。（12）赤司一三七頁。（13）赤司一三八頁。
（14）本書一三五―一三六頁。（15）本書一三八頁。
（16）キルケゴール『愛のわざ』第一部、武藤一雄・芦津丈夫共訳、『キルケゴール著作集』第15巻、白水社、一九六四所収（以下、本訳書をキと略記）。
（17）キ四三頁。（18）キ三六頁。（19）キ三九頁。（20）キ三四頁。（21）キ四二頁。（22）キ四二頁。
（23）本書一三六頁。（24）本書一三六頁。
（25）「ウニオ・ミスティカ（unio mystica）」は、もちろん、元来は、「神秘主義」における「人間と神との神秘な合一」を指す言葉であった。Vgl. Wörterbuch der philosophischen Begriffe, hrsg. v. J. Hoffmeister, 2. Aufl., Verlag von Felix Meiner, 1955, S. 630.
（26）前注（25）のJ. Hoffmeister編の哲学辞典、S. 417を参照。
（27）プロティノス「善なるもの一なるもの」田中美知太郎訳、『世界の名著』続2、中央公論社、昭51、一二一―一四六頁を参照（以下、本書をプと略記）。
（28）プ一四一―一四二頁。（29）プ一四三頁。（30）プ一四三頁。（31）プ一四五頁。（32）プ一四五頁。
（33）Goethes Werke, Bd. III, Insel-Verlag, 1965, S. 39. 詩句一一九四―一二〇一行。
（34）F. Nietzsche, Also sprach Zarathustra, Kröners Taschenausgabe, Bd. 75, 1960, S. 113. ここでは、手塚富雄訳を拝借した。ニーチェ『ツァラトゥストラ』手塚富雄訳、『世界の名著』46、中央公論社、昭41、一七七頁参照。
（35）Hegels theologische Jugendschriften, hrsg. v. H. Nohl, Tübingen, 1907, S. 383.
（36）前注（35）の書物のS. 376.
（37）ゲーテ『ウィルヘルム・マイスター』林久男訳、上、岩波文庫、昭2、二八五―二八六頁を参照。
（38）ボオドレエル『悪の華』矢野文夫訳、鳳居堂書房、昭23、一〇四―一〇五頁。

(39) 別の機会に、ロマン主義については論ずるつもりでいる。

(40) シュレーゲルを中心とした「ロマン的なもの」の本質については、シュレーゲル全集第二巻に寄せたアイヒナーの詳論を参照せよ。また、「ロマン主義的詩」が「前進する全体詩である」とする宣言は、シュレーゲルの『アテネウム断章』一一六番の著名な冒頭の一句に由来する。Vgl. Kritische Friedrich-Schlegel-Ausgabe, 2. Bd. hrsg. u. eingeleitet von H. Eichner, Thomas-Verlag-Zürich, 1967, S. XLVI-LXIV, S. 182.

(41) フィヒテとロマン主義との関係も、別の機会に譲る。

(42) 『新編日本古典文学全集・萬葉集3』小学館、一九九五、四七四頁を参照。

(43) 前注（42）の書物の四九〇頁を参照。

(44) 『新編日本古典文学全集・萬葉集1』小学館、一九九四、三六〇—三六一頁を参照。

(45) 浜川祥枝・生松敬三・馬場謙一・飯田真編『フロイト精神分析物語』有斐閣ブックス、昭53、九四、九九頁（以下、本書をフと略記）。

(46) フロイト「快感原則の彼岸」小此木啓吾訳、『フロイト著作集』6、人文書院、一九九二（第一八刷）、一五〇—一九四頁（以下、本論を彼岸と略記）。

(47) 彼岸一八三頁。(48) 彼岸一八四頁。(49) 彼岸一七九頁。(50) 彼岸一九二頁。

(51) 彼岸一九二頁、フ九五頁。

(52) 渡邊二郎『芸術の哲学』放送大学教育振興会、一九九三、一五〇—一七一頁を参照。

(53) フ九四、一〇〇頁。

(54) フロイト「精神現象の二原則に関する定式」井村恒郎訳、『フロイト著作集』6、人文書院、一九五二（第一八刷）、三六—四一頁（以下、本論を二原則と略記）。

(55) 二原則三九—四〇頁。(56) 二原則三九頁。(57) 二原則三七頁。(58) 二原則三七頁。

(59) 二原則三八頁。(60) 二原則三九頁。(61) 二原則三七頁。(62) 二原則三八—三九頁。

(63) 二原則四〇頁。(64) 彼岸一八四頁。(65) 彼岸一七五、一七八、一九二頁。(66) 彼岸一八四頁。
(67) 彼岸一九二頁。(68) 彼岸一八四、一九二頁。
(69) 前出注(52)の拙著一六八頁を参照。
(70) 彼岸一七八、一八二、一八五、一九二頁。(71) 彼岸一五四頁。(72) 彼岸一五七頁。
(73) 彼岸一六一―一六二頁。(74) 彼岸一七一―一七二頁。(75) 彼岸一七四、一七八頁。
(76) 彼岸一八六頁。
(77) フロイト「自我とエス」小此木啓吾訳、『フロイト著作集』6、人文書院、一九九二（第一八刷）、二六三―二九九頁（以下、本論をエスと略記）。
(78) エス二七三頁。(79) エス二七三頁。(80) エス二七四頁。(81) エス二七六、二七八、二八一頁。
(82) エス二八五頁。
(83)『エピクロス――教説と手紙』出隆・岩崎允胤共訳、岩波文庫、昭34（以下、本書をエピと略記）。
(84) エピ七〇頁。(85) エピ七二頁。(86) エピ七二頁。(87) エピ九六頁。(88) エピ八九頁。
(89) 本書一四九頁。
(90) M. Scheler, Liebe und Haß, in: Gesammelte Werke, Bd. 7, Francke Verlag, 1973, S. 150 ff.（以下、本論をSと略記）。
(91) S 150. (92) S 151-152. (93) S 155. (94) S 157. (95) S 159-161. (96) S 162. (97) S 161-162.
(98) S 163. (99) S 170. (100) S 170 ff. (101) S 171. (102) S 170. (103) S 170. (104) S 172.
(105) F. Nietzsche, Also sprach Zarathustra, in: Kröners Taschenausgabe,Bd. 75, 1960（以下、本書をZaraと略記）。
(106) Zara 11. (107) Zara 11. (108) Zara 64 ff.
(109) Zara 64〔ここでは、中央公論社『世界の名著』所収の手塚富雄訳を借用した。第一部の「隣人愛」

の箇所を参照〕。
(110) Zara 64-66.
(111) ニーチェの「超人 (Übermensch)」とは、「超え出てゆく (Über-)」人間という意味である。

III　自己と他者

第7章　自己と他者（その1）　交流と対立

1　我と汝

自己と他者　この世に生まれてきて、死ぬべき定めを背負いながら、いま私たちは、人生を愛し、それを充実した形で生き抜こうとして、数々の努力を重ね、人生の営為のさなかにある。そのとき、私たちは、言うまでもなく、ひとりで生きているのではなく、他者とともに生き、その「共在」、「共存在」、「共同存在」、「共生」のなかに深く巻き込まれ、その柵《しがらみ》のうちに雁字搦《がんじがら》めになって生きている。だからこそ、そこに人間間の愛憎の葛藤《かっとう》も生まれ、私たちは、自分の理想を追いつつも、他者のことを気遣《きづか》い、「自己と他者」のむずかしい関係のなかに立って、人生を切り拓《ひら》こうとしている。その際には、既述したように、(1)「愛別離苦《あいべつりく》」は世の習い、「怨憎会苦《おんぞうえく》」は人生の不可避の宿命である。しかし、いかに苦しくとも、私たちは、他者との葛藤にみちたこの人生の修羅場を逃げ出すことはできない。いったい、この「自己と他者」という厄介な問題を、私たちは、いかに考えて人生を生きるべきなのであろうか。

考察の態度　人間関係を考察する学問に、心理学、社会心理学、カウンセリング、精神医学など、さまざまな諸科学があることはもちろんである。けれども、ここでは私たちは、終始一貫、人間のあり方を、各自自身の人生経験に立ち戻って、できるだけありのままに考察し直すとともに、この問題について思索した過去の大きな思想的遺産に学びつつ、できるだけ幅広く豊かに考察し直すという態度において、この問題の基本を捉《とら》え直してみたいと思う(2)。その私たちの考察態度の基底を成すものは、事柄の本質を直視する哲学的な考究精神である。私たちは、人生の真実を摑《つか》まえようとする現象学的な精神に則《のっと》りながら、しかも思想史の重要な遺産を解釈学的に継承するという態度において、この「自己と他者」という問題の基本を展望してみたいと思う。

我と汝　そのように考えたときに、私たちは、現代において、何人かの思想家たちによって強調力説されるようになった「我と汝」という思想(3)の流れがあることにまず注意を向けることから、考察を始めなければならないと思う。

ブーバー　この考え方は、二〇世紀の初めに、ユダヤの思想家マルティン・ブーバーが、『我と汝』（一九二三、あとがき増補一九五八）という著作(4)を発表して以来、大きな反響を呼んで、広範に流布するようになったものである。ブーバーによれば、私たち人間には、二つの「根本的言語[5]」があるとされる。ひとつは、一人称の私が、二人称の君と、直接向き合って、対話を交わすときの、「我―汝[6]」という根本的言語である。このときには、「汝」とか「君」とかと呼びうる二人称の相手との「出会い[7]」の関係が基礎となり、その二人称の相手との交流において「汝の世界[8]」が開かれてくる。もうひとつ別の根本的言語は、一人称の私が、三人称の事物的現象を冷たく眼差《まなざ》したときに成立する「我―それ[9]」という根本的言語であって、このときには、「それ[10]」という「対象」的に指示された事物的世界、すなわち「それの世界」が開かれてくる。要するに、一人称の私にとっては、対話を交わし心の交流を行いうる二人称の出会いの場面と、およそ対話的交流を欠いた疎遠な第三者的な三人称の事物的対象世界の場面との、二つの世界がある、というわけである。

　ところでブーバーによれば、「人間は、それと指しうる事物的対象なしで生きることはできないが、しかしそれのみで生きるものは人間ではない[11]」。「すべての真実の生とは、出会いである[12]」ということになる。しかるに、近代社会は、事物的世界を増大させ、共同体を破壊し、個々人を孤立せしめ、こうして、「人間の孤独の新しい増大が同時に立ち現れた[13]」。けれども、「人間は、自分の自己へと関係することによってではなく、他の自己へと関係することによってのみ、全きものたりうるのである[14]」。汝との「対話[15]」的なあり方のなかでのみ、人間はほんとうに充足されうる。しかも、「諸関係の長い線は、永遠の汝において交差する[16]」とブーバーは言う。

ブーバーは、他者と疎遠となって事物的な三人称の関係のなかで、たがいに孤立し合うようになった現代社会の人間に対して、まさにその危機を克服すべく、改めて、汝という二人称の相手との真の対話的交流の場の回復を、強く訴えかけたのであり、しかも、その心の交流の究極に「永遠の汝」という神の影さえも見て取ったのである。人間の「自己」は、ほんとうには、「汝」と呼びうる「他者」との「出会い」において初めて成立しうると、ブーバーは見たのであり、その汝は、ついには「永遠の汝」へと向かって収斂《しゅうれん》してゆくというわけである。

エップナー　こうした考え方は、同じ頃に、カトリックの思想家フェルディナント・エップナーの『言語と精神的実在』（一九二一）[17]という書物のうちにも表明されていた。エップナーによれば、「自我の実存は、自己自身への関わりのなかにあるのではなく、汝への関係のなかにある」[18]。「我と汝、これこそが生の精神的実在である」[19]。「自我は、ただ汝に対する相関においてのみ実存し、それ以外には実存しえない」[20]。「孤独な自我が、自我における根源的なものではけっしてなく、それは、自我のなかでのひとつの精神作用の結果なのである」[21]。エップナーはこのように述べ、孤独な自我でなく、汝と相対した交わりにおける自我をこそ、真実の自我とした。

しかもエップナーは、ブーバーと同じように、「私たちの精神生活の究極的根本において、神こそが、人間における真の我に対する真の汝である」[22]と言う。こうして、我と汝の交流の根底には、深く神という汝が潜み、その神のまえに立って、告げ、語り、聴き、思うところに、人間的自我の精神活動も、言語も、行為も、要するに人生のいっさいが成り立ってくるというわけである。

バルト　こうした見方は、プロテスタントの現代の最大の神学者カール・バルトの論述のうちにも見られる。彼は、『人間と共同人』（一九五五）[23]という書物のなかで、次のように述べている。

「我あり」ということを考えたり、発語したりするのは、「孤独」のなかにおいてではない[24]。「私は、この語によって、むしろ私でない他者から、しかも事物的他者、つまり、なにか対象としてあるようなものからではなく、むしろ、私の〝我〟という告知を受け取り、それを認め了解してくれるような他者から、私自身を区別しているのである[25]」。「純粋な絶対的な自己自身に満足している自我」は、「幻想」にすぎない[26]。「自我は、汝があることによって、ある[27]」。「自我は出会いのなかにある[28]」。「他なる人間との出会いにおける存在[29]」こそが、人間の構造であり、この出会いのなかに、「歴史[30]」もある。「二人してあること」、そして「二人してあることのなかでの一人さ」こそが[31]、人間の根本的なあり方である、とカール・バルトは言っている。こうしたなかで、たがいに見つめ合い、語り合い、聴き合い、助け合い、呼び合う関係が、出現してくる。

こうした人間関係の根底には、「人間が神によって神のために造られた[32]」というキリスト教的信仰が、その支えとして伏在していることは言うまでもない。生きとし生けるすべてのものを絶対的に愛し、その愛を体現して人間相互の愛の生き方を求める神の要求に応《こた》えて、人間は、相互的出会いのなかで、共同存在を実現して生きねばならないわけである。

ウスラー　フォン・ウスラーという哲学者は、「出会いの本質」（一九五九）[33]という論文のなかで、こう言っている。人間は、「みずからが本来的に現に存在すべきであることの呼びかけと要求を、汝の存在から経験する」[34]と。人間が、真摯《しんし》に、本来的な生き方をしなければならないと決心するのも、他者からの呼びかけや要求があるからこそである、とフォン・ウスラーは言っているわけである。しかも、この「出会いの気分」は、爽《さわ》やかな清々《すがすが》しさのそれであり、その「出会い」から、「誓い」が生じ、未来に向けた時間性のなかでの人間の真実の生き方が生じてくる[35]、というわけである。汝という他者の眼差しや、要求や、監視や、それとの誓いにもとづく誠実な決意や覚悟のうちからのみ、自己の人生の本来的なものが、覚醒され、形成されてくるというのは、多分人生の真実の一面を成す重要な事柄であると言わなければならないと思う。

フォイエルバッハ　このように、現代において、「我と汝」の生きた交流のなかに、自己の実体を見る考え方は、広範に広がっていると言ってよい。おそらく、そのことは、近代初めのデカルト的な自我の覚醒が、あまりにも没他者的な、孤独の影を宿したものであったことへの反省が契機となって生じたものと見てよい。そして、このような自己の対他関係への着目が大きく浮かび上がってくるのは、一九世紀の初め頃からであると言ってよいと思う。[36]とりわけ、注目されるべきなのは、ヘーゲルの死後に出現したヘーゲル左派の思想家のひとりであるフォイエルバッハであって、彼は、しばしば、二〇世紀の「我―汝」関係の思想の先駆者と目されている。[37]実際、フォイエルバッハの『将来哲学の根本命題』(一八四三)[38]を繙《ひもと》けば、そうした思想の萌芽《ほうが》が、鮮烈な仕方で、提起されていることが分かる。

たとえば、フォイエルバッハは、こう言っている。「人間から区別された哲学者であろうとするな。……君は、世界という大海の活力にみちた新鮮な波にさらされているが、そうした生き生きとした、現実的な存在者として、ものを考えよ。実在において、世界のなかで、その一員として、ものを考えよ……[39]」と。

では、そのように考えたとき、何が分かるかと言えば、そのときには、個別的なものが、それを大切と思う愛の心のなかで、生き生きとその真実を語りかけてくるとされる。フォイエルバッハは次のように語っている。「感覚においてのみ、愛においてのみ、〝このもの〟――この人物、この事物――、すなわち、個別的なものが、絶対的価値を有し、有限なものが無限なものになるのであり、この点に、そしてこの点にのみ、ただ愛の無限な深さ、愛の神性、愛の真理があるのである[40]」と。「〝このもの〟はただ愛においてのみ絶対的価値をもつというまさにそのゆえに、愛においてのみ……存在の秘密が開示される。愛は情熱であり、そして情熱のみが実在の徴表である。情熱の対象であるもののみ……が、存在する。……何物をも愛さない人にとっては――その対象がいかなるものであれ――何が存在し、何が存在しないかは、どうでもよいことになる」[41]。

このように、愛のなかで、個別的な存在の真実が開示されてくるわけであるから、人間同士も、愛の結びつきと共同存在においてのみ、真実の存在たりうることになる。したがって、「人間の本質は、ただ共同存在のなかにのみ、人間と人間との統一性のなかにのみ、含まれている。――この統一性は、しかし、我と汝の差異の実在性の上にのみ、もとづいている」とフォイエルバッハは言う[42]。我と汝の相違を踏まえた共同存在、これが人間の理想とされるわけである。フォイエルバッハによれば、「哲学の最高かつ究極の原理は、それゆえ、人間と人間との統一である」とされる[43]。「真の弁証法は、孤独な思想家の自己自身との独白ではなく、我と汝との間の対話である」[44]とフォイエルバッハは述べている。

「我と汝」の思想は、こうして、人間関係の理想論にまで発展していったのである。

2　争い

さまざまな心理的葛藤　さて、私たちは、たしかに、上述したような「我と汝」関係の重要性を認めざるをえないのであるが、しかし他方において、人間には、「我と汝」関係の調和性を破り、打ち壊す構造も、根深く伏在することに気づかざるをえないのである。

　というものの、なるほど、私たちがほんとうの意味で人間関係を味わうのは、他者を、三人称的な「彼」や「彼女」や「彼ら」として傍観しているときではなく、むしろ二人称の関係において、つまり面と向かって対話を交わし、さまざまな関係を取り結ぶ相手として、他者との間に複雑な対人関係をもつに至ったときにこそである、と言える。けれども、そのように直接的な対人関係のなかに入っていったときには、その他者との間に、必ずしも、調和的な関係だけでなく、むしろ、愛着や憎悪、嫌悪や恐怖、競争心や嫉妬《しっと》、敵対や反目などの、複雑な心理的葛藤を孕《はら》む諸関係が生じてきて、人間関係のなかに多種多様な漣《さざなみ》が立ってくるからである。愛情や理解力にみちた対人関係のほうが、むしろ稀《まれ》であり、冷淡、無視、妨害、意地悪、いじめ、攻撃、破壊、暴力、エゴイズムの対立、相互誤解、激怒、憤慨、裏工作、陰口、噂話、邪推、悪意などの、人間の根底に潜む暗い情念が、複雑多様な様相を取って現れ、人間関係は、重苦しく、不快な姿になり変わることのほうが多いからである。

争いへ　もしも、私が、すべての他人を、あたかも舞台の上でさまざまな振る舞いを演じる役者たちのように、拱手《きょうしゅ》傍観して、距離を置いて、向こう側の風景として、第三者的な立場から眺めていることができたならば、たしかに、私は安全であり、心中になんの心配も苦労もたずに生きることができるであろう。けれども、そのときには、私は、現実の人間関係をいっさいもたぬことになり、私の人生は内容空虚な色褪《あ》せたものになり変わるであろう。ちょうど、共稼ぎ夫婦の独りっ子が、家でテレビばかり見て、友だちと遊ばないとき、ほんとうの人間関係を知ることなく、やがて空想や妄想のなかに陥ってゆくのと同様である。他者がほんとうはどういうものであり、人間関係が真実には何であるか、そしてさまざまな他者の振る舞いに応じてどのような情念が自分のうちに起こるものであるのかを、痛切に体験できるのは、実際の、二人称的な、具体的対人関係のなかに身を置くことによってのみである。その意味では、たしかに、二人称的な「我と汝」の対話的関係が、「自己と他者」の関係の現実的基礎を成す。けれども、そのときには、けっして、愛の調和的関係がつねに存するのではなく、むしろ、葛藤と波瀾《はらん》にみちた人生模様が、さまざまな悲喜劇を伴って出来《しゅったい》してくるのが、この世の定めであることは、誰もが心得ているはずである。

いまここでは、調和を攪乱《かくらん》するこうした要素を、広く「争い」の面と捉え、「自己と他者」の根底には、「争い」が深く胚胎《はいたい》しているという点に注意を向けてみたいと思う。

ヤスパースの限界状況　そのとき、こうした側面にきわめて鋭い視線を投じて、人間の如実の「実存」の姿を浮き彫りにした、現代ドイツの大哲学者ヤスパースの思想、わけても、「争い」という「限界状況」を深く抉《えぐ》り出したその思想[45]に、ここでどうしても一瞥《いちべつ》を向けておかねばならない。

「限界状況」とは、「壁」のようなものであって、それにぶつかって、私たちは、ただ「挫折」するだけであり、それをまえにして私たちは、「困惑しきってうつろな思い患いをするだけの状態」になってしまうものとされる[46]。しかし、その「限界状況」を見つめることによって初めて、私たちは、「私たち自身へと生成」してゆくことができるのであって、「限界状況を経験することと、実存するということとは、同じことなのである」[47]。そこでこそ初めて人間は、「存在を確認することができる」[48]のである。

この「限界状況」には三つのものがあるとされる[49]。一つは、私はつねに一定の「歴史的規定性」を帯びた状況のなかにしか存在しえないという限界状況のことを指す。つまり私は一定の時代と場所、特定の境遇下で、代わってもらうことのできない両親のもとに生まれ、ひとごとならぬ自分の運命を背負って生きているという宿命的事態が、これである。二つは、私はつねに「個別的限界状況」(死、悩み、争い、責め)のなかにあるという事態のことを言う。つまり、私は「死」の定めを背負い、さまざまな「悩み」に見舞われ、他者と「争い」、他者に罪や咎《とが》を犯す「責め」ある存在であるという、どうにもならない個別的限界状況が、これである。三つは、私はつねにあらゆる現存在(生存)の「不確かさ」のなかに置かれているという限界状況のことを指す。つまり、私にとって、あらゆる現存在は、いつ崩壊するかもしれない不安定な不確実さの刻印を帯びているわけであり、私はけっして絶対者ではないという事態が、これである。
これらの限界状況のうち、「死」という個別的限界状況については、以前に言及した。[50]ここでは、人間関係に関わる「争い」という個別的限界状況について、ヤスパースの説く鋭い指摘[51]を、私たちは学び直さねばならないと思う。

二つの争い　ヤスパースによれば、人間の間の「争い」には、大きく二種類が区別されねばならないとされる。[52]一つは、「力ずくの争い」であり、端的に言えば、「生存競争」の争いである。二つは、けっして力ずくではなく、むしろ「愛における争い」であり、たがいに愛し合いながらも争わねばならないあり方のことであり、具体的には、業績をめぐる精神的な争いや、とりわけては「実存」における「愛しながらの争い（der liebende Kampf）」が、これに当たる。

（1）力ずくの争い

まず第一の「力ずくの争い」を見てみよう。ヤスパースによれば、「私が現存在（生存）することは、それだけでもう、他の人々から何かを奪い取ることであり、逆にまた、他の人々も私から何かを奪い取っている」[53]とされる。たとえば、私が、ある地位に就けば、もう他の人々は暫《しばら》くの間、その地位には就けず、排除されるわけである。逆に、他の人が、ある座席を占めてしまえば、私はもう、その座席には座ることができない。このように、活動空間や生存条件をめぐって、たえず、争いや戦いが行われており、場合によっては、強制的に制限が設けられたり、圧力が加えられたりして、必ずや、あるポストをめぐっての勝者と敗者が出現するのが、この世の定めである。むろん、人間相互の助け合いや扶助の関係も存在するが、しかし、「究極的なものは、援助や平和や全体の調和ではなくて、やはり、争いであり、そしてまた、そのつど勝利を占めた者による搾取なのである」(54)と、ヤスパースは言う。

難破船の比喩　なぜかと言えば、人間の生存の根底には、次のような状況とよく似た限界状況が、伏在しているからである(55)。つまり、いま難破船から二人の人間が海に放り出されたとしてみよう。しかもそのとき、その二人にとって、それにしがみつけば助かるかもしれないような角材は、たった一本しかないとしてみよう。加えて、その一本の角材は、たった一人の人間しか支えきれないとしてみるのである。そのときには、二人とも、その角材に摑まって、死ぬほかにないか、それとも、争いの結果、一人が勝って、他の一人は海に沈むほかにないか、さもなければ、一人が自発的に命を捨てて、他の一人にその角材を譲るよりほかにないかのいずれかであろう。このような、あれかこれかの、自己と他者のいずれかしか生き残れないような、厳しい生存競争の事態が、人間の生存の根底に、不可避の宿命的な限界状況として、潜んでいると、ヤスパースは言おうとするのである。

生存競争の宿命　この限界状況から逃れようとして、争いを避ければ、自分の生存が脅かされるし、逆に、争いのために争ってゆけば、最後には必ず、孤独の状況が待ち受けている。こうした「力ずくの争い」のなかに人間が置かれているということは、「乗り越えられない、どうにもならない限界状況[56]」なのである。私たちはみな、この限界状況の受益者か被害者にならざるをえないことを、はっきりと認識すべきだとヤスパースは言う。もちろん、援助なしに人間は生きることができない。けれども、なにか決定的な法的秩序を作れば、この問題を解決しうるかに思うのは、幻想であるとヤスパースは見る。むしろ、私たちは、どこで権力を獲得し、どこで我慢をすべきなのかを、よく考えねばならないとヤスパースは述べている。ここには、人間の生存競争の根深さを率直に認めて、それをしっかりと念頭に置いて生きるべきだとする、正しい人生知が示されていると言ってよいと思う。

（2）愛しながらの争い

次に第二に、以上のような「力ずく」の「生存競争」の争いではなく、人間の間での「愛における争い」を見てみよう。そこには、「精神」の次元での業績をめぐる「争い」もあるが、なによりも重要なのは、「実存」の次元での「愛しながらの争い」である。これは、実存する者同士が、「愛」し合いながらも、格闘せざるをえないということを指している。

というのも、人間はたがいに愛し合うとき、かえってむしろ、相手の本心がどこにあるのかが気になり、それを相互に確かめ合おうとする格闘のなかに巻き込まれてゆくからである。ヤスパースの言うところによれば、「愛において、人間は、たがいに残る隈なく、あえてたがいを問題化して、確かめ合おうとする。こうして、仮借ないまでにたがいに究明し合った腹蔵のなさのなかでありのままであろうとすることによって、人間はたがいの根源に迫ろうとするのである[57]」。このような「胸襟を開き合った腹蔵のなさをめざす争い[58]」のなかからのみ、存在の確信が生まれてくる。こうした公明正大な誠実さの確認の上にのみ、人間関係の確実な基礎が築かれうる。これが、「愛しながらの争い」である。

もちろん、「できることなら私は、静かな愛のうちに安らかに庇護されて、問いかけの過程から免れていたいと願い、また他人も私自身も無条件に受け入れて是認していればよいような状態でありたいと希《こいねが》う[59]」。けれども、愛に没入し合った状態のなかにずっと持続して浸り続けることは、かえって、「感情的惑溺」となって、「内容空虚」[61]なものになってしまう[60]。やはり、たがいに、「吟味されたり、吟味したり」しながら、たがいの本心を確認し合わねばならない。

その際には、さまざまな振る舞いを、たがいに正確に知り極めつつ、腹蔵のなさを目指して、しかし、あくまで力ずくは排除して、公明正大に、また、連帯性にもとづきながら、問いかけたり、吟味し合ったりして、「愛しながらの争い」を実践しなければならない。これは、人間にとっての、避けて通れない「限界状況」であるわけである。

さまざまな逸脱　この腹蔵のない公明正大な対人関係が崩れるとき、そこに、さまざまな不快な人間関係や振る舞いが出現してくる。たとえば、「精神的優越」を誇示して、相手を力ずくで屈伏させようとする振る舞いや、逆に、「無条件的な屈服という受動性」が現れる場合もある。[62] あるいは、問いかけの厳しさのまえに、「侮辱されてむっとして自己のうちに閉じこもること」や、「返答もしないで黙りこくること」も、生じてくる。[63] あるいは、「詭弁的な問いかけ」を行って、人間関係を空転させ、ついには、「空談を涯てしなく続けて、論点をずらし、ごまかしてしまうこと」も出現してくる。[64] さらには、「ただ表面上紳士的にやってみせる慇懃《いんぎん》無礼」や、「同情や表面上の援助などの博愛的慈善」といった虚偽や欺瞞《ぎまん》の態度も現れてくるわけである。[65] こうした逸脱した人間関係の相貌《そうぼう》には、数限りないものがある。

ともあれ、「愛しながらの争い」という、人間関係の不可避の真実を鋭く見つめて、この限界状況を引き受け、そのなかに誠実に立つことによってのみ、実存の真実が達成されうると見たヤスパースの見解は、私たちに教えるところの大きなものをもっと言わなければならないと思う。

3　まなざし

まなざしとしての他者　以上との連関において、ここで簡略に、人間の対他存在を、「まなざし」として捉えたサルトルの著名な考え方に触れておかねばならない。サルトルは、『存在と無』(一九四三)(66)のなかで、人間関係を、「まなざし」を向け合う厳しい「相剋《そうこく》」の関係と見て、独特の他者論を展開した。

それによれば、人間は、つねに他者に対してある「対他存在」であるが、その他者とは、「私に、まなざしを向けている者(67)」のことである。私に対して、ちらりと「まなざし」を向ける者、それが他者であるというわけである。その「他者は、私に、まなざしを向けている。そうしたものとして、他者は、私の存在の秘密を握っている。他者は私が何であるかを知っている(68)」。他者は、私に「まなざし」を向け、私に視線を注ぐことによって、私の秘密を握ろうとしている者として、私には実感されてくる。そうした「まなざしによって、私は、他者を自由な意識主観として具体的に経験する(69)」。その他者の視線にさらされて、思わず私は、身が堅くなるのを感じる。他者は、「私をそっくりそのまま凝固させる(70)」敵なのである。

サルトルによれば、人間とは本来、たんにその事実的な姿に固定されているものではなく、未来を目指して、いまだ実現されていないあり方へと向けて、自由に、現在を乗り越えて、突き進みつつある者である。つまり、人間とは、「それがそれではないところのものであり、それがそれであるところのものではない」[71]ものである。すなわち、人間とは、事実的な凝固した「即自存在」ではなく、未来へと向けて自己実現を目指しつつある「対自存在」なのである。ところが、他者によって、まなざされると、人間は、この自由な「対自存在」を失ってしまって、凝固した「即自存在」になり変わってしまう。他者の「まなざし」にさらされて、私は、思わず、身の縮む思いをし、手足が固くなり、自由を失い、自分らしさを喪失しかねないのである。

マゾヒスムとサディスム　それであるから、それを克服しようとして、今度は、私のほうが、逆に相手に「まなざし」を向け返すことになる。こうして、人間関係は、たえず、相互に「まなざし」を向け返し合う、自由な主体の「相剋」[72]の状態にほかならないことになる。しかし、この「相剋」の状況を、次のようにして脱出しようとしても無駄であるとされる。すなわち、一つには、自分を他者によってまなざされるだけの存在にしてしまい、そのようにして他者のまなざしを自分にだけ固定させようとする態度がありうるが、これが「マゾヒスム」ないし「愛」の関係であり、しかしこれは、真に、自由な主体同士の関係ではありえない[73]。二つには、他者のまなざしの自由を奪い、自分だけにまなざしの自由を保持しようとする態度があるが、こうした「サディスム」の関係も、やはり、真に、自由な主体同士の関係ではありえないのである[74]。したがって、自己うことになる。

と他者は、永遠に、調和することのありえない「相剋」の葛藤のなかにあることになる。

まなざし、まなざされる、自由な主体同士の戦いの関係が、真の人間関係である、ということになる。

連帯性の問題　それゆえに、サルトルによれば、人間間の連帯性は、幻想にすぎないとされた(75)。たとえば、二人の人間が密《ひそ》かに内緒話をしているところを第三者にまなざされたとき、その二人の人間は、まなざされたというかぎりで、「客体としての我々」という連帯性をもちはする。けれども、「主体としての我々」という連帯性は、成り立ちえない。もしも、かりに神という第三者がいて、それに対する人類という「主体としての我々」ということならば、成り立ちうるかもしれないが、しかし、そうした第三者としての神などは存在しないとサルトルは見る。したがって、人間は、永遠に、主体としての連帯性を築きえない、自由な個体同士の、たえることのない、相剋の状況のなかに置かれている、とサルトルは考えたのである。

アンガジュマンの思想　それならば、人間は、各自、自由にもとづく勝手気ままな振る舞いを行うだけになるのか。あるいは、他者のまなざしにさらされた厳しい状況のなかで、いったい、いかなる責任と確信と抱負をもって、人間は、真剣な行為に踏み出しうる根拠を、どこから獲得できることになるのか。サルトルは、『存在と無』を著した直後の、『実存主義はヒューマニズムである』（一九四六）[76]という論述のなかで、「アンガジュマン（社会参加）」の思想を提唱して、この対他存在のなかでのあるべき倫理の方向の模索に踏み出した。

それによれば、たしかに人間は、「不安」と「孤独」と「絶望」のなかで、しかも、他者の「面前」で、その「まなざし」にさらされながら、自分の行為を「企投」してゆかねばならない。けれども、そのとき、それだけにいっそう、各人は、自分の行為を、それを「善」として、選び取り、それに自己と他者を、拘束し、巻き込んで生きるよりほかに、いかなる責任ある行為をも企てることができなくなるのである。たとえば、ある異性を好きになり、その人と結婚する人は、たんに個人の好みを生きるのではなく、むしろ、一夫一婦制を、人間誰しもに当てはまる生き方として肯定して、これに全人類が従うべきだとして、それを選び取り、みずから進んでその生き方のなかに自分を投入したのである。このように、人間が行為するということは、その行為に「自分を拘束し投入する（サンガジェ・ソワメーム）」ことであるとともに、その行為に「全人類を拘束し巻き込む（アンガジェ・リュマニテ・アンティエール）」ことにほかならない[77]。「自己を選ぶ」ことは、「全人類を選ぶ」ことなのである。したがって、あらゆる行為は、そのまま「社会参加（アンガジュマン）」の行動にほかならないことになる。人間の行為は、けっして、個別の偶発事ではなく、そのまま直ちに、普遍妥当性の要求をもった社会参加の表明なのであり、したがって直ちに、他者の吟味と批判にさらされ、その有効性を査問されうる、共同性と全体性とに繋《つな》がる大切な行為だということになる。

人間関係が、自由な主体同士の関係である以上、この「相剋」のまっただなかで、他者にも通ずる普遍性の要求と確信において、各自は、必死に、かつ真剣に、自分の行為を選び取って、決断して生きねばならないことになるわけである。

注

（1）本書一三、一二三、一六一頁。（2）本書一一—一三頁。

（3）詳しくは、渡邊二郎『ハイデッガーの実存思想』新装第二版、勁草書房、一九八五、四五八—四八七頁を参照。簡単には、渡邊二郎『哲学入門』放送大学教育振興会、一九九六、二五五頁を参照。

（4）ブーバーの哲学的著述は、そのドイツ語版全集第一巻（Martin Buber,Werke, I. Bd., Schriften zur Philosophie, Kösel-Verlag, 1962）にすべて収められているが、Ich und Du の論文は、その S. 77-170 に収録されている（以下、本書をBと略記）。

（5）B 79.（6）B 79.（7）B 85.（8）B 100.（9）B 79.（10）B 82,100.（11）B 101.（12）B 85.

（13）これは、前出注（4）の全集第一巻に所収の Das Problem des Menschen, 1943（S. 307-407）の論文にある言葉である。B 352.

（14）B 365.（15）B 365.（16）B 128.

（17）F. Ebner, Das Wort und die geistige Realitäten, Thomas Morus Presse, 1952（以下、本書をEと略記）。

（18）E 26.（19）E 26.（20）E 26.（21）E 26.（22）E 28.

（23）K. Barth, Mensch und Mitmensch, Vandenhoeck & Ruprecht, Göttingen, 1955（以下、本書をKBと略記）。

（24）KB 38.　（25）KB 38.　（26）KB 40.　（27）KB 42.　（28）KB 42.
（29）KB 43.　（30）KB 44.　（31）KB 37.　（32）KB 36.
（33）D. von Uslar, Vom Wesen der Begegnung, in: Zeitschrift für philosophische Forschung, Bd. XIII, Heft 1, 1959, S. 85-101（以下、本論をＵと略記）。
（34）U 89.　（35）U 92 ff.
（36）前出注（３）の拙著『ハイデッガーの実存思想』四六二頁を参照。
（37）前注（36）を参照。
（38）L. Feuerbach, Grundsätze der Philosophie der Zukunft, hrsg. v. G. Schmidt, Vittorio Klostermann, 1967（以下、本書をＦと略記）。
（39）F 106（§51）.　（40）F 89（§33）.　（41）F 89（§33）.　（42）F 110（§59）.
（43）F 111（§63）.　（44）F 111（§62）.
（45）ヤスパース「限界状況」渡邊二郎訳、『世界の名著』続13〔中公バックス『世界の名著』75〕、中央公論社、昭51、55、二七四―三五二頁（以下、本書をヤと略記）。
（46）ヤ二七六―二七七頁。　（47）ヤ二七七頁。　（48）ヤ二七七頁。　（49）ヤ二八五頁以下。
（50）本書六五頁以下。　（51）ヤ三一九頁以下。　（52）ヤ三二〇―三二二頁。　（53）ヤ三二三頁。
（54）ヤ三二三頁。　（55）ヤ三二四―三二五頁。　（56）ヤ三二九頁。　（57）ヤ三三二頁。　（58）ヤ三三四頁。
（59）ヤ三三七頁。　（60）ヤ三三七頁。　（61）ヤ三三七頁。　（62）ヤ三三八頁。　（63）ヤ三三八頁。
（64）ヤ三三八頁。　（65）ヤ三三八頁。
（66）J.-P. Sartre, L'être et le néant, 1943, 43e éd., 1955（本書を以下、ENと略記）〔サルトル『存在と無』松浪信三郎訳、人文書院、全三巻、昭31、33、35〕。――なお詳しくは、渡邊二郎『ハイデッガーの存在思想』新装第二版、勁草書房、一九八五、五八〇―六〇三頁を参照〔『著作集』第２巻所収〕。

（67）EN 315.（68）EN 430.（69）EN 330.（70）EN 429.（71）EN 33,97.（72）EN 502.

（73）EN 431 seq.（74）EN 447 seq.（75）EN 484 seq.

（76）J.-P. Sartre, L'existentialisme est un humanisme, Nagel, 1957（以下、本書をEHと略記）〔サルトル『実存主義とは何か』伊吹武彦訳、人文書院、昭30〕。

（77）EH 26-28, 46, 54, 62-63, 71, 74, 78-79, 81, 83. 89.

第8章　自己と他者（その2）

世間と役割

1　世人

世間　私たちは、たしかに、これまで見てきたように、[1]「個人同士」として、特定の具体的な相手と対話を交わし、出会いと交流をもち、また時に厳しい生存競争を戦いながら、相互の気持ちを確かめ合いつつ、自由な主体として、たがいに見つめ合い、まなざしを向け合って、それぞれの行為に自分を賭《か》け、他者を巻き込んで、一生懸命に共同存在の場を生きていると言ってよい。けれども、他方において、そうしたことが可能であるのも、そもそも私たちが、共同存在の場のなかにすでに置かれていたからこそであり、しかも、いわば「不特定の一般的な形」で、「世の中のひと」のひとりとして、あるいは、「世間」のなかのひとりとして、その世間のありさまを鋭敏に感知しながら、つまり「世間体《せけんてい》」を内心密《ひそ》かに気にしながら、世間の動向や趨勢《すうせい》を察知しつつ、それを気遣って平穏無事、安全を念じて日常生活を営んでいたからこそである、と言えなくもないのである。具体的な個人同士の愛憎の葛藤《かっとう》が生じる背景として、すでに一般的に、日常の平凡な世間並みの共同生活の場が、開かれていたのでなければならず、ある意味では、人間は、初めはむしろ、この「世の中のひと」のひとりとして、特別の自己意識もなく、「世間」一般の仕来《しきた》りや流れのなかに染まって、それに流されて生きてきたのであると言わなければならない。私たちは、最初から際立った「私」たち自身であると言うよりは、通常はむしろ、この「世の中のひと」同士として、ともに、ごく普通の、平凡な、同じような、それでいて多少違った、不特定の「おたがい同士」として、相互の明確な区別もなく、集団性のなかに溶け込んで生きてきたと言わなければならない。したがって、自分もそのひとりである「世の中のひと」つまり「世人《せじん》」というあり方が、私たちの共同存在の場を支配していると言ってよいことになるわけである。

ハイデッガーの「世人」　こうした「世人」のあり方に鋭い眼を向けて、私たちの共同存在を分析した哲学者に、ハイデッガーがいる。彼の『存在と時間』(一九二七)[2]は、「世人」の「頽落《たいらく》」現象を抉《えぐ》り出した著名な他者論を含んでいる。

そこでは、まず人間は、「現存在」[3]と呼ばれ、「世界内存在」[4]するものと捉《とら》えられる。「現存在」とは、この「世界」の生存の場のなかに「現」に投げ出されて、各自の存在のありようを自分なりに決めて、「実存」してゆかねばならない存在者という意味である[5]。そのとき、現存在としての人間は、道具や事象に「配慮的に気遣い」[6]、また、他者に対しては「顧慮的に気遣い」[7]、こうして、事象や他者との関連のなかで、自分自身のありかたを「気遣って」[8]、「世界内存在」し、「実存」してゆかねばならないものとされる。

そのとき、現存在は、つねに、他者との「共同存在」[9]である。けれども、さしあたり大抵の日常性においては、その他者とは、自分もまたそのなかにいるような他者、つまり、「世の中のひと」、すなわち「世人（das Man）」である。[10]現存在は、不特定の世間のなかに巻き込まれて存在しているわけである。何かを楽しむときにも、私たちは、まず「世の中のひと」が楽しむ仕方に従って、楽しみ、また満足する。[11]「世の中のひと」が見たり、判断したりするのと同じように、私たちは、文学や芸術について、語り、判断する。[12]つまり、私たちは、「世人」という「平均性」のなかで、「平坦化」されたあり方のなかに巻き込まれ、「公衆性」のうちで、「責任回避」しつつ、「迎合」して生きるのであり、[13]そのほうが、安全に生きられるからである。そのとき、私たちは、「噂話」を好み、「好奇心」に操られ、すべてを「曖昧」にして生きる。[14]これが、非本来的な「頽落」[15]と呼ばれる現象にほかならない。

非本来的な頽落　私たちは、通常、他者と出会ったとき、[16]世の中のひとがその他者について言っていたことをもとにして、その他者を見る。おたがい同士のあり方のなかには、世人の噂話が入り込んでくる。他者と出会ったとき、ひとは、まず、その他者が、どういう態度を取るか、なんらかの事柄について何と言うか、などといった点に注意を向ける。世人同士のなかでの共同存在は、まったくの無関心の並列ではなく、緊張した、それでいて曖昧《あいまい》な、おたがい同士の注意の向け合いであり、密かにおたがい同士が盗み聞きし合っている。おたがいが、おたがい同士のために仮面を被《かぶ》って、おたがいに敵対している。表面上は、無関心そうでいて、実は、おたがいの差異に敏感に関心を向け、世の中のひととあまり違わぬように、体よく付き合い、波風が立たぬように生きることを気遣う。そうしたほうが、心安らかであり、また実際心地よく、こうして、私たちは、この「頽落」の状況のなかに取り込まれ、捕えられ、自分なりの本来的生き方から疎外されてゆくことになる。(17) 公衆性のなかに落ち込み、平凡かつ俗物的な、世慣れた常識人として、自己喪失の、大勢順応、長い物には巻かれろ式の、事大主義《じだい》の生き方に、骨の髄まで冒されて、もはやなんの真剣な問いかけをも行う気力も勇気も喪失する。こうした非本来的な共同存在が、私たちの日常性を隅から隅まで支配していると言ってよいわけである。

本来的な自他のあり方　もちろん、私たちは、こうした、よそよそしいあり方のほかに、積極的な「顧慮的気遣い」をするときもある。一つは、他者のために心配事を取り除いてやる「協力的—支配的」なあり方であり、二つは、他者に手本を示して自立を促す「垂範的—解放的」なあり方である。(18) とりわけ、後者のあり方のうちに、ハイデッガーは、本来的な自他の関係を見ている。(19)

平均的日常性の支配力　しかし、いずれにしても、他者との本来的な共同存在といえども、けっして、日常的な頽落した非本来的な「世人」のあり方を離れて、別個にあるのではない。むしろ、前者は、後者の本来的な「変容」であり、また逆に、後者は、前者の非本来的な「変容」なのである[20]。本来性と非本来性とは、相互に転換し合うのであり、それというのも、現存在が、もともと他者との共同存在という構造を、必須《ひっす》の契機として含んでいたからである。したがって、どんなに本来的な自己存在や、自他の関係といえども、つねに、平均的日常的な、色褪《あ》せた共同存在から出発し、またそこへと帰着する以外にはないのである[21]。「世人」というあり方は、それほどまでに深く、現存在のあり方に食い入っているのである。

大衆化の状況　ハイデッガーの指摘した以上のような「世人」というあり方は、しかし、一般化すれば、早くから、またその後も、いろいろな識者によって光を当てられた、現代人の自己喪失的な大衆化の状況と無関係ではない。

キルケゴール　たとえば、一九世紀の中葉に、デンマークのコペンハーゲンで、すでにキルケゴールが、『現代の批判』（一八四六）[22]において、大衆化してゆく当代の精神状況を痛烈に批判していた。現代人とは、「好奇心に富んでいて、批評的で、世故《せこ》にたけていて、せいぜい情熱と言えば賭事をする情熱ぐらいしかもっていない[23]」人物とされた。

精神を集中して、永遠的なものに思いを傾ける深さを失った現代人は、浅薄皮相な外面的好奇心を、あらゆるところに振り向けて、気の散った生き方をしている。「内包」の深さを失い、代わりに「外延」的な広がりばかりに拡散している現代人、それは、「内包において失ったものを、外延において獲得している」[24]人間にほかならない。人々はもはや、いかに生きるべきかを真剣に考えず、周囲の様子を窺《うかが》って自分の去就を決める。付和雷同の責任回避が、多くの人々の生き方となる。誰かが、真剣に物事を考えて、真面目な歩み方を始めようとするや否や、たちまち「反省の嫉妬[25]」が、「情熱的な決断[26]」を妨げ、世間体を気にする意識が、実行を思いとどまらせる。かりに、それでも一歩を踏み出せば、今度は、「周囲の反省[27]」が、本人の足を引っ張り、思いきり邪魔をする。独立独歩の生き方に、世間は嫉妬《しっと》し、傑出した人物を嫌い、おしなべて万人を、特性のない大衆に平均化してゆく。

現代 すべての人が、一人前の人間でありながら、その実、誰でもなく、大勢のなかのひとり、特定化できない公衆性のなかに埋没した不特定の「世の中のひと」[28]となり下がってゆく大衆社会の出現を憂う声は、一九世紀から二〇世紀にかけて、オルテガを初め、世の多くの識者の叫び声となり、現代の無責任の社会状況を批判する叱正《しっせい》となって広がった。全体主義やファシズムの跳梁跋扈《ちょうりょうばっこ》という事態さえも、そうした自由を喪失した大衆化状況の現代社会にその原因があったと指摘されるほどになった[29]。

ロラン・バルト　二〇世紀の後半に、たとえばフランスの構造主義的批評家ロラン・バルトは、『記号学原論』（一九六四）[30]のなかで、言語学の原理を応用しながら、社会現象を読み解く記号学の着想を次のように披瀝《ひれき》している。人間の「言語活動（ランガージュ）」には、ソシュール以来よく知られているように、一般的な社会的規約としての言語体系つまり日本語とかフランス語とかの「ラング（言語）」と、それにもとづくそのつどの個人的な発話としての「パロール（言）」とが、区別されている。けれども、バルトによれば、この二つの区別だけでは、人間の言語活動は十分には把握されえない。実は、この二つのあり方の、ちょうど中間に、デンマークの言語学者イェルムスレフが指摘したように、「慣用の成句（ユザージュ、サンタグム）[31]」というものがあって、個人の発話も、そうした熟語化した慣用の語句を用いなければ、有効に機能しえなくなっているのが、言語の現状である。まさに、そうした言語のあり方と軌を一にするように、今日においては、私たちの生活のすべてが、衣服の面でも、食料や料理の面でも、自動車などの交通の面でも、ことごとく、一定の「規格」化された仕組みのなかに、はめ込まれていて[32]、一定の製造業者という「決定グループ[33]」の定めた商品を購入し使用するという形でしか営まれえないものとなっている。これが、現代の記号学的特色だと、バルトは、はなはだ適切な指摘をしているのである。たしかに、私たち現代人の生活は、そうした規格化された構造の圧力に、隅々まで浸透されていると言わなければならないよ

うに思う。(34)

現代社会と「世人」　いまや、現代社会が進めば進むほど、「世人」や世間が、私たちの意識や生き方のなかに深く侵入し、人間のあり方を決定するほどの力を揮《ふる》っていることが分かる。コンピュータの普及、インターネットの拡大、情報化社会の進展は、ますます加速度的に、世間意識が主人公となり、個人の差異を磨滅させ、世の中一般の考え方、判断、意見が、ひとり歩きをし、大手を振って、当然自明の真実であるかのように罷《まか》り通る趨勢を助長している。マス・メディアの横行と、出所不明の世論や通念や常識、漠然とした共通了解が、水平化を拡大させ、いまや、個人のかけがえのない人格性や、その垂直的な深さの体験を蝕《むしば》み始めている。平均化された、特性のない、表面的な「世人」が、圧倒的な支配力を及ぼして、自己と他者の濃密な関係を崩壊させ、稀薄《きはく》な平板化の波濤《はとう》が、自他すべてをひっくるめて、現代的大衆化のなかに私たちを押し流してゆこうとしている。

2　役割

レーヴィットの役割論　こうした現代の動向のなかで、すでに、ハイデッガーの弟子であったカール・レーヴィットは、二〇世紀の前半に『共同人の役割における個人』

（一九二八）[35]を著して、いまや、個人と個人とが、全面的に触れ合うことが不可能となり、わずかに「役割」ないし「役柄」において、相互に接触しうるにすぎなくなった事態を的確に指摘するに至った。

つまり、人間は、共同社会のなかでは、相互に、その全面的な個体性において出会うのではない。むしろ、共同人として社会的に生きる人間は、「ひとつの役割をもったペルソナとして」、すなわち、「共同世界の内部で、そして共同世界のためにあるものとして」、「共同世界によってペルソナ的に規定された」ものとして、出会われるのである[36]。たとえば、ひとりの人間は、子に対しては父、兄に対しては弟、学生に対しては教師、商店主に対しては顧客、等々として、多数の「役割」をもった形で、また、その「役割」をとおしてのみ、相互に触れ合い、交渉し、関わり合うのである。人間は、いわば、多数の役割の網目のなかに、はめ込まれているわけである。こうした役割を度外視した、赤裸々の、全人格的な触れ合いは、現代社会のなかでは、希薄になってゆく一方であると言ってよい。

ペルソナ　もともと、今日英語などで、人間や人格を表す「パーソン」という語は、「ペルソナ」というラテン語に由来する[37]。この「ペルソナ」とは、元来、役者が芝居のなかで付ける「仮面」を意味し、転じて、「役割・役柄」、「登場人物」、「人間・人格」の意味になっていった。この「ペルソナ」の語は、さらに古くは、エトルスク語の「ペルス」に由来し、後者の語は、仮面を付けた二人の人物を描いた絵に書き添えられていた語であったとされる。[38]その「ペルス」に由来したラテン語の「ペルソナ」の語義に関しては、種々の意見があるが、[39]いずれにしても、外側に付けられた芝居における「仮面」から、転じて「役割・役柄」の意味を帯び、その結果、役目を果たす「人格」の語義を獲得するに至ったのが、この語の意義の変遷過程であったと見てよい。

遠心性と求心性　してみれば、人間を、いわば一方で、遠心的に、そのつどの対他関係の種々様々な役割や役柄に解体し、分裂させ、多様な諸相の断片的な繋がりにおいて捉え、ほとんど、一個の人間としての「アイデンティティー（同一性）」を失ったものと見る考え方は、当然、昔から存在していたことになる。[40]個人は、自己同一的な人格性をもたず、たんなる「知覚の束」[41]にすぎないとする考え方は、こうした見解に通じている。しかし他方で、人間は、やはり、いかに複雑な諸相を含むにはしても、いわば求心的に、そのうちにひとりの同じ人格の統一性をもたぬかぎりは、一個の人格ないし人間とは言えないという考え方も、もちろん、当然の根拠をもっている。したがって、人間は、いかに自他の複雑な役割・役柄関係のなかに置かれたとしても、一つの統合した人格の自己同一性を保有しなければならないと考えられるわけである。[42]おそらく、この遠心性と求心性、分裂的解体性と統一的自己同一性とは、ともに真実であり、私たちは、さまざまな遍歴や多様性を通じておのれ自身を統合してゆく、力動的な全体化する運動であるのでなければならない[43]、と思う。

したがって、自己と他者との役割・役柄における多様な諸関係も、一方でそれは、自他の関わりを希薄化し、分裂させ、断片化する傾向をもつと同時に、他方でそれは、そうした状況のなかで、あるべき人間関係を形成するための、統合的全体化や人間化のための出発点を提供するものとも見なければならない。

マックス・ウェーバーの「合理化」論　実際、レーヴィットの役割論の背景には、マックス・ウェーバーの考え方が控えており、その点は、レーヴィットの『マックス・ウェーバーとカール・マルクス』（一九三二、新訂一九六〇[44]）という論文を見れば、明らかである。そこでは、資本主義という現代の運命のなかで、マルクスが「自己疎外」という現象を核として批判的視座を設定したのに対して、「合理化」という生活様式の問題性を資本主義社会のなかに見て取って、これを批判的に究明したウェーバーに対する[45]、レーヴィットの深い思い入れが、明瞭《めいりょう》に看取される。

ウェーバーによれば、資本主義が、人間にとって運命的な威力をもつようになったのは、それが「合理的な生活方式[46]」という軌道のなかへと発展していったからである。そこでは、生活の全面的な「合理性[47]」が推進され、人々は、あらゆる面での依存や従属、鋼鉄のように堅固な隷属の組織のなかに組み込まれている。政治や経済や学問など、ありとあらゆる人間の活動が、今日では、きわめて普遍的な企業的装置のなかに取り込まれるに至っている。そこに支配力を揮っているのが、「官僚化」(48)という機構である。人間社会はいまや、その営為のすべてにおいて、その目的と手段の関連を管理し、統御し、指導する専門人たる官僚の掌中におかれ、社会全体が合理的な官僚制の機構のなかに封じ込められている。もちろん、この合理化は、当初はそれなりの意味をもっていた。しかし、やがて、合理化の進行の果てに、ついには、目的と手段が顚倒《てんとう》し、手段が自己目的化して、理解し難い非合理性を帯び始めるに至っている。生活のための金儲《かねもう》けは合理的で理解できるが、やがて、金儲けのための金儲けという非合理的な仕組みが、自立化して、そうした非合理的な制度や組織のなかに、人々は隷属せしめられるようになっている。

合理化と役割　ウェーバーにとって重要なのは、しかし、こうした現代の合理化された社会機構を、人間の自己疎外と見て、そこからの全面的解放を図ることではなく、むしろ、この合理的組織こそが、現代人の宿命であり、それに対抗しながら、しかしそのうちでこそ、「自由」と「可能的自己存在の場」を見出《みいだ》す努力を重ねることであったと(49)、レーヴィット(50)は見る。この合理的世界の「なかで」、しかもその世界に「抗して」活動することこそが、ウェーバーの狙いであった。ということは、現代においては、人間は、こうした合理化された組織を「越えて」、その「外部」のどこかに、みずからの「不可分な全体」をもつのではなく、まさに「個人が、ひとりの〝人間〟であるのは、個人がみずからのそのつどの個別化されたさまざまな役割の〝なかに〟そのつど全面的に自分を投入してこそなのである」[51]。細分化された現代社会のなかの種々の「役割」のなかに、自分を積極的に投入して、そこで全面的に「責任」をもって活動することによってこそ、現代人は、自分の「責任倫理」[52]を果たしうるとウェーバーは考えたわけである。細分化された役割のただなかで、「それにもかかわらず」、個人としての「自己責任」への「自由」を全面的に確保して生きること、このようにして、日々の務めを果たすことこそが[53]、ウェーバーにとっては、現代人の使命とされたのである。

役割と責任　ここにあるものは、自己疎外からの全面的解放といった、甘い、定かならぬ夢想ではない。人間社会のあるところ、どこにおいても管理と支配の仕組みは不可避であり、しかも、その管理機構の合理化は、現代の宿命である。その結果生じた、合理的組織と官僚制機構を、不可避の運命と見て、積極的にこれを我が身に引き受け、そのなかでこそむしろ、「自由」と「責任」をもって「役割」を生き、「日々の義務」を果たすことに、現代人の課題があるというわけである。かりに、その「役割・役柄」の組織や規定に、疑念が生じ、不合理が生じたならば、そのなかで徐々にこれを改良して前進してゆくよりほかにはないのである。漸進的な改良主義の精神が、ここで私たちの取るべき態度となる。ウェーバーも「漸次的発展主義」の態度を取っていた[54]。

漸進主義　実際かつて、ヘーゲルが述べたように、「合理的なものが現実的であり、現実的なものは合理的なのである」[55]。理に適《かな》い、理に則した、合理的なものが、歴史の流れのなかで、実現されて、現実となったのであり、不合理な夢想や妄想は潰《つい》え去ったのである。現実のなかで、なおも残る非合理性は、さらに今後に乗り越えられてゆかねばならないのである。こうして、現実的なものは、よりいっそう合理的なものになってゆかねばならない。ヘーゲルの上の言葉は、こうした理性的（合理的）な漸進主義の精神を表明した言葉と受け取られねばならない。

いずれにしても、役割のなかに生きる私たち、自己と他者は、以上のことを念頭に置いて、相互の関係を豊かに実りある仕方で、人間的に形成してゆく努力を怠ってはならないと考えられる。

3　諸連関の交差点

ディルタイ　ここで、一九世紀の終わりから二〇世紀の初めにかけて、ドイツの生の哲学者ディルタイが、すでに、さまざまな組織や連関や構造の網目のなかに位置づけられた人間の姿を浮き彫りにしていたことに、簡単な注意を向けておきたい[56]。

ディルタイによれば[57]、人間は、「意欲」と「感情」と「表象」において生きる「全体的」な存在者であり、しかも、「偶然」と「運命」にさらされながら[58]、他者とさまざまな交渉関係において、「生の連関[59]」を生きるものである。

文化の体系　そのとき、人間は、一方で、他者とともに、同じ人間性の要素に立脚しながら、種々様々な「文化の諸体系[60]」を創り出す。たとえば、私たちは誰もみな、知覚したり、想像したり、思考したり、意欲したりする働きをもつ。そのうちの一つである想像や感情の作用を発展させて、他者とともに、芸術活動の営みを協力して展開させるとき、そこに、芸術という文化の一体系が形成されてくることになる。このようにして、宗教や、法や、道徳や、言語や、学問などの「目的連関[61]」、すなわち「文化の体系」が、創出されてくるわけである。そして私たち個々人は、どれかひとつの文化の体系に属しているのではなく、「多数の体系の交差点[62]」であるという点が肝要である。

社会の外的組織　ところが、さらに他方において、この文化の諸体系は、「社会の外的組織[63]」と関係している。なぜなら、複数の人間同士の目的活動は、なんらかの結びつきや強制において、団体を形成することにおいてのみ可能だからである。その結果、「社会の外的組織」ができ上がり、人々の共同体感情や、利害関係の連帯と反撥《はんぱつ》、支配と依存の関係、強制的な団結や外的拘束、結合と独立の相反的感情、束縛と自由の混合などといった、さまざまな、人間的組織の圧力や力動的諸関係が生じてくることになる[64]。

諸連関の交差点　ディルタイによれば、私たち人間は、こうした「諸連関の交差点(65)」なのである。私たちは、「文化の諸体系」や「社会の外的組織(66)」という多様な網目の交差点にほかならないわけである。それは結局、「時代の連関」のなかに私たちが置かれているということを意味する。言ってみれば、自己と他者は、裸のまま出会ったり、交渉したり、対立抗争したり、諸関係を取り結ぶのではなく、むしろ、ひとつの大きな「時代の連関」のなかで、さまざまな体系や組織の「諸連関の交差点」として、諸構造の織りなす襞《ひだ》のありさまで、相互に作用を及ぼし合い、関係の網目のなかに浸されているわけである。自己と他者の関係は、そうした大きな構造連関の地の上でのみ、さまざまな図柄を構成しているにすぎないことになる。

組織に解消されぬ個人　そうは言っても、しかしディルタイは、個々人のあり方を、すべて構造連関のなかに解消しうるものとは見なさなかった。「人間の全存在は、団体のなかに入り込まず(67)」、「独立(68)」であり、「個々人のうちには、神の手のなかにのみあるようなものがある(69)」とディルタイは述べている。「人間が、その孤独な魂のうちで、運命と戦いながら、良心の深みにおいて生き抜くものは、その人間にとって存在するのであって、世界過程や社会のなんらかの組織のために存在するのではない(70)」と、ディルタイは明言している。

個体としての人間の生存は、組織や機構のなかにはけっして還元されない。けれども、人間が共同存在である以上は、その自己と他者の交渉関連のなかには、文化の諸体系の諸側面や、社会の外的組織の諸機構が、複雑な影を投じて、その関係を濃密に染め抜き、彩っていることは否定できない。私たちはすべて、時代の子として、現代の役割関係のなかで、多様な他者連関を形成しながら、人生のまっただなかを生きているのである。

注

（1）本書一九〇―二一〇頁。
（2）M. Heidegger, Sein und Zeit, 1927, 7. Aufl., 1953（以下、本書をSZと略記）〔ハイデガー『存在と時間』原佑・渡邊二郎共訳、中央公論社、世界の名著62（昭46）、中公バックス世界の名著74（昭55）〕。
（3）SZ 7,12.（4）SZ 53.（5）SZ 12.（6）SZ 57.（7）SZ 121.（8）SZ 192.（9）SZ 114,118.
（10）SZ 126.（11）SZ 126 f.（12）SZ 126 f.（13）SZ 127 f.（14）SZ 167 ff.
（15）SZ 175. ――ただし、「頽落」とは、正確に言えば、「配慮的に気遣われた道具的な〝世界〟」の「もとに埋没し」、その結果、「世人の公衆性への自己喪失という性格」をもつに至った現存在のあり方であり、後者のあり方がさらに「噂話、好奇心、曖昧」によって導かれているのである（SZ 175）。
（16）以下については、SZ 174 f. を参照。
（17）SZ 175 ff. を参照。
（18）SZ 122.（19）SZ 122,298.（20）SZ 130,179,267 f., 297 f.（21）SZ 370 f.
（22）S. Kierkegaard, Eine literarische Anzeige, übersetzt v. E. Hirsch, 1954（以下、本書をKと略記）。
（23）K 112.（24）K 103.（25）K 111 f.（26）K 86.（27）K 86 f., 111 f.
（28）オルテガ『大衆の反逆』寺田和夫訳〔『世界の名著』56、中央公論社、昭46、三八三―五四六頁所収〕

を参照。

(29) フロム『自由からの逃走』日高六郎訳、東京創元社、昭60(第九一版)を参照。

(30) R. Barthes, Éléments de sémiologie, 1964, in: Le degré zéro de l'écriture, Paris, 1965(以下、本書をESと略記)〔バルト『零度のエクリチュール』渡辺淳・沢村昂一訳、みすず書房、一九八五(第一六刷)、八五—二〇六頁所収〕。

(31) ES 89 seq. (32) ES 98 seq. (33) ES 100 seq.

(34) 以上については、渡邊二郎「現代の状況における実存思想の意義」〔『理想』六五〇号、理想社、一九九二(平成四)年、一一月刊、一一—一三頁〕を参照〔『著作集』第6巻所収〕。

(35) K. Löwith, Das Individuum in der Rolle des Mitmenschen, 1928.

(36) 前注(35)の原書S.51.

(37) 以下の論点については、渡邊二郎「生ける全体としてのペルソナ」〔『エピステーメー』朝日出版社、一九七五(昭50)、一一月刊、六七—八九頁所収〕参照〔『著作集』第10巻所収〕。

(38) 前注(37)の拙論一〇二頁参照。

(39) 前出注(37)の拙論九九頁以下参照。

(40) 前出注(37)の拙論一〇七頁以下参照。

(41) これはヒュームの有名な規定である。前出注(37)の拙論一一〇頁参照。

(42) カントとドイツ観念論以降、生の哲学、現象学、実存哲学、解釈学の思潮は、みなこの流れのなかにある。

(43) 前出注(37)の拙論一一二頁参照。

(44) K. Löwith, Max Weber und Karl Marx, 1932, in: Gesammelte Abhandlungen, Kohlhammer Verlag, 1960, S. 1-67(以下、本論をWMと略記)。——なお、この点については、渡邊二郎『現代の思想的状況』放送大

学教育振興会、一九九五、一二六―一三八頁を参照［『歴史の哲学』と改題。『著作集』第11巻所収］。
（45）WM 16 Anm.（46）WM 20.（47）WM 20.（48）WM 31.（49）WM 22,26.（50）WM 33.
（51）WM 35 f.（52）WM 24.（53）WM 35.
（54）前出注（44）の拙著一二〇―一二三頁を参照。
（55）前出注（44）の拙著八五頁を参照。
（56）ここではさしあたりまず、ディルタイの出発点を形成した『精神科学入門』（一八八三）に即して一瞥を与えるにとどめる（Vgl. W. Dilthey, Einleitung in die Geisteswissenschaften, in: Gesammelte Schriften, Bd. 1, 5. Aufl., 1962）。なおその他の著作も含め、以下引用は、ディルタイ全集の巻数と頁数を挙げる。ディルタイについての詳論は、渡邊二郎『ニヒリズム』東京大学出版会、一九七五、二六〇―二七〇頁を参照。
（57）I XVIII; V 11.（58）VII 74.（59）VII 140.（60）I 43.（61）I 43.（62）I 51.（63）I 43.
（64）I 65 f.（65）VII 187.（66）VII 187.（67）I 82.（68）I 74.（69）I 82.（70）I 100.

第9章　自己と他者（その3）　他者認識と相互承認

1　追体験と感情移入

如実の対他関係　私たちは、すでに見たとおり[1]、たしかに、世間的な共同存在のなかで、諸連関の交差点に立ちながら、さまざまな役割を担って、複雑な対人関係を取り結びながら、生きている。そのときには、世間的な役柄に即した、多様で、錯綜《さくそう》した諸関係の網目のうちに人間は置かれ、時には、ごく表面的な付き合いや、行きずりの縁で、私たちは、接触し合うにすぎず、深い人間関係をもたないことのほうが多いかもしれない。けれども、そうした自他の交渉連関のなかで、やがて、込み入った対人関係のうちへと私たちは必然的に引き摺《ず》り込まれ、さまざまな結合や対立、連帯や反目、競争や嫉《しっ》妬《と》、憎悪や敵対、妨害や邪魔、いじめや攻撃、和解や寛容、無関心や傍観、冷淡や冷遇など、他者との心理的葛藤《かっとう》のなかに立たされ、人生の修羅場、もしくは、言ってみればこの世の「地獄[2]」である対他関係の渦中に巻き込まれ、苦悩することになるのは必定である。やはり、自己と他者の問題は、濃密な対人関係のなかに具体的に置き入れられてこそ、初めて切実な問題意識において自覚され、こうして、いったい他者とは何か、いかに自分はこの他者と関係を取り結んで生きていったらよいのかという人生の大問題に、私たちは直面せざるをえないのである。

他者認識の問題　そのときに、改めて、否、そもそもの最初から、自己と他者の根本問題として登場してくる論題が、いったい、他者はいかにして、そのほんとうの気持ちや心において、知られ、認識されうるのか、という問題である。たしかに私たちは、他者と一緒に、さまざまな次元で、共同存在している。親密な形では、親子や夫婦、恋人や友人、同僚や仲間といった次元で、私たちはおたがい、すっかり気心が知れ合っているものと思い込んでいる。けれども、そうした場面においてさえも、やがて親子の間に断絶ができたり、夫婦間の離婚が生じたり、恋人や友人関係が崩壊したり、同僚や仲間の間での誤解や反目が渦を巻き起こすことを、私たちはよく知っている。昨日まで心の底まで理解し合っていたと思われる身近な他者のなかに、思いもかけない不可解な言動が現れ、底知れぬ異他性が、自他の親密な関係を打ち壊す。それでなくとも、そもそも、たとえば、他人の腹痛は、自分の腹痛ではなく、自分には直接的に共感できないという大きな溝が、自他の差異性を根拠づける卑近な事例として、引証されうる。自他の間には、こうした形で、両者を分かつ深淵《しんえん》が口を開いていることは、誰にでも立ちどころに理解されうる。私たちは、同じ体験を共有しうる可能性をもちえないものであるかのようにさえ考えられてくるわけである。こうなれば、自他の間には、大きな断絶が口を開き、私たちはすべて、自分一個の体験世界のなかに閉じ込められ、すべての人は「独我論」の罠《わな》に取り込まれ、およそ他人は不可知の存在となり、私たちの共同世界は成り立たなくなるであろう。けれども、それはあくまで理屈の上でのことにすぎず、実際には私たちは、共同世界を形成し、他者と理解し合い、共通の人生を生きている。さりとて、自己と他者は、全面的には同一ではなく、差異性を含んでいる。してみると、いったい、私たちは、そもそも、いかにして他者と意思疎通し合い、相互理解を達成しており、共同世界を構成しているのであるのかが、問題となってくる。すなわち、これは、原理的に言って、「他者認識」の可能性の問題、他者との相互理解にもとづく交流の可能性の根拠への問いにほかならない。それはやがて、共同世界の成立根拠への問いにも発展してゆくであろう。もちろん、ここには、心理学、倫理学、社会学、哲学（それも特に生の哲学、現象学、実存哲学、存在論、ドイツ観念論）などの諸考察や諸成果が、渦を巻いている。当座ここでは、私たちは、どうしても逸せられない基本的視座を確立することにのみ、精力を傾注しよう。微に入り細を穿《うが》った詳論や博捜は当面の狙いではない。本質的な論点を押え、基本の見方を固めることが当面の眼目である。

ディルタイとフッサールへ　まず私たちは最初に、他者認識と言えば通常すぐさま引き合いに出される、いわば「感情移入」型の他者理解を取り上げてみよう。そうした他者理解の代表として、ここでは、生の哲学者ディルタイの「追体験」的な他者「了解」の見解と、現象学者フッサールの類推的な「共現前化」による「感情移入」の見解とを省み、そこに纏《まと》いつく問題点を考え直すことから始めよう。

（1）ディルタイの見解

ディルタイは、晩年の著名な著作『精神科学における歴史的世界の構成』（一九一〇）[3]のなかで、「生（体験）」、「表現」、「了解」という三つの概念によって、人間的世界を捉《とら》える方法を打ち出し、今日に至るまで重要な「生の哲学」の方向を切り開いた。[4]

体験の表現　それによれば、人間は、「意欲」し、「感情」をもち、「表象」する存在者であるが[5]、その自分の「体験」を必ずなんらかの形で「表現」するものとされる。[6]その表現は、身振り、手振り、表情から始まって、言葉によって自分の気持ちを表出し、さまざまな形文字でもって自分の思いを書き残すといったことにまで及び、さらには、さまざまな形での、文化的・歴史的・社会的な表現形態の形成という姿で展開されてゆく。文学や芸術、道徳や宗教、法律や経済、学問や政治など、非常に広範な「生の客観化」[7]の世界が、そこに成立してくる。私たちに歴史的に伝承されてきた多様な文化的遺産はすべて、こうした客観化された精神の世界にほかならない。

追体験・了解・解釈　こうした歴史的に与えられた表現的世界を理解するには、ごく卑近な他者の表情の理解をも含めて、そうした表現を生み出した他者の体験を「追体験」[8]するよりほかにはないと、ディルタイは考えた。この追体験による把握が「了解」と名づけられたと見てよい。「了解」とは、「外的に感性的に与えられている符牒《ふちょう》から、内的なものを認識する過程」[9]のことにほかならない。つまり、外側に与えられている表情や身振り、場合によって文字記号や、さらには他者の産出した芸術的・文化的な表現形態をとおして、そうした表現形態を生み出したゆえんの他者の「内的なもの」を、追体験的に捉え直すことが、「了解」と言われるわけである。したがって、他者を「了解」するとは、その他者の生み出したさまざまな表現を、追体験的に辿《たど》り直しながら、その底に秘められた「内的なもの」を「認識する過程」にほかならない。そのとき、その外的表現と私との間には、内面化の働きが活性化し始め、ひとごとならぬ「ひとつの生関係」[10]が成立し、「外的に与えられたものが、私の生命過程と結びつけられる」[11]。こうして、自己と他者との間には、生き生きとした交流が芽生え始める。むろん、表情や身振りなどの一時的な表現をもとに、他者の「内的なもの」を深く「了解」し尽くすことは、たいへんに困難である。したがってディルタイは、「持続的に固定されている生の表出」[12]を重視した。それは、とりわけ、文字によって書き残されたさまざまな文書の姿で存在する。つまり、人間の最も内的なものは、言葉のうちで表出されるから、それを沈澱《ちんでん》させている文献や文書が、生の了解の最も重要な手段となるのである。そして、この「持続的に固定されている生の表出」である文書の「技術的了解」のことを、ディルタイは「解釈」と呼んだ。[13] したがって、他者の追体験的「了解」は、文字表現の「解釈」の業へと進んでゆくことになる。他者認識は、こうして「了解」と「解釈」の問題に収斂《しゅうれん》してゆくことになったわけである。いずれにしても、ディルタイにおいては、「体験と表現と了解との連関」が、自己自身および他者が捉えられるに至る「固有の方法」なのである。[14] 生を、他の何物かに還元したりせずに、生を生そのもののうちから了解し、認識することをディルタイは終生の課題と心得たが、[15] それは結局、こうした内面的な「追体験」と「了解」と「解釈」という方法意識へと洗練されていったのである。

ディルタイへの疑問点　このディルタイの見解のうちには、たしかに一方で、他者認識の最も基本的な仕組みが言い表されていると言える。しかし他方において、そこには、いくつかの疑問点が纏いつき、実際多くの識者によってその点が指摘されてきたことも否めない。[16] たとえば、第一に、外的表現から他者の内的なものを追体験的に了解するといった場合、そもそもディルタイは、自己と他者とを最初から「同一」の人間性においてあるものと前提しかかっているのではないのか。[17] むしろ、自己と異なった異質性において他者を捉えてこそ、他者認識はそれ本来のものであると言えるのではないのか。第二に、いったい、ほんとうの意味で、他者の内的なものは、追体験することが可能なのか。追体験的に了解したときには、他者が、実は、自己へと変容させられてしまっているのではないのか。[18] したがって第三に、自己と他者との共通性と差異性が、どこにあるのかが、さらに突き止められねばならない。一方で、同じ人間として共通しつつ、他方で、異質性と異他性をそなえた他者とは何かが、改めて問題となる。第四に、ディルタイの他者認識は、あまりにも「心理学」的でありすぎるのではないのか。[19] とりわけ他者の表現を了解し、さらに「解釈」してゆく場合には、ディルタイの述べたように、他者の心理作用を、そっくりそのまま復元したり辿り直すことが肝心であるというよりも、むしろ、自分と他者の表現結果との間に、問題関心にもとづく「生きた関係」[20] を打ち立てて、その表現に込められた「真理要求」[21] と対決してゆくことのほうが大切なのではないのか。たとえば、ユークリッドの幾何学原論を理解することは、幾何学の定理を思いついたユークリッドの心理状態を追体験することにその眼目があるのではなく、むしろ、幾何学の世界そのものへの「問題関心」[22] を呼び覚まされて、みずからその真理の世界へと立ち入ることにその主眼点がある。夏目漱石《なつめそうせき》の作品を読むということは、漱石という一人物の伝記を辿ることにその狙いがあるのではなく、むしろ、その作品世界のなかに示された人生の真実と対決することにその肝要な点がある。したがって、それは、漱石文学のうちに結晶して芸術的な姿を取って現れた人生観・世界観の「真理要求」[23] と対決することにほかならない。したがって、第五に、ディルタイにおいては、過去の他者の歴史的な心理状態を忠実に復元することによって、客観的な精神科学を樹立し、こうして自然科学に比肩するに足る客観的な学問分野を基礎づけるという方法意識が、あまりにも強すぎたのではないのか。むしろ、それよりは、「了解」や「解釈」の作用を、学問論から離れて、人間のあり方そのもののうちから捉え直す必要があるのではないのか。そしてそれが、実際、ディルタイ以後、たとえばハイデッガーなどを先達として、ガダマーに至るまで、追求されてきたのではないのか[24]。

しかし、いろいろな問題点を残すにはしても、いずれにしても、ディルタイにおける他者の追体験的な了解と解釈という視点は、他者認識のひとつの重要な局面を際立たせた意義を担っていたことは確かであり、その後に影響するところも大きかったのである。

（2）フッサールの見解

一方、現象学者フッサールは、晩年の著作『デカルト的省察』（一九二九、原著公刊一九五〇）[25]の第五省察において、「いわゆる感情移入[26]」的な他者認識を説いて、自他を含めた客観的な共同世界が成り立つ仕組みを明らかにしようとした。いま、ごく基本的なその筋道のみを簡略に指摘するにとどめておこう。

出発点　私たちの共同世界形成の基礎が他者にあることは言うまでもないが、その他者とは、たんに私にとって向こう側に「客体」として見出《みいだ》される他者であってはならず、むしろ、私と同じく「主体」として働く他者が捉えられねばならない[27]。そのためには、私のうちで、私ではない、「第二の自我」すなわち「他我」が、いかに構成されるのかを明らかにしなければならない(28)。他我問題とは、このように、自我のうちで、自我ならざる他我が、いかに構成されるのかという、「他者経験(29)」の仕組みを問うという、元来逆説的な関係を含んだ問いなのである。いわば、自我のうちに、異質的異他的な他我が、構成されねばならないのである。では、いったいそれは、果たして、またいかにして、可能なのか。

対化　かりにいま、私だけが生きている「固有領域(30)」を区画づけえたとしてみて(31)、その場面のなかに他者が現れたとき、それが他我として捉えられるためには、まずもって、それが、私とよく似た身体をもったものとして捉えられねばならないとフッサールは見た。このような「類比的統覚（verähnlichende Apperzeption, analogisierende Auffassung）(32)」を、フッサールは「対化《ついか》（Paarung）」と呼んだ(33)。「対化」とは、あるものと他のものとを、それらの類似性にもとづいて、「対《つい》」を成すグループと捉えるところの、おのずと生じる、受動的な「意味の転移（Sinnesüberschiebung）」の働きのことである(34)。この働きにもとづいて、他者はまず、似たような、共通の身体をもったものとして、捉えられる。

共現前化　しかし、他者は、似たような身体をもったものとして捉えられるだけでは不十分であり、さらにその身体に即して現れる「心理的(35)」内実において捉えられねばならない。ところが、私自身の心理的なものは、私自身に明瞭《めいりよう》に「現前」しているが、他者の心理的なものは、私には、「原的」に与えられることがけっしてない(36)。たとえば、他者の歯痛は、私にはけっして、原的には与えられず、私の直接的な体験とはならない。他者の心理的なものは、その他者の踠《もが》き苦しむ身体的な振る舞いに即して、間接的に、もしくは近接的に、私に「示唆される(37)」だけである。このように、「それ自身はそこに存在せず、またけっしてそれ自身そこに存在するようにはなりえず」、それでいてその際やはり、「共にそこに存在している」はずのものを「表象可能にする」働きのことを、フッサールは、「共現前化（Appräsentation）」の作用、つまり「共に現前化させる（Mit-gegenwärtig-machen）」働きと呼んだ(38)。すなわち、他者の心理状態は、その身体的な振る舞いに即しながら、それと「共に」、そこに「現前」するかのように、「共現前化」されて、私のうちで、構成されてくるものだというわけである。

他者　したがって、端的に言えば、他者は、私のうちで、私ではないものとして、私によって構成されてくるものである。言い換えれば、他者とは、「第二の自我(39)」、「私自身の類比物(40)」、「私の自己の変容(41)」にほかならないことになる。

してみると、フッサールにおいて、他者は、私の自我と異なる他我でなければならないのであるが、それでいて結局、私のうちで、私に理解可能な形で、「対化」と「共現前化」の作用によって構成された、私自身のひとつの「変容(42)」にほかならない。それは、もうひとりの私であり、「私自身の類比物」[43]と化している。こうして他者経験は、結局、私自身が他者の気持ちになり変わる「いわゆる感情移入」の問題に帰着することになる[44]。つまり、他者は、私自身との類比にもとづいて、私自身のうちで構成された、私自身の一変容態にほかならないことになる。

しかしながら、他者の他者性は、まさに、私自身のうちに取り込めない断絶性にこそ、その本質があるのではないであろうか。実を言えば、フッサールもむろんそのことに気づいているのである。したがって、ここでぜひとも注意されなければならないのは、フッサールがけっして自己と他者の異質性と排他性、その交換不可能性を看過してはいないという点である。いかに他者が、私の変容態にすぎぬとはいえ、しかし他者は、けっして、「私の写し、私の二重化[45]」ではないのである。なぜなら、私はあくまでも「ここ(Hier)」におり、他者は「あそこ(Dort)」にいて、その位置を異にしているからである[46]。両者の固有な原初的領域は、いわば「深淵[47]」によって分け隔てられているわけである。そこには、いわば絶対的な裂け目がある。むろん、フッサールは、この断絶を、いわば「実存」の深みにおいて掘り下げることをせずに、むしろ、それを、「ここ」と「あそこ」という空間的位置の差の形でしか問題にしていない。けれども、そこには一種の絶対的な裂け目、もしくは自己と他者との個体としての断絶と孤独が、暗々裡《あんあんり》に示唆されていることは疑いを容《い》れない。この断絶と分断の地の上に初めて、他者は、もしも私が「あそこ」にいたならばもつでもあろうような現出の諸相においてあるものとして捉えられるのである。[48]このように、他者は、空間的な位置における、いわば絶対的な「実存」の差異において出現しているのである。

共同世界へ　けれども、フッサールにおいては、その他者は、結局、自我により、自我の側からの「感情移入」によって、「対化」と「共現前化」を介して、「連想」[49]的に、「私自身の類比物」として把捉されてゆく傾向が根強いのである。ただし、その他者はあくまで、むろんのこと、けっして、私にとって、隅から隅まで完璧《かんぺき》に明瞭に現前化させられうるものではない。しかし、いずれにしても、以上のような他者経験にもとづいて、共同的な客観的世界が構成されてゆくとフッサールは考えた。もともと、他者経験の出発点には、他者の身体を、自分のそれと似たようなものとして捉えるという類比的な統覚が働いていた。そこには「正常」[50]な自然の同一性という視点が機能していた。そこから発して、さらに高次の共同的な客観的世界が形成されてゆく筋道を辿り直すことが可能であると、フッサールは終生考え続けた。

他者の異質性　しかし、他者とは、果たして、私の一変容、私の類比物、もうひとりの私にすぎないものであろうか。むしろ、他者とは、時に、私の理解を越えて、私に襲いかかり、私を攻撃し、私を破壊するかもしれないような、恐ろしさを秘めた、私とは異質の、絶対的な他者である点にこそ、その本質をもつものではないであろうか。たしかに、他者の気持ちを察知したり、忖度《そんたく》したりする場面においては、私から他者に向けての「感情移入」的な共感や類推が、必要ではあろう。けれども、自己と他者との間には、むしろ逆に、他者から私に向けての襲撃や強制、威圧や脅迫、攻撃や侵入の面があるのではないであろうか。逆に言えば、それは、自我が、他我によって制圧され、他我によって虜《とりこ》にされ、他者によって捕われ、その他性に侵襲されて、むしろ、他者が自己となってしまうような経験である。他者のもつこの圧迫するような力が経験されていないときには、いまだ、ほんとうの自己と他者との関係は、痛切には捉えられていないのではないであろうか。

自己拡張と他者変身との間　ディルタイの言う追体験的な了解や解釈も、またフッサールの説く対化や共現前化による感情移入的な他者認識も、どちらかと言えば、自己から発し他者へと向かってその意味転移を拡大し、できるかぎり、自分と異質の他者をも、同一ないし共通の枠組のなかに引き入れて、これを類比的に共感し直すという、「自己拡張的」な他者認識であったように思われる。けれども、これとは反対に、むしろ、他者から発して自己へと向かって、他者が強烈に入り込んできて、自己はその他者に取り憑《つ》かれ、自分がすっかり失われ、自己のなかに他者が乗り移ってきて、自己がその他者になり変わってしまうような「他者癒合的」な、憑依《ひょうい》に近い没我の対他関係もまた、存在するのではないであろうか。しかも、そのような侵襲的、侵犯的な他者の圧力を感知してこそ初めて、それに抗した自己の自己性も、ようやく芽生え始め、成立しうるように思われる。そこにこそ、自他の込み入った諸関係が可能になってくるように思われる。その点についてさらに考え直してみねばならない。

２　自他の癒合とそれからの自立

自他の癒合　自己と他者との関係においては、時に自他の境界が曖昧《あいまい》になる場合がある。たとえば、私が他者のうちに共感的に入り込んで、他者のうちで生きる場合もあれば、逆に、他者が私のうちに侵入してきて、私のうちで他者が生きる場合もある。前者は、自己拡張的な感情移入型の癒着《ゆちゃく》であるが、後者は、他者侵入的な自己放棄型の癒着である。しかし、いずれにしても、そこには、自己が他者へと、また他者が自己へと変身し、自他の境界が曖昧となる癒合がある。つまり、自己は、単純に自己であるのではなく、そのなかに他者性を包含しており、逆に言えば、他者が自己性のなかに入り込んで、自己が他者に変身しているわけである。

フッサールと「意味の転移」　実は、そうした可能性は、フッサールの既述の他者論のなかにも胚胎していた。既述したように[51]、他者の身体が現れると、自己は、それを自分の身体と似たようなものとして捉え、おのずとそこに「意味の転移（Sinnesübertschiebung）[52]」

を行い、いわば他者の身体をみずからが生き、「他者のなかに私を運び入れる」といった「志向的侵犯・越境（transgression intentionelle）」（メルロ＝ポンティの言葉[53]）をなすわけである。このようにして、自己が他者になり変わり、逆に言えば、他者が私になり変わり、こうして私のなかで、他者が出現してくることになる。フッサールによれば、自己のうちに他者が構成されてくるということは、元来少しも不思議ではないとされた。というのも、現在の私のうちには、いまの自分の眼から見れば自分自身とは思えないような「過去」の異質の「変容」しきった私自身が、「想起」の形で生き続けているからである[54]。そうした「想起された私の過去」は、「私の生きた現在」を「越え出ている」[55]。しかし、その過去の私を、私は、現在の自己のうちに統合しているのである。ちょうどそれと同じように、私の自己のうちに、「他我」が構成され[56]、私のうちに異質の他者が存していいても、いっこうに不思議ではないというわけである。

時間と他者　フッサール晩年の『ヨーロッパ諸学の危機と超越論的現象学[57]』の言い方を借りれば、「流れつつたえず現在的な顕在的自我」は、「〝自分〟の過去をとおして持続するもの」であり、異質な過去の自己を現在へと統合しながら、いわば自己を時間のなかで繰り広げる「自己時間化」のありさまで自分を構成している[58]。ちょうどそれと同じように、顕在的な自我は、自分のうちで、「他者を他者として構成する」のである[59]。というのも、私が、狭い「現在を越え出てゆき（Ent-Gegenwärtigung）」、異質の過去をも取り込んで、「自己時間化」してゆくように、私は、「自己疎外（meine Entfremdung）」によって、私自身のうちに、他者が「一緒に現前（kompräsent）」するようにさせうるからである[60]。他者との「感情移入」は、「高次の段階」での「現在を越え出てゆく」働きなのである[61]。顕在的現在の狭い視野に拘束されずに、過去や未来の潜在的な地平に身を開くならば、そこには、異質な自己がさまざまな形で伏在し、また、他者が私のなかに入り込んだり、私が他者に変身したりする、交差的な絡み合いの起こる可能性が常時働いていることは、少しも不思議ではないのである。こうして自己は、そのうちに他者性を含み、また他者が自己性のなかへと入り込み、いまや自他の癒合が可能であるゆえんは、明白であると言わなければならない。

メルロ＝ポンティへ　この自他の癒合の問題を真正面から取り上げた、フランスの現象学者メルロ＝ポンティのパリ大学での講義録『幼児の対人関係』（一九五一[62]）にここでぜひ一瞥《いちべつ》を投じておかねばならない。メルロ＝ポンティは、その論文のなかで、自他の癒着した融合状態が、人間の対人関係の根底に潜むことをあばき出そうとしている。その際に彼は、幼児の対人関係にまで遡《さかのぼ》って考察を進めようとするのだが、その理由は、次の点にある。

幼児の問題性　一般に、古典的な心理学の考えによれば、心理状態は、当の本人「ただ一人」[63]にだけ与えられ、他人には窺《うかが》い知れず、ひとはただ他者の気持ちをその身体表現から類推しうるのみだとされてきた。ところが、他者知覚は、割合とたいへん「早い時期に生じるもの」であって、「幼児」は早くから他者の「微笑」を感ずることができるのである。[64]幼児は、その場合、「ひとが微笑んでくれたから自分も微笑む」[65]といった具合に、無造作に他者と交流するのである。そこには、他者理解にとって普通必要とされているような複雑な類推やら判断などは介在していない。むしろその際、幼児は、微笑む大人と、同じ「身体図式」[66]を生きていて、自分の身体と他者の身体とを「全体的に同一視している」[67]。幼児は、「自分自身と他者とを違ったものとは見ていない状態」にありながら、それでいてすでに「他者知覚」をしているわけである。[68]そうであるのも、「他者知覚」が、そこでは類推や判断によって行われるのではなく、むしろ総じて「私の志向が他者の身体のうちに移され、また他者の志向が私の身体のうちに移され」、こうして、「他者が私によって疎外され、私もまた他者によって疎外される」という仕方において「他者知覚」が行われているからである。[69]メルロ＝ポンティは、この事態を、フッサールに触発されて、「志向的越境・侵犯」[70]と呼んでいるが、その点については、さきに言及した。[71]いずれにしても、このような仕方で、幼児のみならず、総じて成人一般においても、自他の交流が成り立ち、共同関係が可能になり、さまざまな対人関係上の振る舞いの成立するゆえんが明らかになるとメルロ＝ポンティは考えたのである。

癒合と自立　もちろん、幼児には、いまだ自己と他者との区別がないのだとすれば、ほんとうの意味では、幼児は他者と交流しているとは言えず、真の交流が成立するためには、自他の区別が存在しなければならないことになる。その自他の区別は、メルロ＝ポンティによれば、幼児において、鏡の助けを借りて、自分自身の身体の視覚像をもつことによって、ひとが相互に孤立したものであることを知るという仕方で生ずるとされる[72]。しかし、その鏡像期の成立と並行して、自己と他者とが未分化であるような「癒合的社会性（sociabilité syncrétique）[73]」と呼ばれる状態があり、しかも大事なのは、この状態が大人になってからも、「再現し[74]」、「存続する[75]」という点である。逆に言えば、成人の自我は、自他の区別を心得て「自分自身の限界を知りながら、真の共感によってそれを越え出る能力をも所有する」自我、つまり、自他の差異を弁《わきま》えつつ、しかも他者と共感しうるような自我と言える[76]。しかし、こうした成人の真の共感の根底には、幼児期の「無知」の共感が伏在しているのだとメルロ＝ポンティは見るのである[77]。

たとえば、生後六か月から一年ぐらいまでの間に、幼児には、一方で、「鏡のなかに映った自分の身体像」の理解が顕著になってくるとともに、他方で、「他者との接触」が急速に発達してくるとされる[78]。

鏡像の了解　まず、幼児における「鏡像の了解」とは、メルロ＝ポンティがラカンとともに言うように、「鏡のなかに見えている姿を自分の姿と認める[79]」という点に眼目がある。つまり、幼児は「自分自身の視覚像」があることを初めて学び、「自分自身の観客」となり、「自分が、自分自身にも他者にも見えるものである」ことを知るのである。[80]それは、「自己認識」の獲得でもあるが、「一種の自己疎外」でもあり、[81]幼児は、「直接的現実」[82]から離れて、「理想的・虚構的・想像的自我」[83]に関係づけられ、自分の感ずるままの自我と、他者が見るとおりの自我との間の「葛藤」[84]が、そこには生ずる。「鏡像」は、このように「非現実化する機能」[85]をもつ。いずれにしても、鏡像を自分の像として認識するとき、その像は「他者が見る自分の姿」[86]、つまり「他の主観に呈示される自分の姿」であることを了解する点が、肝要である。したがってそこには、「知的総合」があるというよりは、「他者との共存に関する総合」がある。[87]鏡像の習得は、「認識関係」に関わるばかりでなく、「世界および他者との存在関係」に関わる。[88]「知性」とは、「他者との関係」という独特のものを指す「別名」にすぎないとさえ、[89]メルロ＝ポンティは言う。

癒合的社会性　一方、この鏡像の習得と並行して、幼児には、他者と自己とを癒着させる融合的な共同性、つまり「癒合的社会性（sociabilité syncrétique）」[90]が活潑《かっぱつ》になってくる。たとえば、「自分を見せびらかす幼児」に対して、他の幼児が、それを素晴らしいと感じて、「嫉妬し、妬《ねた》む（jalousie）」[91]関係に立つとき、後者の幼児は、「自分の見ている者になりたい」[92]と思い、「自分と他者とを混同」して、「他者が獲得したものを自分も獲得する」ことを願い、「自分を自分自身によってではなく、他者が所有しているものに関係させて規定している」[93]。こうした「自己と他者との未分化」[94]が、嫉妬なのであり、「成人の嫉妬」も、この「幼児期の感情の様態への退行」[95]なのである。嫉妬は、こうして、幼児においても成人においても、自他の癒着した未分化の混交から生まれる感情である。また、幼児における「残酷さ（cruauté）」[96]も、同じ構造をもつ。つまり幼児は、相手の子のもっているものがすべて自分から奪われているために、妬《ねた》み、いじめるわけである。そこには、不遇な自分の苦しみを繰り返し味わい直そうとする、嗜虐《しぎゃく》性さえもが潜む。嫉妬深い人はつねに、いろいろ噂話を求めて、自分の苦悩や不安を掻《か》き立てるための仮説を作り上げるものである[97]。さらに、これと反対の「共感（sympathie）」[98]もまた、「自己意識」と「他者意識」とが分化し始めた頃に[99]、ただし、真の分化ではなく、「自己と他者との未分化」[100]の状態のままで、幼児において「模倣」[101]を基礎としながら、現れてくる。「模倣」とは、「他者による籠絡」もしくは「自分のなかへの他者の侵入」であり、逆に言えば、他者のなす素敵な身振りや動作や言葉などを「自分に引き受ける」態度である[102]。このときには、自分の身体と、他者の身体と、他者そのものとをひとつに結合する全体的見方が働き始めているわけである。加えて、幼児が自分自身と「対話」して、「独り言（monologue）」を言う癖があることも[103]、この未分化の癒着に起因している。幼児は、そのとき自分のなかで「多くの役柄」を共に生きているのである[104]。

転嫁　とりわけ興味深いのは、病者や幼児にしばしば見られる「転移・転嫁(transitivisme)」の現象であって、これも同じ原因をもっている。[105] この現象は、「本人自身に属している事柄を他者に帰属させ」、他者の上にこれを重ね合わせて「投影」する、[106] 自他混交の作用にほかならない。たとえば、ある少女は、その家の女中およびもうひとりの少女のそばに座っているうちに、「不安」そうな様子になったかと思うと、やがて突然、隣の少女に「平手打ち」を食わせたという。[107] しかもその理由を聞かれたとき、少女は、「意地悪で自分をぶったのは隣の少女だ」と答えたという。[108] つまり、この少女は、自分のなかの「不安」を、「内心の出来事」としてではなく、「事物や他者の性質」へと、転移・転嫁させて、その「不安の攻撃」に対抗すべく、隣の少女を、突如、平手打ちにしたわけである。[109] つまり、「幼児の人格性」は、そのまま「他者の人格性」なのであり、[110]「私が他者のうちに現存」するとともに、「私のうちに他者が現存する」[111] わけである。

心理的硬さ　成人においても、これと似た現象が起こるのであって、それが「心理的硬さ(rigidité psychologique)」[112] をもつ人の場合と言える。そうした人は、質問されると、白か黒かをはっきりさせた、単純で断定的な、紋切り型の答えを出すことが多い。[113] ところが実は、こうした人は、詳しく調べると、その「人格的力動性において深く分裂していて」[114]、「自分のうちに極端に激しい葛藤(conflits)をもっており」[115]、「両極性(ambivalence)」[116] を抱えているのである。それでいて、こうした人には、「さまざまなあり方に当面した場合に自分が置かれる諸矛盾を真正面から直視する能力[117]」が欠如している。この諸矛盾を大きく抱擁しうる力が「両義性（ambiguïté）[118]」なのだが、その力が欠けている。そのために、そうした人は、一種の転移・転嫁作用によって、「自分の望んでいない自分の部分を、自分の外部に投影し」、それを外在化させて、たとえば、黒人やユダヤ人の上にそれを重ね合わせて攻撃するようになる。[119]別の例で言えば、自分のうちに虚弱さがあることに気づきながらそれを認めたがらない男子は、それを女子の上に投影して、優柔不断な女々《めめ》しさを攻撃するといった具合である。[120]それは、いわば矛盾から逃避しようとする「反動形成[121]」なのである。それと反対に、両義性を認めて、柔軟な振る舞い方を心得てこそ、「主体の社会的関係」と結びついて、ほんとうの「知的な機能」も成熟しうるのである。[122]

嫉妬の克服　したがって、たとえば、幼児の「嫉妬」についても、それは、「幼児が他者との関係を建て直す仕方[123]」によって乗り越えられてゆくことが可能である。嫉妬は、既述したように、自他の未分化の状態に起因し、自分が現在見ているものにしがみつこうとするところから生ずる。嫉妬は、本質的に、「自分の現在にしがみつき」、「状況が変わることを拒否する」ところに成り立つ。[124]したがって、自分の下に弟が生まれて、両親の寵愛《ちょうあい》を一身に集め始めたのを目撃するようになった一番下の子供は、その状況の変化に堪えられず、激しく嫉妬する。[125]しかし、そうした幼児も、いままでは自分が末っ子だったが、いまはもう末っ子ではなく、やがて一番年上にもなるだろうというように、時間構造をもった見方や言語表現を習得し、自分を「非中心化」[126]して、「相互性」[127]や「相対性」[128]を学ぶことによって、嫉妬を「乗り越え」[129]、「克服」[130]しうるのである。ここにも、対人関係の新たな了解と把握と連動して初めて、知的な理解も成長しうることが現れている。[131]

三歳児の問題　幼児は、三歳になると、癒合的社会性を脱け出て、みだりに自己と他者を混同しないようになるという。[132]それは、既述の鏡像の現象が、「一般化して」[133]、自己と他者の未分化を停止させてゆくからである。けれども、メルロ＝ポンティによれば、「癒合的社会性」は三歳で清算されてしまうのではなく、むしろ、「他者との不可分の状態」、あの「他者と自己との相互的な侵蝕（empiètement）」は、成人してからも、残り続けるという。[134]その若干の事例は上でも見たが、メルロ＝ポンティによれば、たとえば、「愛（amour）」こそはその最大の例証である。[135]なぜなら、ほんとうに愛し合う人間は、おたがいに影響を与え合い、相手のために決意し、こうして「他者の意志に対して侵入・侵蝕（empiètement）」を企てることを当然と思うに至るからである。[136]むろん、正常の成人は、自己と他者の区別を弁えながら、しかも他者と共感し合う両義性を生きる。けれども、そのなかには、幼児以来の他者との癒合的社会性が痕跡《こんせき》をとどめ、存続し、別の形で再現してくるとメルロ＝ポンティは見るのである。

間身体性　メルロ＝ポンティは、こうしたところから、『哲学者とその影』（一九五九）[137]という論文において、フッサールを論評しながら、自己と他者とが、連続した共通の身体性、つまり「間〔共同〕身体性（intercorporéité）」[138]を生きているのだとさえ言いきった。たとえば、私が自分の右手で自分の左手に「触わる」とき、逆にその左手が右手に触れ、それを「感じている」とも言いうるように、他者と「握手」したり、あるいは他者の手を「見る」だけでもう、そこに生きた他者がいることを私は了解する。[139]私と他者とは、「共現前（comprésence）」を生きており、「ただひとつの間〔共同〕身体性」においてあるその有機的部分にすぎない。[140]私と他者とは、共に、同じ世界のなかに属し、それに身を開いている「根源的な没入脱我（extase originelle）」から「生まれたのである」。[141]私は、他者の眺めやる場面に居合わせて、他者が私の見る世界をも見ていることを、「異議をさし挟む余地なく」見て取る。[142]世界への私の知覚的関わりは、世界の完全な「所有」ではないから、世界が他者によって知覚されることを、いっこうに妨げないのである。[143]こうして、この世界にあっては「すべてが同時的であり」[144]、私と他者は、共に連続しながら生きている。そこには、「侵蝕（empiètement）」、「繁殖（propagation）」、「またがり（enjambement）」、「はね返り（rebondissement）」があるのである。[145]

他者に浸される　したがって、メルロ＝ポンティが『眼と精神』（一九六一、単行本一九六四)[146]のなかで触れているように、画家のアンドレ・マルシャンは、森を見つめているうちに、逆に自分が森によって見つめられ、森によって浸透されてゆくことを、次のように語っている。「森のなかで、私はなんども、森を見ているのは私ではないと感じた。木々のほうが私を見つめ、私に話しかけるのだと感じた日々もあった。……画家は、世界によって貫かれるべきであり、世界を貫こうと欲してはならないと私は思う。……私は、内から浸され、すっかり取り込まれてしまうのを待つのである。……」[147]と。ここには、他者のみならず、事象によっても虜《とりこ》にされ、それに取り憑《つ》かれ、それと一体化してしまう、霊感にみちたあり方が指摘されている。篤信の宗教家パウロは、イエスへの信仰の極致において、「生きているのは、もはやわたしではありません。キリストがわたしの内に生きておられるのです」(ガラテヤ二の二〇)と言ったが、こうしたことは実際に起きると言わねばならない。フランスの詩人ランボーは、ジョルジュ・イザンバアルやポオル・ドゥムニー宛ての書簡(一八七一年五月一三日、一八七一年五月一五日)のなかで、「「われ」は一個の他者であります」と語っている。[148]このように、自己は、かたくなな自己性を失い、他者によって浸され、他者へと生まれ変わるということ、私たちは、他者とともに生きているということ、こうした自己と他者の交錯が私たちの生の根底に潜むひとつの根本事態であることは否定しえないように思われる。そうした基盤のなかから、私たちのほんとうの自己やその自立も可能になってくるように考えられる。

3　他者の他者性と倫理

レヴィナスへ　しかしながら、いかに私たちの生存の根底に、自他の融合状態が潜在的に伏在し続けるにはしても、やはり、ほんとうの他者性をもった他者のうちには、自己のうちには取り込めぬ異他性が厳然と控え、この異他的なものに直面することのうちにこそ、成人における真の対他関係の基本があるとも言いうるのである。しかも、そうした他者の他者性を鋭く浮き彫りにした人物に、現代フランスの実存哲学者レヴィナスがいる。彼の思想は、近時いろいろな意味で重視されてもきている。そうした意味で、ここでごく簡単に彼の思想の一端に触れておかねばならない。当面ここでは、レヴィナスがみずからの思想の全体を対談の形で平易に打ち明けた『倫理と無限』（一九八二）[149]や、初期の小論『時間と他者』（一九四八、再版一九八三）[150]などを手懸りに、簡略な素描を試みるにとどめたい[151]。レヴィナスは、元来フッサールやハイデッガーの哲学の研究から出発したが、やがて第二次世界大戦中、ユダヤ人であったため強制収容所に送られるなどの苛《か》酷《こく》な経験を経たのちに、独自の実存哲学的思索を展開するに至った人物である。

共同性ではなく他者との直面　いまレヴィナスの他者論を際立たせる特徴について最初に一言述べておこう。彼によれば、「他者との関係は、一般には融合（une fusion）として探究される」が、まさに自分はこうした考え方に「異議を唱えようと欲した」[152]のだという。自己と他者とが、「相互的に一方が他方と共にある（être réciproquement l'un avec l'autre)」といったような、「共同的（mit, avec)」な存在というようなものは、ほんとうの自己と他者との関係ではないとレヴィナスは見る。[153]「他者との根源的関係を表すべきものは、前置詞の〝共に（mit）〟ではない」とレヴィナスは言う。[154]「共に」といったときには、共通項をめぐって、自他が一緒に「横並び（la côte à côte）」の関係で結びついているにすぎない。[155]共通項に参加することによって成り立つそうした「共同体（communion）」のような集団ではなく、むしろ、媒介する者もなしに、絶対的な断絶を含みつつ、「我と汝（moi-toi）」とが、「面と向かって相対峙するあり方（le face-à-face）」こそが、真の対他関係であるとレヴィナスは捉える。[156]そこには、調和的共同性を打ち破る、他者の他者性の深淵《しんえん》が口を開いているわけである。

孤独　そもそもレヴィナスによれば、私たちが存在し、実存しているとき、そこには「孤独（solitude）」が拭《ぬぐ》い難く染みついている。[157]私たちが「存在する（être）」とは、「実存することによって孤立する（s'isoler）」[158]ことであるとされる。「孤独」は「存在論的根源[159]」をもつわけである。というのも、私たちの「実存すること」は、いかようにしても「交換[160]」することができないからである。実存することだけは、かけがえのないものであり、代替不可能であり、各自がひとりきりで背負わねばならないものなのである。

「存在するという事実は、最も各自自身のものであり」、「実存」は「伝達しえない」ものである。[161]「主体が自分自身の餌食として投げ出され、自分自身のうちに引き摺《ず》り込まれていること」が、「主体の孤独」を成す。[162] こうして、「孤独は、もろもろの実存者が存在するという事実そのもののうちにある」[163] のである。

存在（イリヤ）の無意味　いま「実存者（l'existant）」と言ったが、実はレヴィナスは、「実存者」[164] と「実存すること（l'exister）」とを、「区別」するだけでなく、「分離」しさえする。しかも、そのように「実存すること」そのものだけを端的に切り離して赤裸々に直視すると、そこには、ただ「存在する（il y a）[165]」という恐るべき無意味が出現してくると見る。その剝《む》き出しの「存在」は、「誰のものでもなく（impersonnel）」、「名もなく（anonyme）」、ただ「動詞」的に働いている「存在するという活動そのもの」である。[166] それは、いわば「存在の舞台そのものが開かれている」といった底《てい》のもの、そこには「喜びも豊かさもなく」、「恐怖かつ恐慌」もしくは「無意味（non-sens）」がそこにあるとしか言いようのないものである。[167]

実存者の孤独　「実存者」が出現するということは、実は、この恐ろしい「実存すること」のうちに、「支配」と「自由」を「打ち立てること」にほかならないとされる。[168]「実存者は、実存することの主人なのである」[169]。「実存者」は、みずからには「依存せぬ・独立した」[170]この「実存」そのものを、自分の支配下に収めたのである。そのことによって、「実存者」と「実存すること」との両者は、いまや解き離し難い「統一性(l'unité)」[171]のなかにもたらされたのである。けれども、この「実存者の統一性そのもの」

のなかには、いぜんとして「孤独」が巣食っている。[172]「主体は、一つのものであり、それゆえに、ただひとりである」[173]ほかにはないからである。実存と存在のなかには、深く孤独の影が落ちているわけである。

認識の全体性の欠陥　この孤独の影を背負った「存在から脱け出すこと(sortir de l'être)」[174]は、いったい可能であろうか。伝統的には、普通、それは、知や認識の作用によって克服されうると説かれてきた。私たちは、認識作用を行うとき、認識される対象を、知のなかに包み込んで、その真相を余すところなく摑《つか》み、その対象と一体化して、これと合致するからである。「意識」によって「世界を包み込み」、みずから「絶対的思惟」となって、「普遍的総合」を試み、「すべての経験」をひとつの「全体性(totalité)」へと「還元する」ことが、これまでの哲学者の思想であった。[175]全西洋哲学は、こうした「全体性への憧れ(nostalgie de la totalité)」[176]によって衝き動かされてきたとレヴィナスは見る。けれども、レヴィナスによれば、「すべてをその普遍性のうちに包括することによって、理性は再び自分自身を孤独のうちに見出す」[177]。実は、そのとき、「理性はたったひとりであり」[178]、「独我論が、理性の構造そのものなのである」[179]。なぜなら、理性は、そのとき、ほんとうの他者には出会っていないからである。理性は、ただ、認識の首尾一貫した「自己同一的なもの（le même）」のなかにとどまり、すべてを自己へと「同化（assimilation）」していたにすぎないからである。[180]

苦悩と死　では、いったい、私たちが、ほんとうに他者と出会い、それに直面し、それに接するのは、どこにおいてであろうか。それは、孤独な存在から脱けだそうと試みることによってではなく、かえってむしろ、その孤独な存在を掘り下げることによってである。たとえば、「肉体的苦痛（la douleur physique）」に[181]踠《もが》き苦しみ、「苦悩（souffrance）」を味わうとき、私たちは、たったひとりで苦悶《くもん》する。そこには「孤独の悲劇[182]」がある。「苦悩[183]」のうちでは「いっさいの避難所が不在となり」、私たちは、「直接、存在にさらされる[184]」。この苦悩のうちで私たちに近づいてくるものが、「死（la mort）」である。しかも、この「死」こそは、私たちにとって「未知のもの（l'inconnu）」であり、それが突如襲いかかってくれば、なすすべもなく私たちはそれに引きさらわれてしまうような「受動性の経験」がそこに成り立ち、そこにおいては私たちはもはや「主人」でもなく、「主体」でもない[185]。この死においてこそ、私たちは、それに突き当たっては私たちの「主体」が崩れ去り、私たちの「主導権[186]」が完全に奪い去られるような、ほんとうの意味での他者の姿を垣間《かいま》見始めているのである。

死の他者性と神秘　というのも、死が接近してくれば、私たちは「もはやなしうることをなしえず」、「企投をもつことが不可能」となり、「主体は、主体としてのその支配そのものを失う」のであり、したがって、「死のこうした接近は、私たちが、絶対的に他なるものであるような何物かと関係していることを示唆している」わけだからである。[187]「他者」とは、「私と一緒に共通の実存に関与しているもうひとりの私自身」などでは断じてなく、むしろ、けっして私自身へと同化しえぬ異他的な「他者性（altérité）」にその本質があるのである。[188]それゆえ、「苦悩」を介して「死」と関係するに至った「存在」のみが、「他者との関係が可能となる場面に身を置く」のである。[189]このような「他者性」を含む未知のものを、レヴィナスは「神秘（le mystère）」[190]と呼んでいる。それは、自己閉鎖的な主体に対して「開かれてくる次元」であり、「絶対に他なる、新しい」、未知の、「未来」にほかならない。[191]

死と未来　まさに、死において重要なのは、このように突如、「死がやってくる」[192]というその未来性にある。主体が支配することの可能な「現在」[193]と違い、「死はけっして現在ではなく」、「死への私たちの関係」は、「未来への独自な関係」なのである。[194]「未来（l'avenir）」とは、「捉えられぬもの、私たちに襲いかかってくるもの、私たちを捕まえるもの」であり、要するに「他者」なのである。[195]しかも、死は、それをわがこととしてけっして「引き受ける（assumer）」[196]ことのできないものである。

引き受けられた他者としての他人　この死によって示唆されたような、未知の、神秘な、未来としての他者が、具体的に私たちの面前に現れ、しかも、死と違って、私たちがそれを「引き受ける」という形でそれと相対峙する他者、それが、他人である。「〝引き受けられた〟他者——それが他人である（L'autre《assumé》— c'est autrui）」[197]。「他人と面と向かって相対峙し（face-à-face）」、「ある顔貌（visage）と出会い（rencontre）」、そこで他人が与えられつつも同時に摑みえぬものとして遠ざけられるそうした「顔貌との出会い」[198]、そこでこそ、ほんとうの意味での他者が、私に対して現れてきたのである。死において暗示されたような神秘の「未来との関係」は、「他人と面と向かって相対峙するあり方のなかで実現されてくる」[199]。「面と向かって相対峙するあり方という状況こそは、時間の実現そのものである」[200]。要するに、「時間」の成立してくる「条件」は、「人間同士の関係」もしくは「歴史」のうちにあるということになる[201]。

他者との倫理的関係が哲学の根本　こうして、「社会性」こそは、「認識とは別の仕方で、存在から脱け出るあり方」になる[202]。他なる人と、面と向かって相対峙してこそ、孤立した自我の存在から脱却しうることになる。孤独な実存からの脱出は、知による全体化のうちには存しない。理性は、自己同一的なもののうちにとどまり続け、いぜんとして孤独だからである。むしろ、自己には取り込めぬ真の他者と出会うことこそが肝要である。

それは、「総合化しえないもの (le non-synthéisable)」としての「人間同士の関係」のなかに立つことである。[203]「第一哲学は倫理学である (La philosophie première est une éthique)」[204]。「真の合一 (le véritable ensemble)」は、「面と向かって相対峙する合一 (ensemble de face à fade)」[205]にほかならないことになる。

愛・愛撫・父子関係　それでは、「他者の他者性がその純粋さにおいて現れてくるような状況」[206]が、なにか具体的にあるであろうか。たとえば、レヴィナスによれば、男性にとって「女性的なもの (le féminin)」[207]とはまさにそうしたものである。「愛の悲痛」とは、「永遠に逃れ去ってゆくものとの関係」[208]のうちにあるからである。女性的なものとは、光から逃れ、逃避し」、「身を隠すこと」、つまり「慎み深く恥じらうこと (pudeur)」[209]、「神秘」[210]である。「愛撫」ということも、「逃れゆく何物かとの戯れ」である。[211]さらに、「父となること (la paternité)」は、「まったく他人でありながらしかも私であるような異質の者〔つまり子供〕と関係をもつこと」である。[212]存在は、パルメニデスやプラトンが説いたのとは異なり、一でなく、「多元論」[213]的で、「多様性」[214]をそなえているとレヴィナスは見るのである。

責任の射程　こうして、レヴィナスによれば、「現実」は「その歴史的客観性のなかで決定される」のではなく、「歴史的時間の連続性を断ち切る秘密」、つまり「内面的な意図」から決定されるはずのものとされる[215]。そこでは「間主観的・相互主観的な関係[216]」が大切であり、しかも「他人に対する責任（responsabilité）[217]」が重要である。他者の「顔貌（visage）」に接することは、それを「知覚」することでもなく、他者の「役柄」をそこに看取することでもなく、むしろ、「思惟」に取り込めぬ「汝（Toi）」と出会うことであり、しかも、「汝、殺すなかれ」という「倫理的要求」をそこに聴き取り、それに「応答（réponse）」し、「責任」を取ることである[218]。そこには「言説（discours）[219]」が入り込む。「他人に挨拶する」ことさえもがすでに他人「応答する」ことである[220]。こうして、他人との間に「正義[221]」の問題が出てくる。それどころか、「顔貌への接近のなかには、神の観念への接近もまた確かにある[222]」とレヴィナスは言う。知の「全体性」を拒み、他者との出会いのなかから神という「無限者」と向き合おうとするレヴィナスが、成熟期に『全体性と無限』（一九六一）という標題の書物を著すゆえんもここから十分に察知されうる。

存在するのとは別の仕方で　それればかりでなく、レヴィナスは成熟期に、『存在するのとは別の仕方で、あるいは本質のかなたに』（一九七四）という書物を著した。その意図に従えば、「人間の精神性（spiritualité humaine）」によって、「存在の諸カテゴリーが覆され」、こうしてもはや「人が諸存在のうちのひとつの存在ではないかのように生きて」こそ、そこに「人間的であること（Être humain）」の意味が成立するということをそれは意味している。[223] さらに具体的に言えば、それは、「責任」が「主観性の本質構造」であり、しかも「責任」とは「他人に対するもの」である点を強調する思索に繋《つな》がる。[224]「他人が私をまなざすや否や、私はそれに責任がある」。[225] そして「その他人に対して私が責任を感じるかぎり、その他人は本質的に私に近い」。[226] 他人の「顔貌は私に要求し、私に命令を下している」。[227] それゆえ、「私は他人に対して責任を負う。とはいえ、他人にそれと同じことを期待しはしない。たとえそのために私が生命を失うことがあっても、である」。[228] このように、他人には何も要求せず、ひたすら他人に「献身奉仕する（sujet, sujétion）」[229] こと、そうした「利害関心に捕らわれた存在の仕方からの脱却（dés-inter-essement）」[230] こそが、他者に対し責任を取ることにほかならないとレヴィナスは見る。それは、「他人のための身代わり」となり、「他人のために罪を贖《あがな》う」ところにまで行き着く。[231] 私たちは、「他者の死に対しても責任があり」、「他人をひとりのまま見放してはならない」。[232] いずれにしても、他者の「顔貌」は「無限」を意味しており、その前に立って私は、無限にどこまでも「倫理的要求」に応《こた》え、「義務」を果たさねばならない。[233]「他人に対する責任を引き受けること」は、こうして「無限者の栄光を証言し、霊感にみちること」にほかならない。[234] ドストエフスキーが言ったように、私たちはすべて「罪深い」のだが、何よりも「私」自身が一番「罪深い」という罪の意識にもとづく他者奉仕が、人間の間の根本倫理とならねばならないとレヴィナスは考えているのである。レヴィナスの他者論は、こうして自己滅却の他者献身の倫理学を帰結させるに至っている。

4　相互承認と和解

自己と他者　自己を捨てて他者に献身するという考え方は、私たちが以前に見た[236]キリスト教のアガペーの精神を想起させずにはいない。けれども、そうした生き方が称揚されれば、必ずそれに伴って、他方でやはり、人間はけっして他者奉仕にのみ生きることはできず、その際に同時に、高い意味での自己拡充の生き生きとした人生の追求をも、自己の根源的生命が要求するものであることを私たちは認めざるをえないであろう。こうして、再び、自己と他者との鬩《せめ》ぎ合いが生じてくるほかにはないのが、人生の定めなのである。

相互承認の問題　こうして、人生の途上で、自己と他者が、本来的に、また充実したその最盛期において、向かい合って相見《まみ》えたとき、そこに登場する最大の問題は、結局のところ、相手の振る舞い、相手の存在を、ほんとうの意味で、「相互に承認する」ことができるかどうかという点に極まると言ってよい。もしも「相互承認」が無造作に可能であるならば、そこには自己と他者をめぐる厄介な難問は結局存在しないで済むということになるであろう。ところが、実人生においては、ことはそう簡単には運ばず、自己と他者は、究極において、つまり、たんなる好悪、牽引反撥《けんいんはんぱつ》を越えて、最終的には、たがいの人生と行為の根本において、「相互に承認する」ことができずに、不服、不満、不平、疑念、邪推、不信、反感、憎悪、対立、非難、否定、攻撃、闘争、不和、分裂に陥り、たがいに苦悶《くもん》し合うことになることが多いのである。それは、たんに利害関係上の生存競争に尽きない面を宿している。なぜなら、根本的には、自己と他者は、人生の究極において、自分の「良心」に照らして、絶対の真実と信ずる道を歩まねばならず、こうして、ついには袂《たもと》を分かち、相別れ、敵対し、相互に罵詈讒謗《ばりざんぼう》を浴びせ合う関係に陥ることが多いからである。人間関係の途絶の根本に巣食うものは、こうした「相互承認」の不可能という事態であるように思われる。

ヘーゲル　それで私たちは、自己と他者をめぐる考察の最後に、この「相互承認」の問題に簡単に触れておかねばならない。この問題は、とりわけドイツ観念論の哲学者たちによって究明されたが、ここではその白眉《はくび》を成すヘーゲル[237]の『精神の現象学』（一八〇七）の「精神」の章の最後を飾る「良心」論に即して、この問題の帰趨《きすう》を簡単に省みるにとどめたいと思う[238]。ヘーゲルにおいて、自己と他者、ないし自我と共同体の問題は、大きな射程を広げて、さまざまな論点と交差し、一大問題群を形作るのであるが、ここでは、ごく平易に、ヘーゲルの良心論における「相互承認」の問題点の基本を示唆するだけにしておきたい。

良心　ヘーゲルによれば、「良心」とは、「自分を、絶対的真理であり存在であると、直接的に確信している精神[239]」のことである。自分の見解と行為と人生が、絶対の真理だと、直情径行、確信して疑わない精神の持ち主が、ここで「良心」と呼ばれている。ところが、そうした人物が、文字どおり、ほんとうに良心的であり、良心に恥じない振る舞い方をなし、他者から直ちに「承認される[240]」ものであるのかどうかが、問題なのである。そして、実は残念なことに、そこに個別性相互の対立や、それらにおける個別性と普遍性との対立が出現してきて、良心的な自己が、そう簡単には、承認しえないものであることが、露呈されてくるのである。ヘーゲルにおいて、それは結局、「行動する(handelnd)良心」と「批評する(beurteilend)良心」との対立という形で、展開されることになる。というのは、こうである。

行動する良心　まず、「行動する良心」は、まさに直情径行、自己確信にもとづいて、自分が絶対的真理だと思う行動に、直ちに踏み出すのである。ところが、よく観察すると、そうした人物は、自分の置かれている状況を全部よく見抜いて、ほんとうに詳密に熟慮して行動しているわけではないことが、暴露されてくる。加えて、そうした人物は、良心の美名のもとで、実は自分に都合のよいような振る舞いを選び取っていることさえもが、指摘されてくる。しかもそのように指弾されると、その人物は、あれこれの個別的行為が大切なのではなく、良心に照らして行為しようとしている自分の真情を理解し、信じてほしいと言って、問題点を、ずらしてしまうのである。けれども、いくらそのように自己弁護されても、普遍性を重視する「批評する良心」にとっては、「行動する良心」は、個別性に固執していて普遍性にまで高まっていないから、「悪（das Böse）[241]」なのであり、しかも、自分に都合のよいことを良心的行為と称しているのだから、「偽善(Heuchelei)[242]」と映るのである。

批評する良心　ところが、実は、この「批評する良心」のほうにも欠陥があることが暴露されてくる。というのも、この「批評する良心」は、批評ばかりして、少しも行為しようとせず、「偽善[243]」の面をもっているからであり、加えて、「行動する良心」のあら捜しばかりして、それを悪く解釈しようとする下賤《げせん》な「悪[244]」の精神を所有しているからである。およそ、いかなる偉人といえども、近くで観察すれば、欠点をたくさんもった平凡な一個の俗物であることが見えてきてしまうものである。「下僕にとっては英雄は存在しない[245]」のである。つまり、どんなに立派な英雄といえども、その身の回りを世話する下僕にとっては、凡人と同じであり、幻滅を感じさせる俗人のひとりにすぎないというわけである。したがって、あら捜しばかりすることは、下賤な意識の表れにすぎない。

和解　それでは、いったい、悪と偽善にみちたこの二つの良心相互の鬩ぎ合いの結果は、どうなるのであろうか。ヘーゲルによれば、この対立と葛藤は、最終的には、和解と宥和《ゆうわ》にもたらされねばならないとされる。では、その和解と宥和は、いかにして生ずるのであろうか。ヘーゲルによれば、まず「行動する良心」は、みずからの欠点を指摘されると、直情径行、これまた率直に、自分の「悪」と「偽善」を告白し、認めるのである。ところが、「批評する良心」のほうは、強情で、なかなか自分の非を認めようとしないとされる。けれども、この「批評する良心」も、ついに自分の「悪」と「偽善」を認めるに至るのである。そのときにこそ、両者の「和解・宥和（Versöhnung）[246]」が成り立つとヘーゲルは見る。すなわち、二つの良心が、自己に固執することをやめ、たがいに、すべてを水に流して、「赦し合う（Verzeihung）[247]」に至ったとき、そこに「相互承認（gegenseitiges Anerkennen）[248]」が成立し、ここに「神」が「現象する」に至ったとまでヘーゲルは述べている[249]。

赦しの精神　要するに、ヘーゲルにとって、共同存在して生きる人間の社会的あり方の根本問題は、自己と他者が、その見解と行為と人生において、究極的に、相互承認に行き着きうるか否かという点にあった。そして、その相互承認に至りうるためには、私たちは、自分の立場を絶対的真実として執着する狷介固陋《けんかいころう》を捨て去らねばならず、自分にも悪や偽善があることを弁えて、たがいに赦《ゆる》し合う精神をもたねばならないとされたのであった。この和解と宥和の実現なくしては、この憂き世の人生は荒廃に陥り、共同存在は成立しえないとヘーゲルは見たと言ってよい。

怨恨からの脱却　他者の振る舞いをほんとうに理解し、承認し、これを赦しうるかどうかという点に、自己と他者の問題が収斂《しゅうれん》するというのは、人生の真実だと思う。ヘーゲルの見解の根本には、キリスト教の精神が伏在していることは、誰の眼にも明らかである。しかし、この愛と赦しの精神の実現は、言うに易く、行うに難《かた》いのが実人生である。実際、この人の世には、他者の振る舞いを赦せず、水に流せず、恨みと憎しみにおいて、狂気と愚行に趨《はし》る、凶悪かつ残虐なエゴイズムによる殺戮《さつりく》が、絶えることなく繰り返されているのが実情である。人間のうちに潜む悪の恐ろしさ、野獣のような狂暴さ、怨恨《えんこん》と憎悪の執念深さには、底知れぬものがある。私たちは、自己と他者の問題の恐ろしい深みにまで心を配りながら、あるべき正しい和解と宥和の成就に力を傾けねばならない。そのときには、人生の運命に思いを馳《は》せ、この世の苦しみに耐え抜き、人間の力に限りのあることを諦念《ていねん》をもって受け容れ、自己の存在のほんとうの意義に目覚め、自分の肯定的積極的な生き方を発見し、それに専念して、他者への怨恨感情を振り捨てこれを超克しながら、ひとえにおのれのただ一筋の道に邁進《まいしん》すべきであろう[250]。この世の忘恩、愚行、裏切り、偽善を味わい尽くし、堪え難い思いに捕われ、その結果、世の中の人を嫌うのではないが、もうあまり世の中の人とは付き合いたくないと思うに至った世捨て人の隠れた生き方を、カントは、「崇高」とさえ見た[251]。隠れて生きる賢者の道もあることを、人は知るべきであろう。

注

（1）本書二一三―二二九頁以下。
（2）本書一四頁。
（3）W. Dilthey, Der Aufbau der geschichtlichen Welt in den Geisteswissenschaften, in: Gesammelte Schriften, Bd. VII, 2. Aufl., 1958（以下、本書は全集の巻数と頁数のみを挙げる）。
（4）ディルタイについては、渡邊二郎『構造と解釈』ちくま学芸文庫、一九九四、一九九―二二二頁をも参照［『著作集』第9巻所収］。
（5）VII 117.（6）VII 86.（7）VII 148.（8）VII 136.
（9）W. Dilthey, Die Entstehung der Hermeneutik, in: Gesammelte Schriften, Bd. V, S. 318（以下、全集の巻数と頁数を挙げる）。
（10）VII 118.（11）VII 119.（12）V 319.（13）V 319.（14）VII 87.（15）VII 136.
（16）詳しくは、渡邊二郎『構造と解釈』ちくま学芸文庫、一九九四、二〇七―二一八頁を参照（以下、本書を渡邊と略記）。
（17）渡邊二一〇―二一三頁。
（18）後述（本書二四一頁）のフッサールにあるように、こうした他者認識は、「私の自己の変容」にすぎないとも言いうるからである。
（19）渡邊二一五頁以下参照。
（20）渡邊二一一、二一七頁参照。「生きた関係」を重視したのはブルトマンである。

（21）渡邊三〇六頁以下、三一九頁以下、三二三頁、三二六頁、三四三頁以下を参照。「真理要求」を重視したのはガダマーである。

（22）渡邊二一六—二一七頁参照。

（23）渡邊三〇七、三二三、三四三、三五〇、三六〇頁参照。

（24）渡邊二〇七—二〇九、二一六—二一七頁参照。

（25）E. Husserl, Cartesianische Meditationen, in: Husserliana, Bd. I, Martinus Nijhoff, 1950, 2. Aufl., 1963（以下、本書をCMと略記）。

（26）CM 124.（27）CM 123.（28）CM 125.（29）CM 124.（30）CM 126.

（31）これをフッサールは「固有性への還元（eigenheitliche Reduktion）」と呼ぶが（CM 136）、この問題には立ち入らない。

（32）CM 140-141,147.（33）CM 142.（34）CM 142-143.（35）CM 143.（36）CM 143-144.

（37）CM 144.（38）CM 139.（39）CM 125.（40）CM 125,144.（41）CM 144.（42）CM 144.

（43）CM 125,144.（44）CM 124.（45）CM 146.（46）CM 145-146.（47）CM 150.（48）CM 146-147.

（49）CM 147 ff.（50）CM 154.（51）本書二四〇頁。（52）CM 143.

（53）M. Merleau-Ponty, Les relations avec autrui chez l'enfant, Les cours de Sorbonne, 1975, p. 32（以下、本書をRAと略記）〔メルロ＝ポンティ「幼児の対人関係」滝浦静雄訳（『眼と精神』滝浦静雄・木田元訳、みすず書房、昭41、九七—一九二頁所収）〕。

（54）CM 145.（55）CM 145.（56）CM 145.

（57）E. Husserl, Die Krisis der europäischen Wissenschaften und die transzendentale Phänomenologie, Husserliana, Bd. 6, 1954（以下、本書をKWと略記）〔フッサール『ヨーロッパ諸学の危機と超越論的現象学』細谷恒夫・木田元訳、中央公論社、一九七四〕。

（58）KW 189.（59）KW 189.（60）KW 189.（61）KW 189.
（62）前出注（53）を参照。
（63）RA 25.（64）RA 28.（65）RA 29.（66）RA 31.（67）RA 29.（68）RA 33.（69）RA 32.
（70）RA 32.（71）本書二四六頁。（72）RA 33.（73）RA 34.（74）RA 79.（75）RA 81.（76）RA 34.
（77）RA 34.（78）RA 41.（79）RA 55.（80）RA 56.（81）RA 56.（82）RA 57.（83）RA 56.
（84）RA 57.（85）RA 57.（86）RA 61.（87）RA 61.（88）RA 57.（89）RA 61.（90）RA 62 seq.
（91）RA 64.（92）RA 64.（93）RA 65.（94）RA 65.（95）RA 65.（96）RA 65.（97）RA 66.
（98）RA 67.（99）RA 68.（100）RA 69.（101）RA 68.（102）RA 68.（103）RA 71.（104）RA 71.
（105）RA 71 seq.（106）RA 72.（107）RA 72.（108）RA 72.（109）RA 72.（110）RA 72.（111）RA 73.
（112）RA 6.（113）RA 7.（114）RA 7.（115）RA 13.（116）RA 9.（117）RA 9.（118）RA 9.（119）RA 10.
（120）RA 11.（121）RA 7.（122）RA 16-17.（123）RA 21.（124）RA 19.（125）RA 19.（126）RA 20.
（127）RA 20.（128）RA 21.（129）RA 19.（130）RA 20.（131）RA 23.（132）RA 76 seq.（133）RA 78.
（134）RA 79.（135）RA 80.（136）RA 80.
（137）M. Merleau-Ponty, Le philosophie et son ombre, in: Éloge de la philosophie et autres essais, Gallimard, 1965, p. 241-287（以下、本書を PO と略記）。〔メルロ＝ポンティ「哲学者とその影」木田元訳（『シーニュ2』竹内芳郎監訳、みすず書房、一九七〇、一―三九頁所収）〕。
（138）PO 261.（139）PO 256-257,260-261.（140）PO 261.（141）PO 273.（142）PO 263.（143）PO 264.
（144）PO 283.（145）PO 271,278.
（146）M. Merleau-Ponty, L'œil et l'esprit, Gallimard, 1964（以下、本書を OE と略記）〔メルロ＝ポンティ「眼と精神」木田元訳（『眼と精神』滝浦静雄・木田元訳、みすず書房、昭41、二五一―三〇一頁所収）〕。
（147）OE 31.

(148) ランボオ「文学書簡」平井啓之訳〔筑摩世界文学大系48『マラルメ・ヴェルレーヌ・ランボオ』筑摩書房、昭49、三三一、三三三頁〕参照。

(149) E. Lévinas, Éthique et infini, Dialogues avec Philippe Nemo, Librairie Arthème et Radio-France, 1982（以下、本書をEIと略記）〔レヴィナス『倫理と無限』原田佳彦訳、朝日出版社、一九八五〕。

(150) E. Lévinas, Le temps et l'autre, PUF, 1983, 4e éd., 1991（以下、本書をTAと略記）〔レヴィナス『時間と他者』原田佳彦訳、法政大学出版局、一九九五（第八刷）〕。

(151) レヴィナス哲学の平明な解説書として、谷口龍男『〈イリヤ〉からの脱出を求めて——エマニュエル・レヴィナス論』北樹出版、一九九〇を参照。

(152) TA 83. (153) TA 19. (154) TA 19. (155) TA 19. (156) TA 19,89. (157) TA 17 seq. (158) TA 21.
(159) TA 19. (160) TA 21. (161) TA 50. (162) TA 51. (163) TA 22. (164) TA 24. (165) TA 26.
(166) TA 26. (167) EI 38,39,41. (168) TA 31. (169) TA 34. (170) TA 25. (171) TA 35. (172) TA 35.
(173) TA 35. (174) EI 52. (175) EI 69. (176) EI 70. (177) TA 48. (178) TA 53. (179) TA 48.
(180) EI 53. (181) TA 55. (182) TA 55. (183) TA 55. (184) TA 56. (185) TA 56-57. (186) TA 73.
(187) TA 62-63. (188) TA 63. (189) TA 64. (190) TA 56,63. (191) TA 71-72. (192) TA 61. (193) TA 61.
(194) TA 59. (195) TA 64. (196) TA 61,66. (197) TA 67. (198) TA 67. (199) TA 68-69. (200) TA 68.
(201) TA 69. (202) EI 53. (203) EI 71. (204) EI 71. (205) TA 72. (206) TA 77. (207) TA 77.
(208) TA 78. (209) TA 79. (210) TA 80. (211) TA 82. (212) TA 85. (213) TA 20. (214) TA 86,88.
(215) EI 73. (216) EI 74. (217) EI 75. (218) EI 80-82. (219) EI 82. (220) EI 82. (221) EI 84.
(222) EI 86. (223) EI 97. (224) EI 91-92. (225) EI 92. (226) EI 93. (227) EI 94. (228) EI 94-95.
(229) EI 95. (230) EI 96. (231) EI 96. (232) EI 117. (233) EI 101-102. (234) EI 111. (235) EI 95.

(236) 本書一三二－一四三頁。

（237）G. W. F. Hegel, Phänomenologie des Geistes, 1807, hrsg. v. J. Hoffmeister, Phil. Bibl., Bd. 114, 6. Aufl., 1952（以下、本書をPHと略記）〔ヘーゲル『精神の現象学』金子武蔵訳、下、岩波書店、一九七九〕。

（238）詳しくは、渡邊二郎「「良心」Gewissen の問題」〔中埜肇編『ヘーゲル哲学研究』理想社、一九八六、一五九―二〇一頁所収〕を参照〔『著作集』第8巻所収〕。

（239）PH 445.（240）PH 450 ff.（241）PH 464.（242）PH 464.（243）PH 446,468.（244）PH 468.

（245）PH 467 f.（246）PH 471.（247）PH 471.（248）PH 471.（249）PH 472.

（250）怨恨感情からの脱却こそが、ニーチェの哲学の主題を成している。人はニーチェを読んで、怨恨感情からの超越を学ぶべきである。渡邊二郎『ニーチェ』世界の思想家17、平凡社、昭51を参照。

（251）渡邊二郎『芸術の哲学』放送大学教育振興会、一九九三、二六七―二六八頁を参照。

Ⅳ　幸福論の射程

第10章　幸福論の射程（その1）　老年と、幸福への問い

1　老年と、哲学の慰め

幸福を問うとき　幸福ということが何を意味するにせよ、いったい人が、幸福についてほんとうに切実な思いを籠《こ》めて問いを発するのは、どのような状況においてであろうか。

私たちはむろん、若い時にも、幸福とは何かと問い、自分の人生の幸多き未来を思い描くものである。けれども、そのときの幸福への問いは、ほとんどが、人生をどのように生きたらよいのか、あるいは、いかに人生を生きるべきであるのか、といった、人間の生き方一般への問いであることが多い。そうした人間一般もしくは自己自身の生き方全般への指針と絡む形で、夢多き、春秋に富む人生の門出が謳歌《おうか》され、人は、将来の幸福な人生の軌道について思いをめぐらすものである。けれどもそれは、定かには見通せない茫漠《ぼうばく》とした未来像にすぎぬことがほとんどである。やがて人は、実人生のまっただなかに立たされ、この世の中が思いどおりには運ばぬことを知らされ、容易ならぬ実人

生の重みを実感するはずである。挫折《ざせつ》や苦悩に見舞われ、必死の努力のなかで、踠《もが》き苦しむのが人間の定めであることが痛感されてくる。そうした実人生の遍歴のさなか、やがて死の影の迫るときにこそ、人は改めて、ほんとうの意味で、人生とは何か、生きるとは何か、そして、幸福とは何かと、問わずにはおれなくなるのである。幸福への問いが真剣に問われるのは、人生遍歴を経た老年においてこそであると言わねばならないように思う。

精進の一生と不幸のなかで　あるいは、この点は、次のようにも言い表されえよう。人は誰でもみな、好んで、不幸になろうとはしないものである。その意味で、人はことごとく、幸福を求めるものであると言ってもよい。けれども、棚から牡丹餅《ぼたもち》が降ってくるかのように、みずからは手を拱《こまね》いて何もせず、ただ偶然の幸運を当てにして、自堕落な生活に身を持ち崩す者がいたならば、そうした者は、いかなる人からも評価されず、否、世間のすべてから指弾され、爪弾《つまはじ》きにされることは必定であろう。すべての人間は、幸福に生きる権利を有するが、各自の人生は、自分で切り開かねばならないからである。幸福な人生は、誰もがみな自分で築き、造り上げねばならないのである。努力と精進ぬきで、幸福に与《あずか》ることができると思うのは、あまりにも浅ましい、下賤《げせん》な根性であると言わねばならない。人はみな、みずからに課せられた使命と義務を果たすべく、粒々辛苦して生きねばならない。否、なすべき義務と仕事を前にすれば、人は、みずからの幸福などを度外視して、世界と人々のため、その善と福祉のために、一身を擲《なげう》って、一路邁進《まいしん》しなければならない。なすべきことをなさないで、甘い褒賞や僥倖《ぎょうこう》を期待するのは、倒錯である。徳行を積み、善行に励むことがまずなければならない。幸運や僥倖を眼中に置かずに、ひたすら人間の道徳的義務を果たすことのみが、何よりもまず私たちの課題とならねばならない。さりながら、そうした努力と精進の一生が、苦闘と不運と挫折のままに打ち過ぎ、忘恩や裏切り、病苦や貧困、災難や不幸の連続だったとしたならば、いったいどうしたらよいのであろうか。果たして、そうした一生を、人は祝福の思いをもって受け容れることができるであろうか。いったい人間にとって、幸福は許されないことなのであろうかと、そのとき、その人は問わずにはおれないであろう。この世の中に神はいるのか、いったい自分の存在の意義は何なのか、労苦と努力の精進の地獄が、自分の人生のすべてなのか、挫折と不運と悲惨が自分の一生の意味であったのかと、その人は問わずにはおれないであろう。幸福への問いは、まさにこうした実人生の労苦と不幸のただなかでこそ、初めて痛切な思いとともに立ち昇ってくると言わなければならないように思う。

苦悩と不安のなかで　実際、偉大な哲学者カントも、人はまずもっておのれのなすべき義務を果たさねばならず、こうして「幸福であるのに値する」(1)ような立派な道徳的人生を築かねばならず、そのあとでのみ、神の授けたもう至福を望むことを許されうると説いた。しかしその努力と精進の人生が、苦悩のみを送り届けてきたとき、人はいかばかりの悲痛な叫びをあげねばならないことであろうか。それは、『旧約聖書』の「ヨブ記」が示すとおりである[2]。義人ヨブを理由なく見舞う辛苦と悲惨、ここには実人生の不条理のなかに立つ者の絶叫と苦悶《くもん》が刻み残されている。まことに、真の幸福への問いは、絶望と不幸のどん底で、そして人生の遍歴の最後に、死の影の忍び寄る老いと敗残のなかでこそ、ほんとうの意味で出現してくるように思う。そこには、人生への懐疑、不安と絶望、自己の存在の意義への問い、救済への希求、運命への自覚など、あらゆる深刻な問題意識が結びついている。こうして一般に、ヒルティも言うように、人はみな熱烈に幸福を求めてやまないが、「この地上では現実に幸福は見つからないものだと完全に確信した瞬間は、およそひとが経験する最も痛ましい瞬間である[3]」。それゆえ、およそ、「〝幸福〟という言葉には、〝ゆううつな〟響きがある[4]」。「ひとがそれを口にするとき、幸福はすでに逃げている。だから、幸福は本来、ただ無意識のうちにのみあるものだ[5]」としばしば語られるほどである。つまり、幸福への問いは、ほんとうには、不幸の境涯でのみ発せられ、そこには、失われた、あるいは不在の幸福への嘆きが、隠されているというわけである。実際、かつてダンテは、「幸なくて幸ありし日をしのぶよりなほ大いなる苦患(なやみ)なし[6]」と歌った。喪失と挫折の不幸の境涯のなかでこそ、悲痛な思いをもって、幸福への問いが発せられうるのである。幸福な人は、幸福への問いを発しない。幸福への問いのうちには、自分が「どこから来て、どこへ行くのか[7]」という、自己の存在の根源を、不安のなかで見つめ直す苦しみが、秘められている。その由来と根拠の見えぬまま、いま自分は生きているが、「いつまで生きるのか知らない」し、「いつ死ぬのか知らない」し、「どこへ行くのか知らない」(8)。こうして、「一切は空だ」との意識が迫ってくる。「この闇の中に光をもたらすことが、常に哲学の永遠の使命と見られるのである(9)」とヒルティは語っている。死の影のもと、老いのなかで、幸福の問題を問い直すことは、哲学の永遠の課題であると言わねばならない。

老境での問い　否、むしろ、人生を振り返り、幸福について冷静に思いをめぐらし、生きる意味に関して思索しうる点にこそ、死の迫りくる老境の特権があるとさえ言ってよい。「哲学の慰め(10)」こそは、逆境と不遇における人生の支えであろう。加えて、老成と知恵は、もともと無関係ではなかった。ミネルヴァの梟《ふくろう》は、日中の輝きの失《う》せた夕闇とともに、初めて翔《と》び立つのである(11)。黄昏《たそがれ》はけっして無意義のものではない。それは、年輪を経た円熟と、平静な熟慮の時でもあるからである。

　こうした意味で、私たちはまず、幸福論に立ち入るに先立って、幸福に関し思いをめぐらしうる最も大切な時期である老年について、しかもそれの良さについて、まさに老年賛歌とも言うべきショーペンハウアーの見解(12)に耳を傾けながら、老境の問題に一瞥《いちべつ》を投じてみなければならない。私たちはすでにキケロの老境論に触れたが(13)、ショーペンハウアーのそれは、それとも呼応し、老境におけるいわば「哲学の慰め」の意義を称揚した興味深い論述にほかならないからである。

2　ショーペンハウアーの老境論

諦観の芽生え　ショーペンハウアーによれば、子供の頃には私たちは、この世界を見つめ、知ることに夢中となっており、したがって「私たちには、人生は、遠くから眺められた劇場の装飾のように見えてくる」[14]。青年期になると、欲求が目覚め、私たちは幸福を追求するが、容易には希望が叶えられないために、「不満足」[15]であるのがほとんどの場合である。ところが、人生も後半に入ると、「すべての幸福はたわごとであり、これに反し、苦しみこそは現実のものである」[16]という「認識」が、多少なりともはっきりとしてくる。若者は、「人間社会から捨てられた」と感じるが、年を取ると、「人間社会から脱却した」と人は感じ、「この世の中では何も得るものはないことを知るようになる」[17]。そのために、老年において人は、「どうにか我慢できる現在に満足して、その上、小さなことにも喜びを見出し」[18]、「ものにこだわらない態度」[19]をもちえ、心安らかに落着いて暮らし、強い刺激的な楽しみよりは、むしろ「たんに苦痛がなく、わずらわされない状態」[20]のほうを選ぶようになる。

真実が見えてくる　しかし、それにも増して重要なのは、老年においてこそ、人生の認識が円熟してくるという点である。ショーペンハウアーによれば、「人生」は、「刺繍《ししゅう》した布地」に似ている。[21]「誰でも人生の前半においてはその表の側を見、後半においてはその裏側を見ることになる」[22]。「裏側はあまり美しくはないけれども、教えるところは表側より大きい。それは、裏側が糸の結ばれ具合を認識させてくれるからである」[23]。「若いときには私たちは、自分たちの人生行路のなかで、重要で影響するところの大きい出来事や人物は、太鼓やラッパの鳴りもの入りで登場すると思っている。ところが、年を取って回想してみると、重要な事件や大事な人物は、すべて、まったく静かに、裏口から、ほとんど気づかれぬうちにそっと忍び込んできたことが分かる」[24]。「人生も終わり頃になると、仮面が取りはずされた仮面舞踏会の終末近くのような状況になる。その頃になると、人は、自分の人生行路において接触するに至った人々がほんとうは何者であったのかが分かってくる。というのも、人々の性格も明るみに出、いろいろな行為の結果も判然とし、種々の業績もそれなりの評価をえ、あらゆる虚像が崩壊するからである」[25]。とはいえ、このように、「人生の終わり頃」になってようやく、自分自身の人生の「目標」を、世界や他者との連関において、[26]ほんとうに「認識し、理解する」ようになれるというのは、まことに奇妙なことではある。

円熟の時　いずれにしても、どこか「優れた」ところのある人間は、「四十歳を過ぎると」、「ある種の人間嫌いの気分に染まらないでいることは困難になる」[27]。誰もが次第に「孤独」[28]を愛したり、あるいは憎んだりするようになる。人生の裏側が見えてくるようになるからである。しかも、若者にとっては、「人生」は「無限に長い未来」であるのに対し、「年を取ればとるほど、私たちは時間をますます惜しむようになる」[29]。人生の短さは、長生きしなければ分からないという奇妙な事情になっている。けれども、その反面、老年になると、「退屈」は退散し、「苦痛を伴うもろもろの情熱」も黙り込み、「全体として人生の重荷は、若い時よりも実際軽くなる」[30]。ただし、そのためには「健康」[31]が保たれていなければならないし、また、「老年における貧しさは、大きな不幸である」[32]から、何ほどかの貯《たくわ》えのあることが必要である。毎日恐れることなく使える何ほどかの貯えをもち、そして健康が保たれていれば、「老年は、人生のうちできわめて凌ぎやすい時期である」[33]。それゆえ、「体の衰弱が始まり不快が生ずる極度の高齢になる以前の熟年の時期こそは、〝人生の最良の年〟と言われている」[34]。そのときにこそ、「経験と学識」は豊かなものとなる[35]。「精神的な卓越性」は、「四十歳」を過ぎてから現れ[36]、しかも傑出した人においてさえも、「みずからの材料を使いこなす巨匠」となるのは、もっと年を取ってから、たとえば「五十歳」頃からである[37]。老年になって初めて人は、自分で見てきたものに、「豊かな意味、内実、信頼感」を与えることができるようになるからである[38]。この意味で、「老年」こそは「哲学のための時期」である[39]。

空しさの達観　普通、若いときが人生の幸福の時であり、老年は「人生の哀れな時」

であると言われる[40]。もしも「激情[41]」が人を幸福にするのならば、このことも正しい。けれども、若者は、まさに激情に引き摺《ず》りまわされて苦しむのが定めである。それに引き代え、「冷静になった老年」には、激情はやみ、「ものごとを観照する趣き」が備わってくる[42]。それは、「認識」が多くなり、「幸福」になることである[43]。老人は、それまで人を駆り立てた「性衝動」から解放されるから「幸福」だとプラトンが述べたのは正しい[44]。老人には、こうして「ある種の朗らかさ[45]」が備わる。「老年は平静の時である[46]」。老年になって、「人はいまやすべてのことをより正しく、より明瞭に認識し、すべてのことをあるがままに認め、この世の事物はすべて空しいという洞察へと多少なりとも到達する[47]」のである。こうして、「すべては空である[48]」という考え方によって、賢明さと、精神的落ち着きと、そこからくる幸福とを味わう。

虚妄を見抜いた心境

いずれにしても、老年になると、「経験、認識、訓練、熟慮」によって、「正しい洞察」が増え、「判断」の磨きも加わり、ものごとの「連関」も明瞭《めいりょう》となり、あらゆる事柄において「全体を総括する展望」を獲得するようになる[49]。とりわけ、「この世のすべての事物が空しいものであり、この世のあらゆる壮麗さが虚《うつ》ろであること[50]」を、人は、直接的に、正しく、しっかりと確信するようになる。老境において人は、「人間の生の営みが、それをいかに飾り立て取り繕ってみたところで、すぐさま、すべてのこうした年の市に見られるような安物の飾りつけをとおして、その生の営みの貧しさにおいて見透かされてしまうものであること」を見抜いており、「人間の生は、いかに人がそれを彩り飾ろうとも、本質的にはどこにおいても同じであること」を知っている[51]。老人は、「この世のすべての壮麗さ、とりわけ華麗、栄光、高貴といったものの空しさと空虚さ」を認識している[52]。「老齢となってゆく者の根本特質は、迷妄から醒めていることである」[53]。そして、「きわめて高齢に達することがもたらしてくれる最大の利益は、安らかな死である」[54]。そのとき人は、いわば、「死ぬのではなく、生きることをやめるだけ」[55]なのである。

ショーペンハウアーはこのように語って、老年においてこそ、人生の真相が見えてきて、諦《あきら》めや達観、自足や円熟が得られ、人の世の幸福と不幸を公正に見渡しうる境涯が開けてくることを打ち明けている。この論述を公表したとき、ショーペンハウアーは六三歳であった。彼が、幸福についてどのように考えているのかは、のちに見るが[56]、いずれにしても、人生遍歴を経た老成の円熟期にこそ、人間は、この世の空しさを徹底的に味わい抜いて、表面的な虚飾や虚妄に欺かれない洞察を獲得しえて、人生知をそれなりに抱懐し、死への覚悟さえ定めうる境域に達すると見てよいと思う。老年は哲学の時であり、哲学の慰めの実る時である。

3　幸福の意味

ここで簡単に、幸福という概念の意味内容について反省しておきたい。もちろん、幸福の名のもとで人が考える事柄は、実際には多様であろう。けれども、ここでは、ごく基本的な幸福の意味について、簡略な反省を加えておこう。

無事安全としての幸福　まず第一に、幸福という言葉で、通常世間の人が、多くの場合意味している事柄は、この現世のなかでの「無事、安全、長久、安泰」といったあり方であるように思われる。わが国で、新年の初詣《はつもうで》で、人が神社仏閣で祈念するものは、まさにさしあたりはこの種の幸福であろう。そうした幸福観には、なにか自分ひとりに有利な幸運を期待する、少々エゴイスティックな願望が込められているような疑念が伴うにはしても、しかしその反面、住むべき家を持ち、衣食足りて、小さいながら、生活の安全な場所をしっかりと確保して生きようとすることは、人間の当然の権利であると言ってよい。日本国憲法が、そもそも、その第一三条で、「公共の福祉に反しない限り」での、個人の「幸福追求」を、「国民の権利」として、「最大の尊重」を受けるべきものと明記しているのは[57]、周知のことであろう。たしかに、人間である以上、誰もがみな、生活の安定を得て、健全な仕方で、人間としての生存の権利を享受して、「幸福」に生きる欲求と願望と正当な権限を持っていると言わねばならない。この意味の幸福を得るためには、人は、心身を健康に保ち、賢明怜悧《れいり》さをもって、世の荒波を乗り越え、降りかかる諸問題を捌《さば》き、しっかりとした自己保存の本能を発揮して、この現世という大海を乗り切ってゆかねばならないであろう。そのときには、政治や経済、社会秩序や平和などの大きな環境の全体が、安寧を保ってくれないならば、個人の幸福な生活境遇も成り立ちえないから、人は、政治的社会的な関心を鋭敏にして、良好な生活環境作りに、たえざる注意と監視を怠ってはならないであろう。選挙のあるたびに、やはり人は、きちんと一票を投ずる権利を行使して、世の中の動きの全体を注意深く見守っていかなければならないわけである。

生きがいとしての幸福　しかし、第二に、たとえいかに、自分の生活の場が安全に保たれ、平穏無事な生活が保障されたからといって、それでもう、人は、完全に幸福になれるとは限らないことを、人は知らねばならない。否、むしろ、そのような無事平穏の場が築かれ、ほっとして、毎日を生き続けてゆくうちに、ふと気づいてみれば、いつの間にか、自分が惰性に流されて、無気力のまま、たんに安全な軌道を習慣的に動いているにすぎない精神の荒廃に陥っていることが、見えてきて、思わず、ぞっとすることさえあるはずである。その飽き飽きとした無難な生活が、ときには激しい嫌悪の対象となり、人は、その小市民的な平穏無事を打ち壊して、冒険と新天地の開拓に、危険をも顧みず、乗り出すことさえあるであろう。ニーチェが「末人《まつじん》」の生き方として侮蔑《ぶべつ》したものは、[58]まさに、無事安全にしがみついて、ほんとうの生きがいを求めようとしない、駄目な人間たちであった。真の生命は、自分の没落をも恐れずに、理想と価値を目指して、情熱を傾けて必死に生きる人間にこそ、訪れてくる。ニーチェが讃《たた》えたのは、こうした、たえざる「自己超克[59]」に生きて、「かなたの別の岸への憧れの矢[60]」を放って、そこへと向けて生きる人間、そのように「超え出てゆく人間」、すなわち「超人」であった。[61]実際、自分の生きがいに向けた努力と集中、そこにのみ、充実した幸福があるはずである。生きがいをもつ人は幸福である。生きがいをもたない人は、いかに無事安全な生活の場が保障されたとしても、けっして幸福ではないであろう。もちろん、生きがいの内容は、人により、千差万別でありうる。けれども、いかにその内容が多種多様であっても、内面的な心の支えとなりうる目標や価値が、その人の生きがいとして、その人の人生を生き生きと活性化させないところでは、人がけっして幸福にはなれないことは確実であろう。いかに豪奢《ごうしや》な邸宅も、そこに生きる人になんの精神的緊張も伴わない自堕落の退廃的生活のみを結果させるならば、耐え難い空虚と虚飾の廃墟《はいきよ》と化すであろう。こうした意味で、自己の理想と価値に向けた「生きがいの追求」こそが、第二の意味で、「幸福」を約束する鍵《かぎ》となることは疑いを容《い》れないと思う。

問題点　しかしながら、以上の二つの意味の幸福は、けっして、それだけではまだ、完全な幸福を成立させないことを人は知らねばならない。それらはあくまで、有限な人間の自力の努力の上にのみ築かれうる、危ういものだからである。第一の意味の無事安全な現世の幸福が、いかにその維持に努めたからといって、恒久的に保持されうるものでないことは明らかである。天変地異や災害、予期せぬ事故と不運によって、瞬く間に、家屋を失い、愛する人を奪われ、茫然《ぼうぜん》自失、不幸のどん底に突き落とされた例は、枚挙に暇《いとま》がない。昭和二〇年の敗戦直後の日本の荒廃がそれであり、また数年前に起きた阪《はん》神淡路《しんあわじ》大震災がそれであったことは、人々の記憶に生々しい。他方、第二の意味の生きがいとしての幸福の探求に生きて、必死に自己の理想の追求におのれを賭《か》けた人が、その実、労のみ多く、幸薄い人生の途上で、不幸な挫折《ざせつ》に斃《たお》れた例も、数知れないほどたくさんある。多くの芸術家や学者、理想主義的な政治家など、創造的営為のただなかで、発狂し、あるいは凶刃に倒れた例は、人類の歴史のなかに枚挙に暇のないほど多数存在する。してみれば、前述の二つの幸福が、真の幸福を約束するかどうかには、疑問がつき纏《まと》うことも否定できないのである。

恵みとしての幸福　それゆえ、第三に、幸福には、もうひとつ別の局面があると考えねばならないように思われる。それは、人知を越えた仕方で、人間に突然、「恵み」として与えられ、叶えられる幸、そうした「至福の瞬間」のことである。むろん、そのためには、人は、とりわけ第二の意味の生きがいの追求に自分を賭け、必死に努力精進しているのでなければならない。カントが言ったように、人はまず、なによりも、「幸福であるのに値する」[62]ような、厳しい克己と努力の人生を生きねばならない。そうした者にのみ、「恵み」の至福は降り注ぐと考えねばならない。そうした者のみが、幸福を希望することを許されるとカントは語った。「自由」にもとづいて理性的に人格的努力に励んだ者のみが、「霊魂不滅」と、その努力に対する「神」による幸福とを、「希望」し、「要請」しうるのであった[63]。ゲーテも『ファウスト』のなかで、「絶えず努め励むものをわれらは救うことができる」[64]と、天使たちに歌わせている。けれども、もちろん、そうした救済と至福がほんとうに叶えられるかどうかは、ひとえに、人の抱く「理性信仰」[65]にかかっている。この「信仰」というあり方に、人生の究極の意義と無意義がかかっているということが、人間の最終の定めであるように思われる。

人間が、このような意味での「恵み」としての「至福」という観念に到達せざるをえないのは、この人生が、人間の思量と意志とを越えた運命的な力に依拠しているからである。いかに堅固と思われた安全無事の境遇も、一瞬にして崩れ去ることがある。いかに努力し、精進したとしても、不運と挫折にみちた、労苦の一生を送るほかになかった数多くの人々がいる。人生の無常と空を人が意識するのは、この瞬間である。人間の有限性を思い知らされ、諦念《ていねん》を学び取る時が、この瞬間である。そして、いかに幸多き人も死んでゆかねばならない。万物が、非情で、無意味で、無残であることを知るのは、この瞬間である。ニヒリズムの心情は、人間に不可避的に襲ってくる思想である。厭世《えんせい》観と無常観は、きわめて人間的な思想であると言わねばならない。

けれども、究極的な至福が、それへの信仰にかかるほかにはない事柄だとしても、私たち有限な人間にとっては、少なくとも、「恵み」としての「至福」に与《あずか》りうることを知る機会が、三つの仕方で授けられていることが確認されうるように思われる。一つには、私たちは、生きることを恵まれ、生きることを許された存在であることを知りうるという点がそれである。私たちは、いま現在、生命を贈られて、存在のまっただなかに置かれ、その存在と生命の営為に参画しているが、このこと自体は、私たちに恵みとして贈り届けられた運命であるように思われる。この「いのち」の充実を慮《おもんぱか》って生きるということそのことが、考え直してみれば、「恵み」としての「至福」以外の何物でもないように思われる。私たちは、現在における「いのち」の輝きを大切に見守らなければならないように思う。二つには、その「いのち」の輝きの「美しさ」に触れて、私たちは、心を洗われ、そこに、私たちを越えた大きな存在である「根源的生命」に呼び止められて、思わず我を忘れることがあると思う。その存在と生命の「美」は、私たちを襲い、魅惑し、私たちを招いている。その存在と生命の「美」に触れて、これを「愛」の心において、見守り、育てることは、この定めない世の中における、限りない至福であるように思う。私たちは、「美」を「呼ぶ」ものとした、偽ディオニュシオス・アレオパギタの思想を思い起こさねばならないのである。(66) 三つには、そうした美しい存在と生命のまっただなかにおいて、ほんとうに心を通わせえ、理解し合える「他者」に恵まれるとき、それは、何物にも代え難い、この辛苦にみちた人生のなかの最も尊い至福と言うべきであるように思われる。「他者」の心との理解力にみちた触れ合いと「愛」こそは、この世の中の唯一の救いであると思う。

おそらく、最終的には、神によって嘉《よみ》せられてこそ人間は最高の至福に到達しうるであろう。しかし、これは信仰の問題であり、もはや理性的討議の埒内《らちない》を越え出る事柄である。人はここで沈黙しなければならない。

人間の課題　人間に許されたことは、贈り届けられた「いのち」を大切にし、その使命に目覚め、それの達成に専心努力することのみである。みずからの「いのち」の使命と課題が、具体的に奈辺《なへん》に存するのかは、私たちが英知をもって思い量り、知るべき事柄である。人は、みずからの存在と生命の意義について、霊感をもって、覚醒すべきである。そしてその現在における拡充に感謝をもって専念し、努力すべきである。人生は、それ以外にどこにも意味をもたない。人間の力は有限である。人は、人力を越えた、存在と生命のなかの大きな摂理に、聴き従わねばならない。おのれの限界を知り、おのれを越えたものに身を委《ゆだ》ね、委譲し委託する、忍耐と諦念のなかからのみ、「いのち」の美しい輝きが出現するはずである。私たちは、その輝きを生み出す有限者の幸福に、耐えなければならない。無限者の永遠の光輝は、私たちの力を越える。有限者としての私たちひとりひとりの生存の意義に目覚めて、「いのち」あるかぎり努力精進することにのみ、人生の極意は尽きると思う。自分の人生の意義に感奮して、一途に邁進《まいしん》する人にこそ、「幸福」は訪れる。否、そうした人こそが、まさに幸福な人なのである。すべての人は、そうした意味で、幸福にならなければならない。

　そうしたときには、人は、不幸や逆境、労苦や苦悩にも耐え抜く力をもってであろう。否、みずから進んで、苦労や苦難を背負うであろう。人々の嫌う雑務や負担をも、そうした人は喜んで引き受けるであろう。「人間は、幸福であるときよりも不幸であるときのほうが、自分自身であることのできやすいものである。だから逆説的なことには、人間は、幸福であろうとするにはあえて勇気をもたなければならないほどである」[67]。みずから進んで労苦を引き受ける人は、幸運に恵まれることをむしろ恥じさえするであろう。「大きな勝利は、大きな危険であり」、「幸福と夢中」のあまり、人は足を踏み外すことが多い[68]。「敗北に耐えることより、勝利に耐えることのほうが、困難なのである」[69]。人間は、無限者の永遠の輝きのまえに敗北して、斃れ、挫折して、「いのち」あるかぎり努力精進したことをもって、おのれに与えられた「恵み」と心得ねばならない。苦難が、同時に、恵みであり、至福である。苦難と忍耐と努力の一生涯を、人は、そのまま、至福にみちた恵みとして、感謝をもって受け取り、「いのち」の使命と課題の達成に殉じえたことをもって誇りとすべきであろう。

注

（1）人はまず「幸福であるのに値する」ような道徳的生き方をしなければならず、そのあとでのみ神による至福を望むことを許されるというのが、厳しい道徳的実践を何よりも重んじたカントの根本的立場であった。「幸福であるのに値する（die Würdigkeit, glücklich zu sein, der Glückseligkeit würdig usw,)」という表現については、たとえば以下の箇所を参照。I. Kant, Kritik der reinen Vernunft, A 806, B 834.; Kritik der praktischen Vernunft (Phil. Bibl, 1990), S. 149.; Über den Gemeinspruch; Das mag in der Theorie richtig sein, taugt aber nicht für die Praxis, Zum ewigen Frieden (Phil. Bibl., 1992) , S. 7 ff., 14.

（2）「ヨブ記」については語るべきことが多々あるが、別の機会に譲る。

（3）ヒルティ『幸福論』（第一部）草間平作訳、岩波文庫、一九九七（第八〇刷）、二〇六頁（以下、本書をヒ（1）と略記）。原書は、C. Hilty,Glück, Erster Teil, Huber & Co. Verlag, 1910 だが、岩波文庫の邦訳を利用させて頂く。

（4）ヒ（1）二〇七頁。

（5）ヒ（1）二〇七頁。

（6）ダンテ『神曲』上、山川丙三郎訳、岩波文庫、昭32（第六刷）、四〇頁。

（7）ヒ（1）二四八頁。

（8）ヒ（1）二四八頁。

（9）ヒ（1）二五一頁。

（10）「哲学の慰め」の語は、死刑の判決を受けたボエティウスが獄中で著した書物の標題に由来する。

（11）これはヘーゲルの有名な言葉である（『法哲学』の序言末尾参照）。

（12）ショーペンハウアーの晩年の大著『パレルガとパラリポメナ』（一八五一）第一巻所収の「人生知のためのアフォリズム（Aphorismen zur Lebensweisheit)」の末尾第六章「年齢の差異について（Vom

Unterschiede der Lebensalter)」が、彼の老境論を成している。A. Schopenhauer, Sämtliche Werke, Bd. IV, Suhrkamp Taschenbuch Wissenschaft, 1989, S. 568-592（以下、本書をSと略記）〔『ショーペンハウアー全集』11、金森誠也訳、「生活の知恵のためのアフォリズム」の第六章「年齢のちがいについて」、白水社、一九七三。――以下、達意のこの邦訳に準拠しながら、多少原文に忠実な形に変えて引用を行うことを諒とされたい〕。

（13）本書三八頁以下。

（14）S 572.　（15）S 572.　（16）S 573.　（17）S 573.　（18）S 573.　（19）S 574.　（20）S 573.　（21）S 574.

（22）S 574.　（23）S 574.　（24）S 574.　（25）S 584.　（26）S 584.　（27）S 575.　（28）S 575.　（29）S 576.

（30）S 581.　（31）S 581.　（32）S 587.　（33）S 588.　（34）S 581.　（35）S 582.　（36）S 575.　（37）S 583.

（38）S 582.　（39）S 582.　（40）S 585.　（41）S 585.　（42）S 585.　（43）S 585.　（44）S 585.　（45）S 585.

（46）S 586.　（47）S 586.　（48）S 586.　（49）S 587.　（50）S 588.　（51）S 588.　（52）S 588-589.

（53）S 588.　（54）S 589.　（55）S 590 Anm.

（56）本書三三六頁以下。

（57）六法全書を参照せよ。

（58）『ツァラトゥストラ』の序説を見よ。F. Nietzsche, Also sprach Zarathustra, Kröners Taschenausgabe, Bd. 75, 1960（以下、本書をZと略記）、S. 13 ff.

（59）Z 122 ff.　（60）Z 11.

（61）Z 8.――「超人（Übermensch）とは、「超え出て（über）」ゆく人間のことである。

（62）前出注（1）を参照。

（63）本書七四―七九頁参照。

（64）ゲーテ『ファウスト』相良守峯訳（第二部）、岩波文庫、一九九二（第四四刷）、四八五頁。

(65) 本書七八頁。
(66) 本書一〇八—一〇九頁。
(67) ヤスパース「限界状況」渡邊二郎訳〔『世界の名著』続13（昭51）、中公バックス75（昭55）、中央公論社、三一七頁〕、参照。
(68) F. Nietzsche, Unzeitgemäße Betrachtungen, Kröners Taschenausgabe, Bd. 71, 1955, S. 3, 5.
(69) F. Nietzsche, a. a. O., S. 3.

第11章　幸福論の射程（その2）

幸福論の教え1

苦難と幸福　私たちは、この世の中で、限りある「いのち」を与えられ、いま人生のまっただなかを生きている。私たちは、そのとき、各自それぞれなりに、みずからの「いのち」の意義と使命に目覚めて、労苦をも辞せず、むしろあえて人の嫌がる困難や苦難を背負って、努力と精進の一生を、感謝をもって、生き抜かねばならない。そここそ、神の至福が授けられることを私たちは信じてよい。辛苦にみちた茨《いばら》の道をあえて喜びをもって引き受ける献身と奉仕の人生にこそ、幸福が宿ると私たちは考えねばならない。むろん、そうした人生に苦悩や労苦はつきものである。そのとき私たちの心は揺らぎ、自信を失う恐れさえあるであろう。けれども私たちは、一筋の幸福の道を見つめて進まねばならない。

代表的幸福論の検討へ　世に数多くの幸福論と言われるものがある。その内容も千差万別である。けれども、優れた幸福論は、そのうちに人間の生き方への示唆をたくさん含み、しかも最終的には、揺らぐことのない人生観の確立に向けて、人々を指教してやまない。私たちは、ここで、それらのいくつかの卓越した幸福論を省みて、私たちの処世の教訓とし、人生を実り豊かに生きる心の糧として役立てようと思う。

私たちは、四つの幸福論を視野のなかに取り容《い》れてみたいと思う。そのうちの二つを、本章で扱い、残る二つを、次章で取り上げよう。まず第一に、幸福であることを社会的義務と捉《とら》え、「社会的儀礼の勧め」を説く、現代フランスのアランの幸福論を省みてみよう。これは、常識ある成人がもつべき立派な立居振る舞いを重んずる処世訓と幸福論を、多数含んでいて、有益である。次に第二に、幸福であることを伸び伸びとした爽《さわ》やかな活躍のうちに見出《みいだ》し、「外向的活動の勧め」を説く、現代イギリスのラッセルの幸福論を見直してみたい。これは、とりわけ内攻的にうじうじと悩む気弱な青年に向けて、天真爛漫《てんしんらんまん》、明朗闊達《かったつ》に、自分なりの興味と関心の趣くまま、囚《とら》われずに生きることを勧める人生訓を、数多く含んでいて有益である。

さらに第三に、幸福であることを、自足の境地のうちに見出して、自力を越えた名誉や幸運などは当てにならぬものとして頓着せずに、人生の空しさを見つめつつ、自己を大切にして生きることを教えた、「内省と諦念の勧め」を説く、西洋伝来のストアの哲人エピクテトスやセネカ、そして一九世紀ドイツのショーペンハウアーの幸福論を見直してみたい。これは、人生遍歴で苦悩や辛酸を嘗《な》めてきた老成した人々に向けて、心打つ名文句を豊富に含んだ、厳しくもまた悲愁にみちた人生観の結晶を提示してくれるはずである。そのあとで第四に、私たちは、幸福を、神の摂理への信仰篤い確信のもと、粒々辛苦して仕事に励み、自己の使命を果たす生き方のうちに見出し、いかに苦悩にみちていようとも、たえざる新生に蘇《よみがえ》って、人生を感謝をもって生きとおす、「揺るぎない信仰の勧め」を説いた、キリスト者ヒルティと三谷隆正《みたにたかまさ》の幸福論を瞥見《べっけん》しようと思う。そこには、宗教的信仰に支えられた、堅実な人生観と世界観が脈打っていて、あらゆる人々に教えるところが大きいと思う。

私たちは、これらの種々の幸福論の核心的部分を、以下に簡略に捉え直してみたいと思う。

1　社会的儀礼の勧め（アラン）

情念と肉体　アラン(1)はまず、私たちの心の動揺を過大視せずに、ときにはそれが身体の変調に由来していることがある点を指摘し、肉体を支配し鍛えることによって、心を統御することの大切さを説く。これは、しごくもっともな生活の知恵であると思う。

たとえば、「誰かが苛立ったり不機嫌であったりするのは、往々にして、その人があまりにも長い間立ちどおしていたことから生ずる」場合があるので、そのときには「その人に椅子を差し出してあげよ」とアランは言う(2)。「ほんのちょっとしたことが原因で、せっかくの一日がだいなしになることがある」、たとえば、「靴が痛い」とかである(3)。誰でも「ふくらはぎがひっつると、どんなしっかりした大の男でも悲鳴をあげることは、誰でも知っている。しかし、足のひらを平らにして地面につければ、立ちどころにあなたは治る[4]」。気分と戦うには、「姿勢を変えて適当な運動をやってみる必要がある[5]」。「微笑したり、肩をすくめたりすることは、心配事に対する対策として知られている[6]」とアランは言う。アランはフランスの哲学者らしく、デカルトを引き合いに出して、「情念」が、「私たちの肉体のうちで起こる運動に依存している[7]」点を指摘している。

気分の変動　したがって、アランによれば、「実際には、幸福であったり不幸であったりする理由は大したことではない。いっさいは、私たちの肉体とその働きにかかっている。どんな頑健な体の持ち主でも、毎日、張りつめた気持ちから意気消沈へ、意気消沈から張りつめた気持ちへと、しかも多くの場合、食事や、歩行や、注意力や、読書や、天候などに左右されて、移り変わる[8]」。「心痛」はやがて「肉体の病状」に由来するのがつねであり、病気でないかぎり、「深い悲しみ」も「安らぎの時間」に道を譲る[9]。「悲しみは病気にすぎず、病気として我慢しなければならず[10]」、そうすればやがて「心が休まる[11]」。「動物にはずっと病気が少ない」のも、「動物には気分というものがまったく欠けているからだ[12]」とアランは言う。「誰でも、風向きや胃の具合で、気分が変わる」のである[13]。

心身の統御　したがって、「肉体の運動に対する正しい理性の支配[14]」を確立し、「よく統御された肉体」を訓練して作り上げれば、「行動」が身についてくる[15]。「炉ばたで犬があくびをする」とき、「遠慮も会釈もなしに伸びをするこの生命力は、見ていても美しい」[16]。こうして、身体の健康に注意した上で、心を平静に保つよう努力すれば、たいていの物憂さは消えてゆく。必要なのは、「できるだけ満ち足りた気持ちでいること」、そして「肉体」や「生命のすべての機能」に関する「心配」を「追い払うこと」[17]である。「成功したから満足するのでなく、満足していたから成功したのだ」[18]と考えねばならないとアランは言う。それであるから、「最大の不幸は、ものごとを悪く考えることではないかと、自分は疑う」[19]とアランは述べる。たとえば、「死」を恐ろしく思うのも、「対象が不在」であるために、「優柔不断」が煽《あお》られてくるだけなのである[20]。

礼儀の大切さ

こうして、健全な身体に健全な精神が宿ることを弁《わきま》え、人々はおたがいに、そうした健全な身の処し方を学び合い、察知し合い、模倣し合い、健《すこ》やかな明朗さを伝播《でんぱ》させ合い、社会的秩序を維持すべきだとアランは考える。それゆえ、「もしもあなたが、自分でもうんざりしており、また人をもうんざりさせるようないやな人間に会ったなら、まず笑顔を見せてあげることが必要だ」[21]とアランは述べる。このように、「礼儀の習慣は、私たちの考え方に対して大きな影響力をもっている。優しさ、親切、快活さなどを模倣するとき、それは、不機嫌、さらには胃腸病に対してさえ、小さからぬ助けになる。お辞儀したり微笑したりする運動は、幸いなことに、怒り狂うとか不信の念を抱くとか悲嘆にくれるといった、それとは反対の運動を不可能にする。だからこそ、社交や訪問、儀式や祝祭が、いつでも歓迎されるのだ。それは、幸福を模倣する機会である。そしてこの種の喜劇は、確実に、私たちを悲劇から解放してくれる。これは小さなことではない[22]」とアランは述べている。ここに、すでにアランの社会的儀礼を尊ぶ幸福観の基本的視点が顔を覗《のぞ》かせている。親切で明朗、優しく微笑し合う、満ち足りた、精神の余裕を湛《たた》えた、幸福そうな振る舞いや、取り乱したりせぬ礼儀正しい身の処し方は、たがいに伝播し合い、模倣が模倣を生んで、秩序正しい、節度ある社会を作り出すとアランは考えているのである。アランによれば、「礼儀のほうが、気分よりも本物であり」、「感情を救うものは、制度なのである[23]」。「必要[24]」ということが、ほとんどの場合、どうどうめぐりをする考えから、私たちを救い出してくれるのである。

義務と意志　もちろん、そのためには、必要に応じ、定めに従い、気分に流されずに、自分を律する義務意識や意志力が強くなければならない。「ほんとうの礼儀とは、自分のなすべき義務を感じ取ることである[25]」。「ほんとうの人間は奮起して未来を作る[26]」。「人間は、自分自身の意志のうちにしか、苦境を切り抜ける手段をもたない[27]」。「誰でも、欲する物は得られる」が、「しかし、よじ登らねばならない[28]」。そして、一旦《いったん》選んだ道には後悔しないことである。「生きる秘訣」は、「自分のした決心や自分のやっている職業についてけっして自分自身と喧嘩しないこと」、「喧嘩せずに、うまくやること」である[29]。そうすれば、「どんなに小さい努力も、限りない結果を生ずる[30]」ことが分かるはずである。否、そのように「自分で欲した仕事」は「楽しみ」になる[31]。「人間は、意欲し、創意工夫をこらすことによってのみ幸福である[32]」。「どんな職業もみな、自分が支配しているかぎりは愉快である[33]」。

行動と意欲　こうして、「予見しがたい新しい材料にもとづいて、すみやかにある行動を描き、そしてただちにそれを実行するならば、そのことによって、人間的生は、申し分なく満たされる[34]」。「知覚と行動というこの二つの水門が開かれると、生命の大河は人間の心を軽い羽毛のように運んでゆく[35]」。「どんな人間においても、行動は意識を消し去る[36]」。そしてそのとき大切なのは、意欲された行動においては、人は、あえて苦しみさえも喜んで引き受けるという点である。「人間は一般に快楽よりもむしろ行動を好むものである[37]」。たとえば、「フットボールの試合とは、押し合い、なぐり合い、蹴り合い、最後には青あざと湿布ということでなくて、何であろうか。しかもこれらのすべては熱心に望まれているのである[38]」。

労苦の積極的な引き受け　それゆえ、「人間は楽しみを求め、苦しみを避けるものだなどと言う人たちの説明は間違っている。人間は、もらった楽しみに退屈し、自力で獲得した楽しみのほうをはるかに好むものである。しかも何よりも人間は、行動し征服することを好む。人間は、苦しめられたり屈服したりすることをまったく好まない。だから、行動を伴わない楽しみよりも、むしろ行動を伴う苦しみのほうを選ぶのである[39]」。「いやなことを我慢するのでなく進んで行う、これが、心地よさの基礎である[40]」。それゆえ、「少しは生きる苦労があったほうがいいし、あまり平坦な道は歩まないほうがいい[41]」。「役に立つ仕事はそれ自体で楽しみである[42]」。そのとき、「どんなに辛い仕事のうちでも、人は疲れを感じず、気分も参らず軽やかである。そのあとで人は、完全にくつろぎ、最後にぐっすりと眠る[43]」。「仕事に専念している幸福な人々を見るがよい[44]」とアランは言う。「幸福はいつでも私たちから逃げてゆくとよく言われる。けれども、ひとからもらった幸福についてなら、それは正しい。ひとからもらった幸福などというものは、およそ存在しないからである。しかし自分で作る幸福は、けっして欺かない。それは、学ぶことであり、そして人は、たえず学ぶものである[45]」。「力の結果でもあり力の源泉でもあるような自由な仕事[46]」こそは、心を楽しませる。「いやいやながら我慢するのではなく、行動すること[47]」、これが肝要であるとアランは説く。

幸福への努力　それゆえ、人間は、幸福であるべく自力の努力を重ねなければならない。「不幸になるのは、むずかしいことではない。むずかしいのは、幸福になることである。だからといって、幸福になろうと努力しない理由にはならない[48]」。「人間の状態というものは、不屈の楽観主義を規則中の規則として採用しないと、やがて最も暗い悲観主義が真実になるようにはできている[49]」。だから、「鬱病にかかっている人に私の言いたいことは、ただひとつしかない。「遠くのほうを見よ」[50] とアランは言う。「出来事というものは、つねに、私たちの期待どおりになるものではない」[51]。「すべては変わり、すべては過ぎ去る」[52]。これは、私たちを「悲しませる」が、「慰める」こともある[53]。「小雨」が降ってきたら、「またしてもいやな雨だ」などと言わずに、「ああ、けっこうなおしめりだ」と言ってみることである[54]。たしかに、「本物の不幸」もかなりあるが、「一種の想像力の誘惑によって」不幸を大きくしている場合もある[55]。何事にも文句はつけられるし、万事完全なものはないからである。けれども、「私たちはいつでも自分の不幸に耐えるだけの力を十分にもっている」[56]。

上機嫌という義務　「人生」には、「生き生きとした楽しみ」がたくさんある[57]。「眼を開き、楽しみを得よ[58]」と言うべきである。そして、「すべての不運や、とりわけ些末な事柄に対しては、上機嫌に振る舞うこと」が肝心である[59]。「物事を気持ちのいいシャワーのように受け流すこと」[60]、「偏執的であるよりは、無頓着であること」[61]、「観念を変えさえすればいいのである[62]」。それゆえ、アランは言う。「私は、上機嫌を、義務の第一位にもってくるであろう[63]」と。「本物の苦しみが自分の上に降りかかってくるや否や、私の義務は、こうすることだ。すなわち、男らしく振る舞い、生命をしっかりと摑まえること、敵と立ち向かう戦士のように、不幸に対して、私の意志と人生とを結び直すこと、そして、死者については、できるかぎりの友情と喜びをもって語ること、これである[64]」。「人生の些末な害悪に出会っても、その話をしたり、それを見せびらかしたり、誇張したりしないこと」が大切である。(65)「他人に対しても自分に対しても親切であること、他人の生きるのを助け、自分自身の生きるのを助けること、これこそは、真の思いやりである。親切は喜びである。愛は喜びである」(66)。

上機嫌という礼儀　したがってアランはこう言う。「私はあなたに上機嫌を望む。これこそは、提供したり受け取ったりすべきものであろう。これこそは、世の中すべてを、そして何よりもまず贈り主を豊かにする真の礼儀である」(67)と。「微笑すること」、「親切な言葉、良い感謝の言葉を言うこと」、「冷淡な馬鹿者に対しても親切にすること」、これが肝要である。(68)「こうして上機嫌の波はあなたの周囲に広がり、あらゆる事物を、あなた自身をも、軽やかにするだろう」とアランは述べる。(69)「人混みのなかで少しぐらい押されても、笑ってすますように決めておいてもらいたい」(70)とアランは言う。「真の礼儀は、すべての摩擦を和らげる伝播してゆく喜びのうちにある」(71)からである。「上機嫌には寛大なところがある。それは、受け取るよりもむしろ与えるのである」(72)。

礼儀　こうして、「礼儀は、ダンスのようにして覚えるものだ」(73)とされる。「力強さは、礼儀と相反しはしない」(74)。「無作法な人間は、ひとりでいるときでも無作法である」(75)。「力みすぎ」、「こわばった情念」、「自己恐怖」、「臆病」は、見苦しい(76)。「思いついたことをなんでも言ったり、なにかの感情にすぐ溺れたり、驚き、嫌悪、喜びなどを、慎しみもなく顔に出したり」するような「軽はずみな人間」は、「無作法」である。[77]「無作法とはつねに、不器用ということである」。[78]「礼儀とは習慣であり、気楽さである」。[79]「優雅さとは、誰をも不安がらせず、傷つけもしない、幸福な表現と動作である」。[80]それであるから、「人間は、自分の考えていることを言いたければ、感情にはやるのを抑え自分をしっかりと摑んでいなければならない」。[81]「現在のものにせよ過去のものにせよ、自分の不幸の話をけっして他人にしないこと」[82]である。「愚痴をこぼすことは、他人を憂鬱にするばかりである」。[83]「誰でも生きることを求めているのであって、死ぬことを求めているのではない」。[84]「雨降りのときにこそ、晴ればれとした顔を見たいものである」。[85]

幸福という義務　こうして、慎しみ深く、礼儀を守って、愚痴をこぼさず、親切さと喜びを分かち合うように努力すること、こうした、しっかりした大人の振る舞いの交換が、幸福を作り出すとされる。およそ、「規則は、人の気に入るものであり」、「逆に、規則の欠如は、人を不快にする」。[86]「むき出しの人間は、凶暴なものである」。[87]「人がもし、公平な見物人の立場にとどまっているならば」、「入ってくるものは悲しみであろう」。[88]それゆえ、「幸福であろうとし、それに身を入れることが必要である」。[89]それどころか、「幸福は見た目にも美しい」。[90]「幸福であることは、他人に対しても義務である」。[91]「私たちを愛してくれる人たちのために私たちがなしうる最良のことは、やはり自分が幸福になることである」[92]。そして、「あらゆる幸福は、意志と抑制のものである」[93]。そうアランは語っている。

アランの特色と限界　アランの幸福論には、深刻な人生観や世界観の影はあまり見られない。どちらかと言えば、良識をもった堅実な成人した社会人が、世の中で振る舞うときの、見苦しくない、立派な仕草《しぐさ》や、はたから見ていかにも明朗でしっかりした感じを与える立居振る舞いを要求した処世訓であると言ってよいであろう。愚痴や不平をこぼさずに、たえず微笑みながら、親切に礼儀正しく、幸福に生きているといった姿をみずからつねに作り出すように努力して生きることを説く、社会的儀礼を基本にした幸福論である。そこにこの幸福論の特徴と限界もある。それはほとんど、よい躾《しつけ》の教えと紙一重であり、まかり間違えば、偽善に転じかねない危うさももっている。しかし、それが、無作法で、自己抑制のきかない、気分屋や、大袈裟《おおげさ》な悲観主義者を、厳しく窘《たしな》める頂門の一針を含むことは、確かであろう。私たちは日頃から、アランふうの警告に耳を傾けて、立居振る舞いをきちんと整える努力をしなければならないと思う。

2　外向的活動の勧め（ラッセル）

ラッセル　現代イギリスの哲学者ラッセルの幸福論[94]は、以上とは違って、むしろ、内攻的にいろいろな悩みを抱えて鬱屈《うっくつ》した気分に囚われている青年たちに向けて、自分の関心を外部へと振り向け、率直に新鮮な興味に駆られて明朗闊達に生きることを勧める、活動的人生観の表現となっている。これもまた、いろいろな意味において教えるところの多い示唆を含んでいる。ラッセルは前半で不幸の原因を論じ、後半で幸福の原因を論じている。その基本の趣旨を簡略に展望してみよう。最初に不幸の原因について考えてみよう。

内向的自己没頭　まず第一に、「自分自身と自分の欠点[95]」ばかりを気にし、「あまりにも深く自己没頭」している人は「不幸」であるので[96]、そういう人にとって「幸福に至る唯一の道[97]」は、自分に「無関心[98]」となり、「注意を次第に外界の事物に集中するように[99]」する「外的な訓練[100]」以外にはない、とラッセルは言う。「自己没頭」には、「罪人、ナルシシスト、誇大妄想狂」の「三つ」のタイプがあるという[101]。

罪人　「罪の意識に取り憑《つ》かれ」、「たえず自分自身に非難を浴びせている[102]」罪人は、小さい頃の母親の愛撫《あいぶ》やそのとき教えられた「道徳律[103]」が忘れられず、そのためにたえず自分を叱りつけている。「幼年期の信条と愛情の圧政から解放されること」が、こうした人々にとっての「幸福への第一歩」であると[104]、ラッセルは、まるで自分自身を告白するかのように語っている。ラッセルは、「罪の意識[105]」を、「不幸」や「劣等感」の源泉と見て、[106]これに一章を充《あ》てて批判を加えるほどである。幼児期に、母親や乳母から、「汚い言葉を使ったり」、「お酒を飲んだり」、「煙草」を吸ったり、とりわけ「性器に少しでも興味をもつこと」は良くないことだと教えられたために、[107]特に男性は、大人になってからもなかなか解放された生き方ができない。そうした男性は、性生活において、尊敬する女性には「性的に無遠慮に振る舞う」ことができず、逆に「性交」を許す妻を「尊敬」できず、さりとて「冷たい」妻にも満足できず、「よそで本能の満足を求め」れば、今度は「罪の意識」に苦しめられるといった体たらくとなる。[108]生涯に三回も離婚し、四回結婚したラッセル自身が、ここで顔を覗かせているようである。いずれにしても、「罪の意識」が強くなったときには、それを「病気や弱さ」と考え、[109]「不合理」が生む「馬鹿げた考えや感情」はこれをよく「調べて、拒否する」ほうがよい、[110]とラッセルは言う。これは、「道徳」を不要とすることではなく、「迷信的道徳」を不要とすることだと彼は言う。[111]罪の意識は「愚かにも自己に注意を集中すること」[112]に起因する「病気」[113]であり、ほんとうは、「調和のとれた性格は外部に向かうものである」[114]とラッセルは述べる。

ナルシシストと誇大妄想狂　ナルシシストや誇大妄想狂が、幸福になれない理由も同じである。「自分自身を賛美し、人からも賛美されたいと願う習慣」の「度の過ぎた」場合である「ナルシシズム」[115]は、たとえば、「すべての男性に愛してほしい」と欲求する女性や、「世間に称賛されたい」ということのみに関心を注ぐ人間などに見られるが、[116]それは所期の目的を達成する見込みをもたない。なぜなら、「自分自身にしか興味のない人は感心できないし、また世間からもそのように感じ取られる」からである。[117]それを乗り越えるには、「客観的な関心によって刺戟された活動を立派にやり遂げる」[118]ことしかない。他方、誇大妄想狂は、「度を越した屈辱感」から生まれ、「ひとつの要素」に固執し、「全世界を、自分自身の自我を拡大するための素材と見なす」が、人間はもともと「全能」ではないし、「抑圧」のあるところに「本物の幸福」はありえないとラッセルは見るのである。[119]

ペシミズム　第二に、「太陽のもと、新しいものは何ひとつない」[120]と嘆き、「すべては空である」[121]と思うペシミズムは、「自然の欲求があまりにもたやすく満たされるところから生まれる感情」[122]にすぎず、見方を変えれば、この世界は興味深い新しい事柄にみちみちている。それに、「どうしても行動を起こさなければならない必要」[123]に迫られたときには、ペシミズムの詠嘆に浸っていることはできない。幸福や善は、「孤独」の瞑想《めいそう》のうちにではなく、「協力」し合った人間社会のなかでの活動に求められねばならない。[124]

競争意識　第三に、「生存競争」[125]に打ち勝って、なんとしてでも「成功」を収めたいと願う生き方は、正しくない。「成功は幸福のひとつの要素でしかありえないので、成功を得るために他の要素がすべて犠牲にされたとすれば、あまりにも高い代価を支払ったことになる[126]」。「競争」を「人生の主要事項」とするのは、「あまりにも冷酷」で、健康によくない[127]。それを癒《いや》すには、「調和ある理想的人生のなかで、健全で静かな楽しみの果たす役割を認める[128]」ことが大切だとラッセルは言う。

退屈と興奮　第四に、「退屈」を避け、「興奮」を求めることは、特に「男性」において根深いが、これはよくない[129]。「あまりにも興奮にみちた生活は、心身を疲労させる生活である[130]」。「おそらく、ある程度の退屈の要素は、人生に不可欠の部分である[131]」。「退屈に耐える力をある程度持っていることは、幸福な生活にとって本質的であり、若い人々に教えるべき事柄のひとつである[132]」とラッセルは言う。どんな偉大な書物も、退屈な部分を含み、才智ばかりあふれる小説は浅薄だし、「偉大な事業は、粘り強い仕事なしには不可能である[133]」。「多少とも単調な生活に耐える能力」は、「幼年時代」に獲得されるべきであり、ショーだの美味《おい》しい食物だのといった受け身の娯楽ばかりを子供に与えすぎるのはよくない[134]。「毎日毎日同じような日を持つこと[135]」の大切さを子供に教えねばならない。「退屈に耐えられない世代は、小人物の世代となるであろう[136]」とラッセルは言う。「私たちは大地の子であり」、「大地の生のリズムはゆったりとしている[137]」。深く大地の生に根ざして、ゆったりと大きく育ち生きることを、ラッセルは重視している。

疲労　第五に、それとも関連するが、「現代生活」は「神経の疲れ」が多く、[138]人々は「疲れすぎて、アルコールの助けなしには楽しむことができなくなっている」。[139]ラッセルはこの状態を嘆く。「きちんとした精神は、ある事柄を、四六時中、不十分に考えるのではなく、考えるべきときに十分に考え抜き」、そして「決断」を下すのである。[140]「優柔不断くらい心身を疲れさせるものはなく、これほど不毛なものはない」。[141]それに、成功も失敗もあまり大したことではなく、大きな「悩みごと」も「時の経過とともに色褪せてゆく」ものである。[142]もともと、「おのれの自我など、けっして世界のそんなに大きな部分ではない」[143]のである。いずれにしても、厄介な問題に衝突したときには、「それについて、いつもよりも一段と多く考えてみる」のが、「最善の方策」であるとラッセルは言う。[144]

ねたみ　第六に、「心配ごとについで、不幸の最も強力な原因のひとつは、おそらく、ねたみである」[145]とラッセルは述べる。「ねたみ」は、「人間の情念のなかで最も普遍的で根深いもののひとつ」[146]であり、「最も不幸な」[147]性格のものである。「ねたみ深い人」は、他人に「不幸を与えたい」と思い、そのことによって「自分自身も不幸にしている」。[148]兄弟姉妹が自分よりも両親に可愛がられていると思った子供は、大きくなってからも不平不満の種を探し回り、親に可愛がられなかったと恨む子供は、ひがみぽく、とげとげしくなる。「ねたみ」は、「いくぶん道徳的、いくぶん知的な悪徳のひとつの形であって、けっして物事をそれ自体として見るのでなく、他との関係においてのみ見るのである」[149]。けれども、「他人と比較してものを考える習慣は、致命的な習慣である。なんでも楽しいことが起これば、十分に楽しむべきであって、これは、もしかしたら他の人に起こっているかもしれないなにか他のことほど、楽しくはないのではないかなどと、立ち停まって考えるべきではない」[150]とラッセルは言う。「賢い人の場合には、他の人がなにか他のものをもっているからといって、自分のもっているものが楽しいものでなくなることはない」[151]。こうして、ねたみに対する治療法は、「精神を訓練して、無益なことは考えない習慣を身につけることだ」[152]とラッセルは述べる。「不必要な謙遜」[153]、「競争」[154]、「疲れ」[155]も、「ねたみ」の原因になるから注意しなければならない。特に、重要なのは、「本能を満足させる生活を確保すること」[156]である。「もっぱら仕事上のものと思われるねたみは大部分、性的な原因がある」[157]。「自分の結婚生活や自分の子供の点で幸福な人は、他の人々をそれほどねたむものではない」[158]のである。しかし残念なことに、「現代文明」の作り出した「人間の心」は、「友情よりも憎しみに傾きやすい」[159]とラッセルは嘆いている。

被害妄想　第七に、世の中には、「忘恩や不親切や裏切りの犠牲」になっていると嘆く「被害妄想」の人々が多い[160]。この被害妄想の要素を「取り除か」ねば、私たちは「幸福」にはなれない[161]。そのためには、「第一に、あなたの動機は、あなた自身で思っているほど、必ずしも利他的ではないことを覚えておくことである。第二に、あなた自身の美点を過大評価しないことである。第三に、あなたが自分自身に寄せているほどの大きな興味を他の人もあなたに寄せていると期待しないことである。第四に、たいていの人々は、あなたを迫害してやろうと特に思うほどあなたのことを考えているなどと想像しないことである」[162]。別言すれば、あなたもそれなりに「利己主義的」[163]であることを忘れてはいけないし、世間の「拍手喝采」ばかりを当てにせず、「自分のスタイル」で仕事に励めばよいのだし、[164]「人が不満をもつ他人の振る舞い」は、もしかしたら、「許される限界を越えてエゴをむき出しにした人間の強欲さ」[165]に抵抗する、他の人の「自然なエゴイズムの健全な反撥」だったのかもしれないし、「他の人々は、あなた自身がなすほどあなたのことを考えて時を過ごすことはないのだと悟ること」[166]である。

周囲　第八に、「自分の属している集団の慣習としっくりいかない人々」[167]は、怒りぽく、不安で、伸び伸びとしていない。したがって、「職業の選択」においても、「気心の合った仲間の得られるチャンス」のある道を選ぶべきである[168]。自分の属する集団を変えるのもいいことである。「環境が愚かであったり、偏見にみちていたり、残酷である場合には、それと同調しないことこそ、美徳のしるしである」[169]。「世評にほんとうに無関心であることは、ひとつの力であり、また幸福の源泉でもある」[170]。よい仲間をもって生き、しかも「幸福にとって大切なのは、私たちの生き方が、私たち自身の深い衝動から生まれてくることにある」[171]点を、銘記することであるとラッセルは述べている。

幸福の要因へ　それではいったい、以上のような不幸の原因と違って、積極的に幸福の原因となるものは何なのであろうか。ラッセルはこれについて、いろいろなことを述べているが、それは大きく四つの点に纏《まと》められると思う。

友好的な関心　まず第一は、友好心にもとづいて、自分の関心や興味を外部へと向けて追求し、我れを忘れて、その客観的関心事に没頭し、ひいては仕事への活動に従事することが幸福を約束するとラッセルは考えている。

すなわち、ラッセルによれば、肉体的なものであれ精神的なものであれ、「世界中の拍手喝采などを要求せずに」、自分なりの「特技」や「技能」を「伸ばし」[172]、自分なりの「主義主張の信念」[173]を通じて喜びを得られる人は、幸福である。場合によっては、「現実からの逃避」になっていなければ、「道楽や趣味」の追求でもよい。[174]「根本的な幸福」は、「人や物に対する友好的な関心」[175]に依存している。「友好的関心」は、「貪欲で、独占欲の強い、つねに強い反応を求める」関心とは違い、他人を排除せずに友好的に、自分の興味を追う態度を意味する。[176]「幸福の秘訣は、こういうことである。あなたの関心をできるだけ幅広くせよ。そして、あなたの関心を惹く人や物に対するあなたの反応を、敵意あるものではなく、できるだけ友好的なものにせよ」[177]。そうラッセルは述べている。

バランスのとれた関心　繰り返すまでもないが、ラッセルによれば、「私たちはみんな、内向的な人間の病気にかかりやすい」[178]。内向的人間は、世界の多彩な光景から目を逸《そ》らして、内部の「空虚感」[179]のみを見つめる。けれども、すべてに「興醒《ざ》めの気持ち」をもつことは一種の「病気」である[180]。「人間は関心を寄せるものが多ければ多いほど、ますます幸福になる機会が多くなる」[181]。田舎道を散歩すれば、小鳥や草花、地質や農業に関心をもち、また冒険的な出来事に興味を抱いて心を躍らせるのもよい。ただし、「よい生活においては、異なる諸活動の間にバランスがなければならず」[182]、「私たちの別々の趣味や欲望がすべて、人生の全般的な枠組のなかにきちんと納まっていなければならない」[183]。しかもそれは、社会生活全体と「両立」[184]していねばならず、飲酒やギャンブルなどの「無益な興奮」の追求ではなく、「本物の熱意」による活動でなければならない[185]。

仕事　こうして興味や関心はやがて仕事への熱意に繋《つな》がってゆく。「仕事が過多でないかぎり、どんなに退屈な仕事でさえも、たいていの人々にとっては、無為ほどに苦痛ではない」[186]。技術を用いて、何かを作り上げてゆくことは、つねに喜びである。とりわけ、「偉大な建設的な事業の成功から得られる満足は、人生が与える最大の満足のひとつである」[187]。むろん、芸術家などの場合には、不幸な気質が禍《わざわ》いを生むこともあるが、芸術家は「仕事」から得られる「喜び」によって救われている[188]。いずれにしても、「首尾一貫した目的だけでは、人生を幸福にするのに十分ではないが、しかしそれは、幸福な人生のほとんど不可欠な条件である。そして、首尾一貫した目的は、主として、仕事において具体化される[189]」とラッセルは考えているわけである。

愛情の問題　第二に大切なのは、愛情の問題である。人生において人に生きる熱意を失わせる大きな原因のひとつは、なんと言っても、「自分は愛されていないという感情[190]」であろう。「反対に、愛されているという感情は、ほかの何物にもまして熱意を促進する[191]」。さまざまな理由で、「自分は愛されていないと感じとった大多数の人々は、男であれ女であれ、臆病な絶望のなかに沈み込んでしまい、ただときどき、ねたみや悪意を少し示すことでもって、うっぷんを晴らすようになる[192]」。両親の愛情を与えられない子供は、臆病で、冒険心がなく、「内向的人間[193]」になりやすい。けれども、ラッセルによれば、「世界は、めちゃくちゃな場所であって、楽しいことと不愉快なことがでたらめな順序で、含まれている[194]」から、世界を知的に整合化しようとしても無理であり、むしろそうした試みは「恐怖の所産[195]」である。幸福は、「相互に生命を与え合う」「愛情」にもとづく[196]。「おのおのが、喜びをもって愛情を受け取り、努力なしに愛情を与え」合い、こうして「共通の幸福をもった結びつき」ができれば、それこそは、「真の幸福の最も重要な要素のひとつ」である[197]。「愛情を視界から締め出しているような野心は、通常、人類に対するある種の憤怒または憎悪の結果である[198]」。「あまりにも強い自我は、ひとつの牢獄である」[199]。私たちは、自我の牢獄を脱け出し、「愛情」を「受け取る」だけでなく、「与える」ようにならねばならない[200]。だから、たとえば、「真に価値ある性的な関係は、ただひとつ、なんの隠し立てもなく、双方の全人格が融合して、ひとつの新しい総合的な人格になるような関係である」[201]。

家族と子供　愛情の問題は、家族や子供の問題とも結びつく。ラッセルによれば、「親になることは、心理的に見て、人生が提供する最大のかつ最も長続きのする幸福を与えうるものであることは明らかである」[202]。これはむろん、男性よりも女性に当てはまることだが、しかし、やはり、「男性についても真実である」[203]。「親となる幸福」をなんらかの事情により男女が「断念」せざるをえなくなったとき、「非常に深い要求が満たされないままに残り」、このことが、「まったく原因不明の不満足と無気力」を生み出すとラッセルは言う[204]。「特別の才能のない男女」にとっては、子供をとおして、「将来の世代」に刻印を残すほかに道はない[205]。「生殖的な衝動を萎縮するままにしてきた人たちは、生命の流れから自分自身を切り離し、そうすることによって干からびてしまう重大な危険を冒してしまっている」[206]とラッセルは述べている。ラッセルは、生命の本能の発露を幸福と考えている。「すべての不幸は、ある種の分裂あるいは統合の欠如に起因する」[207]。「生命の流れと深く本能的に結合しているところに、最も大きな歓喜が見出される」[208]。そうラッセルは語っている。

気晴らし　第三に、人生においては、やはり時には気晴らしが必要である。つまり、「ある人の人生の主要な活動の範囲外にある関心」、要するに「余暇を満たし」、「緊張を解きほぐしてくれる」ような「小さな関心事」でもって気晴らしをすることは、それなりに重要だとされる[209]。「心配ごとがどんなに重要であっても、目覚めている間じゅうずっと、そのことばかり考えているようであってはならない[210]」。「仕事が終われば、自分の仕事のことは忘れ、翌日それが再び始まるまではそのことを思い出さないでいられる人は、その間ずっと仕事のことを思い患っている人よりも、ずっと良い仕事をする見通しがある[211]」。「私心のない関心」はすべて、「気晴らし」として「重要」である[212]。「魂の偉大さをもちうる人は、自分の心の窓を広く開けて、宇宙の四方八方から心に風が自由に吹きとおるようにさせるであろう[213]」。「自分の心を紛らせることは何もしないで、自分の心配ごとに完全に支配されるままになっている人は、愚かに振る舞っている[214]」。「なにか気晴らしを捜すべきである[215]」。私たちの住んでいる惑星がいかに小さいか、私たちの生命がいかに儚《はかな》いかを考えてみるのもよいと、ラッセルは言っている。

努力と諦め　しかし第四に、ラッセルは、努力し、かつ限界を知って諦《あきら》めることが大事であると述べている。「中庸というものは、面白くない教説だ」が、「努力と諦めとのバランス」に関しては、「中庸を守ることが必要である」とラッセルは言う[216]。「絶望」するような諦めはよくないが、「不屈の希望」に根ざした諦めは良い(217)。たとえば、科学の進歩に大きな個人的貢献をしようと思って果たせなかった人も、「人類のためのより大きな希望の一部(218)」に繋がって活動しえたことを思えば、絶望する必要はないのである。各人はそれぞれの力の限界において努力し、法外なことを望んではならないのである。

ラッセルの幸福観　以上を要すれば、ラッセルにおいては、「たいていの人の幸福」は、「食と住、健康、愛情、成功した仕事、そして仲間から尊敬されること」にあるとされ(219)、特別に不幸でないかぎり、「人間は、自分の情熱と関心が内部へではなく外部へと向けられているかぎりは、幸福を摑むことができるはずである」と見なされている(220)。逆に言えば、「私たちを自分自身の殻に閉じ込める情念は、最悪の牢獄のひとつである(221)」。たとえば、既述のように、それは、「恐怖、ねたみ、罪の意識、自分を哀れと思うこと、および自画自賛」などである(222)。「幸福な人とは、客観的な生き方をし、自由な愛情と広い関心をもっている人である(223)」。そうした人は、「ほかの多くの人々の関心と愛情の対象」にされるという事実をとおして、「幸福」を確実に手にする(224)。これに反し、「愛情を要求する人は、愛情を与えられる人ではない(225)」。「愛情を受け取る人」は、「愛情を与える人」である(226)。ただし、「愛情を打算として与えようとしても役に立たない(227)」。「打算された愛情は本物ではないし、受け手からも本物とは感じられないからである(228)」。「自己に没頭することをやめ、「本物の客観的関心」に生き、「関心を外へと向けること」が肝要である[229]。そして愛情を与え、生命の大きな流れとともに生きることが、幸福を約束するとラッセルは考えているわけである。

ラッセルの幸福論は、自然主義的な人間観に根ざし、外向的活動の勧めによって、溌《はっ》剌《らつ》とした生き方を作り出し、健全かつ幸福に生きることを教える実際的な人生論となっている。これは、それなりの意義をもっている。けれども、その活動のただなかで、もしも人が深刻な災害や不当な逆境に陥り、不条理とも言える苦悶《くもん》のうちで悩み、挫折するときは、この幸福論で足りるかどうか、定かではない。ラッセルは、イギリスの貴族の出身であり、満九八歳に近い長寿を全うして、一生自由な知的活動を思うがまま実践できた選り抜きの人物であった。そうした幸福な活動家の人生論が、以上のラッセルの幸福論であったことは、ここで想起しておいてよいと思う。

注

（1）Alain, Propos sur le bonheur, Gallimard, 1928, 76me éd., 1944（以下、本書をAと略記）〔アラン『幸福論』串田孫一・中村雄二郎訳、白水社、一九九三（第五刷）——以下では、達意の本邦訳に沿いながら、ところどころ原文に即し変更を加えた〕。

（2）A 8. （3）A 34. （4）A 35. （5）A 41. （6）A 42. （7）A 24. （8）A 17. （9）A 19.

（10）A 20. （11）A 21. （12）A 40. （13）A 67. （14）A 12. （15）A 55. （16）A 61. （17）A 38.

（18）A 65. （19）A 45. （20）A 51. （21）A 65. （22）A 52-53. （23）A 115. （24）A 116. （25）A 112.

（26）A 75. （27）A 82. （28）A 88. （29）A 71. （30）A 87. （31）A 129. （32）A 134. （33）A 134.

（34）A 131-132.（35）A 131.（36）A 132.（37）A 137.（38）A 137.（39）A 135.（40）A 143.
（41）A 140.（42）A 149.（43）A 150.（44）A 152.（45）A 144.（46）A 144.（47）A 144.
（48）A 162.（49）A 206.（50）A 154.（51）A 160.（52）A 160.（53）A 160.（54）A 187.
（55）A 186.（56）A 175.（57）A 207.（58）A 208.（59）A 217.（60）A 218.（61）A 220.
（62）A 220.（63）A 215.（64）A 216.（65）A 216.（66）A 216.（67）A 233.（68）A 234.
（69）A 234-235.（70）A 246.（71）A 247.（72）A 264.（73）A 239.（74）A 240.（75）A 240.
（76）A 240.（77）A 242.（78）A 243.（79）A 243.（80）A 244.（81）A 213.（82）A 266.
（83）A 266.（84）A 267.（85）A 268.（86）A 230.（87）A 230.（88）A 263.（89）A 263.
（90）A 269.（91）A 270.（92）A 264.（93）A 272.
（94）B. Russell, The Conquest of Happiness, London, George Allen & Unwin LTD., 1930（以下、本書をRと略記）〔ラッセル『幸福論』安藤貞雄訳、岩波文庫、一九九三（第七刷）――以下では、達意の本邦訳に沿いながら、ところどころ原文に即し変更を加えた〕。
（95）R 19.（96）R 20.（97）R 20.（98）R 19.（99）R 19.（100）R 20.（101）R 20.（102）R 20.
（103）R 21.（104）R 21.（105）R 96.（106）R 106.（107）R 99.（108）R 101.（109）R 106.（110）R 104.
（111）R 106.（112）R 109.（113）R 108.（114）R 108.（115）R 21.（116）R 22.（117）R 22.（118）R 23.
（119）R 24.（120）R 31.（121）R 30.（122）R 30.（123）R 30.（124）R 40-41.（125）R 46.（126）R 50.
（127）R 55.（128）R 56.（129）R 57-58.（130）R 62.（131）R 61.（132）R 62.（133）R 64.（134）R 64.
（135）R 64.（136）R 65.（137）R 66.（138）R 70.（139）R 71.（140）R 73.（141）R 73.（142）R 74.
（143）R 74.（144）R 78-79.（145）R 83.（146）R 83.（147）R 85.（148）R 85-86.（149）R 88-89.
（150）R 88.（151）R 88.（152）R 89.（153）R 89.（154）R 91.（155）R 92.（156）R 93.（157）R 93.
（158）R 93.（159）R 94.（160）R 111.（161）R 113.（162）R 118.（163）R 120.（164）R 122.（165）R 123.

(166) R 123. (167) R 132. (168) R 132. (169) R 133. (170) R 136. (171) R 138. (172) R 150.
(173) R 152. (174) R 153-154. (175) R 154. (176) R 155. (177) R 157. (178) R 160. (179) R 160.
(180) R 159. (181) R 160. (182) R 165. (183) R 166. (184) R 166. (185) R 169. (186) R 208.
(187) R 214. (188) R 216. (189) R 218. (190) R 175. (191) R 175. (192) R 176. (193) R 178.
(194) R 178. (195) R 178. (196) R 182. (197) R 182-183. (198) R 183. (199) R 183. (200) R 184.
(201) R 185. (202) R 196. (203) R 196. (204) R 197. (205) R 197. (206) R 197. (207) R 247.
(208) R 248. (209) R 219-220. (210) R 221. (211) R 220-221. (212) R 222. (213) R 226. (214) R 227.
(215) R 228. (216) R 230. (217) R 235. (218) R 236. (219) R 241. (220) R 242. (221) R 242.
(222) R 242. (223) R 243. (224) R 243. (225) R 243. (226) R 243. (227) R 243. (228) R 244.
(229) R 245-246.

第12章　幸福論の射程（その3）

幸福論の教え2

別種の幸福論へ　私たちは前章で、アランやラッセルなどの礼儀や外向的活動を勧める幸福論を見たが、それらに興味深い指教が含まれているのは事実ではあっても、しかし、それらの教えが、やや楽天的にすぎることはないのかという心配を、私たちはもたざるをえない。いかに心身を鍛え、微笑を絶やさずに、礼儀正しく生きたとしても、理不尽な不運や打撃が突如人を見舞ってきたときには、やはり、力弱い有限な人間は、周章狼狽《ろうばい》し、心の乱れを抑えることができないであろう。どんなに朗らかに我れを忘れて外部の世界に対して新鮮な関心を向けて、友好的に活動しても、思いがけぬ仕方で、他人の反感を買い、攻撃にさらされ、厄介な人間的対立のなかに巻き込まれ、果ては、裏切りや忘恩に出会い、憂き世の定めなさに苦悩するというのが、人生であるように思われるからである。人の世は、けっして思いどおりに進まぬ厳しさをもつのがつねである。こうして、暗く、不幸な運命に見舞われて苦悩する人生に対しては、アランやラッセルの幸福論は、残念ながら、あまり慰めになるものを含んでいないように思われるのである。なぜなら、それらの幸福論は、内面的に苦悩するというあり方そのものを、むしろその人の咎《とが》として批判するという傾向を含んでいたからである。けれども、さまざまな辛《つら》い人生経験を遍歴してきた老境にある人や、死の切迫を実感する人にとっては、如上の幸福論は、そのあまりにも楽天的な明朗さが、かえって、躓《つまず》きの石となることは避け難いように思われる。もっと人生の苦しさに悩み抜いた幸福論というものがあるのではないのかと、そのとき人は考え込まずにはおれないのである。

人生の不幸や苦悩や空しさの意識に捕われたときに、私たちに、静かに人生を反省し直し、運命を考え直す機縁を与えてくれるような人生論ないし幸福論というものが、たしかに他方で存在することに、そのとき私たちは気づくのである。それが、ひとつには、ストア派やショーペンハウアーに見られる「内省と諦念の勧め」とも言うべき人生論であり、もうひとつには、ヒルティや三谷隆正に見出されるキリスト教に支えられた「揺るぎない信仰の勧め」とも称すべき幸福論である。私たちは、これらの人生観の教えに、少しく耳を傾けてみなければならないと思う。私たちは、できるだけ簡略に本質的な点のみを見つめ直すことにしようと思う。

1 内省と諦念の勧め（エピクテトスとショーペンハウアーとセネカ）

(1) エピクテトス

ヒルティのエピクテトス　ローマ時代に奴隷の憂き目に会い、人生の辛酸を嘗《な》めたストア派の哲人エピクテトスの「要録」は、これまで多くの人々に人生訓の代表として親しまれてきた。今日わが国では、そのギリシア語原典からの直接的な邦訳(1)が存在するが、他方、エピクテトスの語録は、ヒルティがその著名な『幸福論』（第一部）のなかで、みずからギリシア語原典から注釈つきで独訳し、それがそのまま邦訳されて、これまで広く読み継がれてきたという事情がある(2)。それで、ここでは、エピクテトスの見解を、ヒルティの『幸福論』をもとに瞥見《べっけん》してみることにする。実はヒルティは(3)、キリスト者として、いくつかの点でストア派のエピクテトスには批判的なのであるが、その点は、のちにヒルティの幸福論そのものを顧みる際に考慮に入れることにして、ここではエピクテトスその人の人生観だけを見ることにしよう。

自分の力の及ぶものと及ばぬもの　エピクテトスの基本的な考えは、「世にはわれわれの力の及ぶものと、及ばないものとがある(4)」と見て、この二つを峻別《しゅんべつ》し、力の及ばない事柄に対しては、望みをもたず、諦念《ていねん》をもって生きることを勧め、ひとえに自分の力の及ぶ事柄にのみ意を用いて生きるべきだとする、厳しい自己抑制を説く人生観である。「われわれの力の及ぶもの」とは、私たちのなす「判断、努力、欲望、嫌悪」の作用といった、私たちの「意志」に依存し(5)、私たちがなすことも中止することも可能な、私たちの心の働きである。これこそは、誰にも「禁止」も「妨害」もされずに、私たちの「自由」になるものである(6)。ところが他方、私たちの「肉体、財産、名誉、官職」などは、私たちの思いどおりにはならず、運命や他者の支配下にあるものであり、この点で私たちは、「無力で、隷属的で、妨害されやすい」(7)。私たちは、いつ病気になるかもしれず、また財産を失うかもしれず、名誉や官職は「他人の力の中にあるもの」(8)であって、私たちの思いどおりになるものではない。それであるから、エピクテトスによれば、「われわれの力の及ばないもの」に関しては、「それは、わたしにはかかわりがない」と考えたほうがよいということになる。(9)「もしきみがわれわれの力の及ばないものを欲求するならば、きみは必ず幸福を失うであろう」(10)とエピクテトスは言う。自分の自由にならない事柄については、高望みなどせず、最初から、無いものと思い、諦《あきら》めて生きれば、不幸を嘆くことも生じないであろうというわけである。エピクテトスは、それゆえに言う。「きみが本来隷属的なものを自由なものと思い、他人のものを自分のものと見るならば、きみは障害に会い、悲哀と不安とにおちいり、ついには神を恨み、人をかこつことになるであろうことを忘れるな。これに反して、きみが真に自分の所有するものを自分のものと思い、他人のものを他人のものと認めるならば、だれもきみを強制したり、妨害したりはしないであろう」(11)と。これは、まことに厳しい禁欲の教えであるとともに、ある意味ではきわめて悲しい諦めの人生観であるとも言える。しかし、所詮《しょせん》、人生とはそうしたものだという、突き放した、徹底した人生観がここにある。

例証　したがって、たとえば、こう言われる。「きみが一個の壺を見るならば、その時きみの見るものは一個の壺であると自分に言い聞かせるがよい。そうすれば、それがこわれても心の平静をやぶることはないであろう。もしきみが妻子を胸にいだくならば、きみの愛撫するものが一人の人間であることを、自分に告げるがよい。そうすれば、その人が死んでも狼狽することはないであろう」(12)と。

あるいは、「人を不安にするものは、事柄そのものではなく、むしろそれに関する人の考えである」。たとえば、「死は恐ろしいものだという先入的な考えが、むしろ恐ろしいのである」。悩みや不幸が生じたときには、「それに関するわれわれの考え」をよく吟味したほうがよい。「自分の不幸のために、他人を責めるのは、無教養者の仕方であり、自分を責めるのは、初学者の仕方であり、自分をも他人をも責めないのが、教養者」の「仕方」である(13)。

あるいは、こうも言われる。何事につけても、「自分はそれを失った」と言ってはならない。「自分はそれを返した」と言うべきである。「きみの息子が死んだなら、それは返したのである。きみの財産が奪われたなら、これもまた返したのである」(14)。「馳走の皿がきみの前にまわって来たなら、手をさしのべて、その中から控え目に少しの分量をとれ。きみの好むものが、しばらくまわって来なかったからといって、強いてそれを求めてはならぬ。むしろそれがきみのところにまわってくるまで待っていよ」。それどころか、「きみに差し出されたものを何もとらず、平然と見送るならば」、きみは、「神と共に統治する者となるであろう」と言われる(15)。

いずれにしても、「きみ自身のものでない美点を誇ってはならない」。「自分は美しい馬を持っている」と言うとき、きみは「馬の美点」を誇るのであって、きみ自身が美点をもっているわけではないのである[16]。

こうして、「自由に至る道は、われわれの力の及ばない物をすべて軽視することにある[17]」。「きみの心が万一にもきみを離れて外部に向かい、世間の気を迎えようとする気持ちが生じたなら、そのとき、きみは正しい心の状態を失ったのである[18]」。

自己確立　しかし、それにしても、「自分には名誉もなく、勢力もなく、生涯を終わらなければならないだろう」という考えによって、きみは心を乱されるのか。「名誉ある地位につく」といったことが、それほどまで大事であろうか。否、けっしてそうではない。「きみが、まさにきみの力の及ぶものに対しては勢力を有し、最大の名誉をかち得るかぎり、どうしてきみは無力に生活するといえようか」と、エピクテトスは言う[19]。自分らしさをしっかりと確立して生きることが、最大の名誉だというわけである。

「きみに当てがわれた役割を立派に演ずることは、きみの仕事であり、それを選ぶのは他人の仕事である[20]」。社会から当てがわれた仕事や役割を、立派にこなすことが大切であり、自分に当てがわれた役割にみだりに不平不満を言うべきではないのである。そして、「きみがもし、それをしなければならぬという確固たる信念をもってある事をなすとき、たとえ多数者はそれについて違って考えようとも、公然とそれをするのにはばかることはない」[21]。「きみが最善と認めるものを、あたかも神に指令された持ち場につくかのように、固持せよ」[22]。「きみは模範とするに足るある人物を心にえがいて、私的生活においても、公的生活においても、これに倣って生活するように心掛けよ」[23]。エピクテトスは、このように、しっかりとした自己確立をして生きることを最大の善と考えているのである。

人なかでの振る舞い　そして、人なかにあって生きるときには、自己抑制した、毅然《きぜん》とした振る舞い方を、エピクテトスは要求している。たとえば、「多くの場合に沈黙をまもれ。あるいはただ必要なことのみを話せ、それもなるべく言葉少なにせよ」[24]。「できるならきみの談話によって、きみの仲間を常に上品な話題に導くがよい。またまったく知らない人々の間では、沈黙をまもるがよい」[25]。だれかがきみに「だれそれはお前の悪口をいっていた」と告げたなら、その言われたことに対して弁解をせず、むしろこう答えるがよい。「彼はわたしの持っているその他の欠点を知らなかったのだ。そうでなかったら、ただその一つだけを挙げはしなかっただろう」[26]と。ヒルティはこれに関連して、カーライルの次のような言葉を引いている。「心の満足を得る最上の方法は、自分は絞首刑に処せられるのにふさわしい者だと自ら思うことである。そして、これはおそらく本当のことかも知れないのだ。そうすれば、満足はごく自然に生まれてくる」[27]と。あるいは、「会合の席で、きみのした行為や冒険についてたびたび、そしてくどくどしく話さないように注意するがよい。なぜなら、自分のおかしてきた危険を回想するのは、きみにとっては愉快なことであっても、他人がそれを聞くのはさほど愉快ではないからである」(28)とエピクテトスは言っている。

（2）ショーペンハウアー

人生論的諸想　以上のエピクテトスの考え方を近代的な形で敷衍《ふえん》したものが、ショーペンハウアーの幸福論であると言ってよいと思う。ショーペンハウアーの世界観は、根本的にペシミズムであり、この世は、生きんとする盲目的意志に駆られた、愚かしい欲望の空しい追求の連続であって、苦悩以外の何物でもないという点にある。(30)いま、その哲学的世界観の詳細はここでは暫《しばら》く措《お》いて、(29)彼の人生知を盛った幸福論的断想から、無常な人生のただなかでどこに眼を向けて生きれば人はわずかながら生の慰めを得るとショーペンハウアーは考えていたのかを、簡単に素描しておこうと思う。

エピクテトスとの繋がり　ショーペンハウアーは、もともと「人がそれであるもの」つまりその人らしい「人格」のうちにこそ、幸福の源泉が存し、それ以外の「人が持っているもの」つまり「財産や所有物」、さらには他人がその人について「表象」するものつまり「他人の意見」やそれによって自分に与えられるかもしれない「名誉、地位、名声」などのうちには、幸福はまったく宿っていないと考えている。(31)これは、つまるところ、エピクテトスの言う、自分の力の及ぶものと及ばないものとの相違と同じであり、ショーペンハウアーは、エピクテトスと同様に、自分の力の及ばない事柄のうちに幸福を探すのは不幸を招くと見なし、そうした事柄を当て所《ど》ないものと考えて無視して生きることを勧めるのである[32]。そのことを説く鋭いものの言い方に、ショーペンハウアーの独自性が潜んでいる。

世の中の悲惨　ショーペンハウアーによれば、「なんと言ってもこの世の中ではどこにいっても、あまり多くのものを得ることはできない。災いと苦痛がこの世を満たしており、それらを脱却できた者を、今度はあらゆるものがかげで、退屈が待ち伏せしている。加えて、この世の中ではたいてい、悪がのさばっており、愚劣さが大きな口を叩いている。運命は残酷であり、人々は哀れむべきありさまで生きている[33]」。

人格の大切さ　そうであればこそ、「われわれの人生の幸福」にとって、なによりも本質的なのは、「われわれがそれであるもの」つまり「人格」であり[34]、「われわれの個性」[35]である。「おのれ自身にそなわっているものこそ、その人の人生の幸福にとって最も本質的なものである[36]」。人は、この失うことのない自分本来の宝をいちばん大切に育て上げることのうちに、幸福を求め、生きる慰めと価値を見出さねばならないとショーペンハウアーは考える。

したがって、「われわれは、与えられた人格からできるかぎり利益を得るようにこれを利用し、こうして人格に即した努力を重ね、おのれの人格にふさわしいような方向におのれを鍛えて、ほかのあらゆる措置を避け、さらには人格に適合する地位、職業、生活方式を選ぶ」ようにしなければならない[37]。「人格とその価値だけが、その人の幸福と安寧に唯一直接にかかわるものである」[38]。「気高い性格、能力ある頭脳、しあわせな気質、朗らかな感受性、よい調子のまったく健康な肉体、つまり、〝健全な肉体に宿る健全な精神〟」は、私たちの幸福にとってなによりも大切である[39]。

心身の健全　まず、「優れた豊かな個性をもち、特に精神内容が豊富であることは、疑いもなくこの世での最大の幸運である」[40]。こうした卓越した人が取り組むのは、「知的生活」[41]である。けれども他方、健康さが「明朗さ」をもたらしてくれるから、「高度の健康を保つ」ように努力しなければならない[42]。健康は重要であり、「おそらく健康な乞食のほうが、病気の王様よりも幸福である」[43]。したがって、「毎日二時間は空気のよいところですばやい運動をすること、冷水浴を盛んにすること、それと似た食事療法的な規則に従うこと」が大切である[44]。財産が多すぎるとそれを維持するための労苦が大きくなるから、せいぜい生活を支えうる範囲内で、「恐れずに使える収入」[45]があればよい。

孤独の大切さ　このように、自分一個の生活の基礎が確立すれば、「精神力豊かな人」

は、「まったく孤独」であっても、「おのれの精神や空想力を相手どって大いに楽しむことができる」が、「愚鈍な人は、やれ社交だ観劇だ旅行だ娯楽だと次から次へと変化を求めても、苦しい退屈を追放することができない㊻」。否、それどころか、「偉大な精神」は「孤独」を選ぶようになる㊼。というのも、「人はおのれに蔵するところが大きければそれだけますます外から求めるものが少なくなる」からである㊽。これに反して、「精神が貧しく一般に下品であるにしたがって、人は社交的になる㊾」。いずれにしても、ゲーテも語ったように㊿、「あらゆる事物において誰しも結局は自分自身に突き返される」のである。「人はおのれ自身であればあるほど、したがっておのれの楽しみの源泉をおのれ自身のなかに見出すことが多ければ多いほど、それだけますます幸福になる(51)」。「完全な健康と体の組織の調子の良さから生じた落ち着いた明朗な気質、はっきりとした、生き生きとした、事物の内部にまで浸透してこれを正しく把握する悟性、節度ある柔和な意志、それに正しい良心などは、いかなる地位や富をもってしても代え難い長所である(52)」。いずれにしても、「孤独」のなかでこそ、「その人自身がそなえているものが何であるかが、はっきりする(53)」。精神の貧しい人は、自分の外部に気晴らしを求めるから、孤独を嫌う。けれども、精神の優れた人にとっては、「おのれ自身やおのれの思想と作品に、何物にも妨げられずに専念すること」が「必須の要求」となるから、「孤独」は「歓迎すべきもの」となり、「閑暇は最高の宝」となる(54)。こうした人々については、「その重心はまったくその人のなかにある」と言わねばならない(55)。ルキアノスが言ったように、「真実の富は、魂の内面的富のみである」(56)。ただし、「偉大な精神の持ち主」は、「苦痛に対するきわめて高い感受性」をもっていることを忘れてはならない(57)。

自足の境涯　ショーペンハウアーはこのように、自分自身のうちに自足して生きる、いわば賢者の孤独を幸福と考えている。それを、おのれの秀でた精神力に自足する気位の高い老哲学者の偏屈と解してはならない。むしろ、その裏側にあるものは、この世の定めなさ、世間の人々の愚かさ、この人生への幻滅感なのである。世の中の人は、幸福というと、運命の女神の微笑や、それによる財産や名誉、この世の成功や拍手喝采を思い浮かべる。しかし、ショーペンハウアーは、この種の世俗的な幸運や僥倖《ぎょうこう》が、儚く頼りないものであることを学び知ったからこそ、おのれ自身で満ち足りている賢者の慰めと幸福を、最後の砦《とりで》として守ろうとしたのである。そこに潜むショーペンハウアーの厭《えん》世《せい》観を、人は見逃してはならない。ショーペンハウアーは、俗世間に愛想が尽きているのである。そのことは、ショーペンハウアーが、人が所有するものや、他人が自分について下す世評などがいかに定めなく頼りないものであるかについて、辛辣《しんらつ》に語るその言い方のうちに紛れもなく看取されうる。

財貨の空しさ　たとえば、「大きな財貨」(58)がありすぎると、それの「維持」のために、「多くの避けられない気苦労」が生ずるし、一方、「ほしいと思わない財産」は、それなしでも「まったく満足して」生きられるし、逆に、たいへんな物持ちでも、「求めるものがひとつでも欠ければ」、不幸になる。[59]「現にある財産」は、「生起する可能性のあるもろもろの災いや不運に対抗する防禦壁」と考えておけばいいのである。[60]

他人の意見に振り回される愚かさ　他人が自分についてどう思うかという点については、これほど人が気にし、それでいて当てにならぬものはないとショーペンハウアーは、おそらくみずからの辛い体験を告白するかのように、痛罵《つうば》を浴びせかける。「誰でも、他人が自分のことをよく思ってくれることが分かり、おのれの虚栄心がなんとなく満たされるや否や、ほんとうに心底から嬉しくなり」、「嘘」であっても「賞賛」されると、「喜色満面」といったありさまとなる。[61]一方、他人から「名誉心を傷つけられ、低く見つもられ、おとしめられたり、無視されたり」すると、いかに人が「感情を害し、しばしば深刻に悩む」かは、「驚くべきことだ」とショーペンハウアーは言う。[62]「われわれの心配、困惑、呵責、怒り、不安、緊張などのすべては、おそらくほとんどの場合、他人がどう思うかということに本来関係している」。[63]私たちが「他人の意見」にあまりにも高い「価値」をおき、それについてたえずくよくよと「心配」するありさまは、ほとんど「生来の狂気」とさえ見受けられる。[64]

けれども、「他人の意見に対する大きな感受性を抑制し」、あまりそれに過敏にならぬようにするほうが「望ましい」。[65]「たんに他人の眼にどう映っているかではなく、自分自身のなかに、自分自身にとってあるものの価値を正しく評価することが、われわれの幸福に大きく寄与する」[66]。「名誉、栄光、位階、名声」などは、あまり重要ではない[67]。「他人の意見にあまりにも大きな価値をおくことは、世上一般に支配的な迷妄である[68]」。「他人の意見」は一般に大部分、「好意あるものではない」ので、「ほとんどの人は誰でも、自分について言われていることをすべて聞き、しかもそれがどんな調子で言われているかを知ったなら、烈火のように怒るはずである[69]」。他人の意見に一喜一憂するのは、くだらないことなのだが、しかし、「気高いことは困難なのである[70]」。

虚栄心・名誉心など　おそらく、他人の意見に私たちが振り回されるのは、私たちのうちに、「名誉心、虚栄心、誇り」があるからである[71]。「誇りとは、なんらかの点でおのれの卓越した価値をまえもってしっかりと確信していることである[72]」。「虚栄心とは、他人のなかにこうした確信を目覚ませたいという願望」である[73]。確信がほんとうにあるのなら、「誇り」が損なわれることはないが、「虚栄心」は、それを外部に期待するので、それは、誇りにとっての「最悪の敵」である[74]。私たちが「他人の眼」に映ずる仕方は、「名誉、位階、名声」などであるが、「名誉」とは、「客観的には、私たちの価値についての他人の意見であり、主観的には、この意見に対する私たちの恐怖」である[75]。「位階」とは、本来「みせかけの価値」であり、「衆愚のための一篇の喜劇」である[76]。「名声」とは、「例外者」に与えられ、「獲得」されるべきものであり、「私たちの誇りと虚栄心にとっての、ごく稀にしか得られない、貴重この上もない食物」である[77]（この一句は、ニーチェに強い刺戟《しげき》を与えた）[78]。ただし、人を幸福にさせるものは、「名声」そのもののうちにはなく、その名声を得るに至ったその「功績」、つまり「志操や能力」のうちにある[79]。ショーペンハウアーはおそらく、名誉心や虚栄心を捨て、名誉や位階に頓着せず、高い誇りをもって、ひとえに立派な「功績」を挙げ、名声に値する仕事をなし遂げることのうちにのみ、自己の生きがいを見ていたに相違ない。それが、彼の思想的著述活動に結晶したと言ってよい。いずれにしても、ショーペンハウアーは、人間の根底に潜む愚劣な欲望や浅ましい虚栄心、それにもとづく俗世間の空しさを、骨の髄まで味わい尽くした人物だったと言わねばならない。

（3）セネカ

ストア的人生観　以上のようなエピクテトスやショーペンハウアーの見解を見て私たちの思うのは、外部の世評や評価に左右されずに、また所有物や財貨にも眼を奪われずに、しっかりと自己を確立して、自足した個性ある生き方を大切に育て上げることが、いかに人生の歩みにとって重要かということであろう。そしてこれこそはまさにストア派の人生観と幸福論の核心をなすものにほかならない。私たちはその見事な表現を、セネカの幸福論[80]のうちに見出すことができる。

探究態度　セネカによれば、私たちの誰もが「仕合わせに生活したい」と望むが、「幸福な人生に到達することは容易な業」ではなく、「目標」と「道」をよく考えねばならない。(81)「世論に同調」したり、「模倣に従って生きる」のはよくなく、「最も人通りの多い道」ほど「最も多く人を迷わせる」ものである。(82)「気まぐれな人気」の支配する「人の集まりから離れるだけでよい、それだけで健康になる」。(83)「誉める者の数が、とりもなおさず嫉《ねた》む者の数」だからである。(84)自己自身に立ち帰って、「堅実で不変」な「善」を求めねばならない。(85)では、それはどこにあるか。セネカは次のように言っている。

幸福論の教え　「ストア派のすべての人々の間で意見の一致をみているように、私は自然の定めに従う。自然から迷い出ることなく、自然の法則と理想に順応して自己を形成すること、これが英知なのである。それゆえ幸福な人生は、人生自体の自然に適合した生活である。そしてそれに到達するには次の仕方以外にはない。まず第一に、心が健全であり且《か》つその健全さを絶えず持ち続けることである。第二に、心が強く逞《たくま》しく、また見事なまでに忍耐強く、困ったときの用意ができており、自分の身体にも、身体に関することにも、注意は払うが、心配することはない。最後に、生活を構成するその他もろもろの事柄についても細心であるが、何ごとにも驚嘆することはなく、運命の贈物は活用せんとするが、その奴隷にはなろうとしない。こういった仕方である」(86)と。

人生の生き方　ここには、自然の摂理に従って生き、健全にかつ忍耐強く心を配り、当て所ない偶然の運命に左右されない、しっかりとした理性的な人生態度が、幸福を約束するものとして説かれている。このことの含みをもう少し嚙《か》み砕いて敷衍《ふえん》しておけば、まずそこでは、偶然的出来事に翻弄《ほんろう》されない心の強さが大切とされている。「最高の善とは偶然的なものを軽んじ、徳に喜ぶ心である」(87)。「自由を与えてくれるものは、運命を軽視すること以外にはない」(88)とセネカは言っている。それは、運命を無意味とすることではない。反対に、むしろそれは、運命を剛毅に耐え忍ぶことを意味している。セネカは言う。「われわれに課せられている務めは、死すべき運命に堪え、われわれの力では避けられない出来事に、心を乱されないことに他ならない。われらは支配の下に生まれついている。神に従うことが、すなわち自由なのである」(89)と。私たちの抗《あらが》えぬ大きな自然や運命や神の摂理は、これを引き受けて耐え忍び、私たちは強靭《きょうじん》に生き抜かねばならないわけである。それこそが、人間の「徳」とされている。最高の善や徳は、「不屈な力」のうちに存し、また「物事に経験が豊かであり、身振りが静かであるとともに、人情に厚く、交際にも思いやりのあること」とされている(90)。「善き人」とは、「道義を尊び、徳に満足し、偶然的なもののために得意にもならず、さりとて失望もせず」(91)、また「快楽」の奴隷にもならない人である(92)。「幸福な人生の基は、自由な心であり、また高潔な、不屈にして強固な心であって、恐怖や欲望の圏外にある」(93)。「幸福な人というのは、理性のおかげで、欲も恐れもない者」のこと、「幸福な人生とは、公正で確実な判断に基づく安定した不変の生活である。そのときには、心は全く澄みわたり、あらゆる悪から解放され、深手はおろか、かすり傷さえも免れるであろうし、また自己の立場に常に立ち、たとえ運命が怒って攻撃しようとも、自己の座を固守するであろう」とセネカは言う[94]。「幸福な人は、判断の正しくできる者である。幸福な人は、たとえ現況がどうであれ、それに甘んじ、自己の境遇に親しんでいる者である。更に、幸福な人は、自己の生活のすべての在り方を理性から委されている者である[95]」。そうセネカは述べている。理性的な克己心の強い人間を尊ぶ人生観がここに披瀝《ひれき》されていることは明らかである。ここにストア派の人生論の真髄があることは言うまでもない。

理性と自然　そうした「理性」は、「自然」を尊重し、「自然」から「助言」を求めるとされる[96]。「それゆえ、幸福に生きるということは、とりもなおさず自然に従って生きることである[97]」。「最高の善は砕けることのない心の強さであり、識見であり、気高さであり、健全さであり、自由であり、調和であり、優美さである[98]」。そうした者には、「高慢な気持ちや、自己の過大評価と他人に対する思い上った優越感や、自身の利益への盲目的で無分別な愛着や、だらしのない贅沢や、些細で幼稚な原因から来る有頂天」や、「厭味たっぷりや、人を侮辱して喜ぶ横柄な態度や、自分を忘れて眠りこけている愚鈍な心の怠惰と退廃」は、無縁であるとセネカは述べている[99]。私たちは、こうしたストア派の人生観が、泰然自若とした達観した人生態度を重んじた私たち東洋人の生き方とも繋がる普遍的な人生訓として、何人も否定しえないある種の真実を含むことを承認せざるをえないであろう。

2　揺るぎない信仰の勧め（ヒルティと三谷隆正）

（1）ヒルティ

宗教的人生論へ　しかしながら、いかに堅固に自己確立をして生きたとしても、私たちは所詮、力弱い有限な存在者である。思わぬ不運や災害、事故や苦痛、病気や貧困、不和や確執、さまざまな心痛や不安や憂悶《ゆうもん》に襲われて苦悩し、不幸と挫折の惨めな境遇に落ち込むことは、不可避の運命である。加えて、誰も免れることのできない死や、生存の意義への懐疑や絶望の思いは、いかに意志強靭な人のうちにも、暗い影を落とし、人生への憂愁の念を誘わずにはいないであろう。ストア的な人生観は、所詮、人間の自力を頼みとするにすぎず、その理性的な克己の精神を根底から揺るがすような大きな苦難が人に襲いかかってきたとき、人はその立場にとどまることはできないであろう。実際、思想史の上でも、ヘレニズム・ローマ時代の哲学は、自力に依拠する倫理的人生観から、他力に縋《すが》る宗教的人生観へと転換していったのである。(100)私たちは、逆境においても自己を支えてくれるような、ある絶対的なものからの助力、もしくはそうしたものへの信仰を、必要としていると思う。

近代の幸福論において、こうした宗教的なものに裏づけられた人生観を優れた形で表出した哲学思想は、むろん種々存在する。最も代表的なものはパスカルの『パンセ』に盛られた思想であろう。(101)そのほかキリスト教的な内省的な哲学の流れは、多くの傑出した人間観を結実させている。(102)しかし、ここではそれらを顧みる余裕はない。目下は、ごく身近に与えられているヒルティと三谷隆正の幸福論によって、「揺るぎない信仰」にもとづく人生観の一端を垣間《かいま》見るにとどめたい。

ストア主義とキリスト教　ヒルティは、既述のように、(103)エピクテトスの語録を独訳してみずからの幸福論の一部に組み入れるほど、ストア的人生観を高く評価するのだが、しかし他方ではやはり、キリスト教の立場からして、それに対しては批判的なのである。すなわち、なるほど人間が、「自己教育」によって堅固な人生観を形成するには、「ストア主義とキリスト教」という「二つの方法」しか存在せず、(104)それらは「共通」して、人間の「意志」(105)に高い価値をおき、また「道徳的な世界秩序の存在」に対する固い「確信」を培おうとしている点で、(106)連関しているとヒルティは言う。それどころか、ストア主義は、「自主独立の人格」(107)、つまり「運命の変転から超然たりうるような、内面的に牢固たる、すぐれた人格」(108)の大切さを説諭することによって、現代の多くの人々にとっては、「宗教的信仰よりもずっと親しみやすい」(109)く、また「宗教よりも有効な教育手段」(110)を提供するかに見えるとヒルティは述べる。けれども他方において、ストア主義は、「キリスト教とは全然違った世界観」[111]にもとづいている点をヒルティは批判して、それでは不十分だとする。つまり、ヒルティによれば、ストア主義は、あくまで「現世の幸福」[112]しか念頭におかず、しかも「人生の苦難を否定し、常にすぐれた精神力をもってこれを蔑視しようとつとめる」[113]。ところが「キリスト教」は、「人生の苦難を現実的存在として」承認し、しかも、「より高い、より内的な幸福を約束して、それによってその苦難を堪えやすくし、いな、むしろそれを無意義にさえする」[114]。ストア主義は、「自分」一個の幸福の発見に努めるにすぎないが、キリスト教はむしろ、「個人の幸福」を眼目とせず、「ある霊の王国の実現のために働くこと」を主眼とする。[115]しかもキリスト教においては、「各人の自力による信仰」ではなく、「むしろただひたすらな神への〝回心〟」[116]が重視され、そこでは、「自力による徳」[117]は捨てられ、人間は「自分自身の内部」から「崇高な力」を展開できない弱い存在者と捉えられ、「神のみこころに従う生活」[118]、「神にのみ仕える」[119]生活が、最も大切とされる。要するに、キリスト教は、自力への頼みが崩れるこの世の苦難の現実を直視し、それに耐え抜こうとして、力弱い有限な自己を越えた、絶対的な神の愛を信じ、神のみこころに従う生活のうちに、「揺るぎない信仰」の基礎をおき、それにもとづいて生きることを勧める宗教的な人生観・世界観であるということになる。

神のそば近くにあって仕事すること　ヒルティの幸福論の核心は、このキリスト教的信仰のうちにある。人間は根本的に、苦難に見舞われる、力弱い有限な存在者である。それゆえ、「われわれは、あらゆる困難に対して常におこたりなく用意されている或《あ》る助力を必要とする」[120]とヒルティは言う。「自分の力でこと足りるのなら、力の不足をさほど痛感しないであろう」[121]。「人生のまことの補強工事とは、神のそば近くにあることと仕事とである」[122]とヒルティは明言している。「たえず神のそば近くにあること」と、それと結びついた「絶えまない有益な仕事」とが、「永続的な幸福」を約束するというのが、ヒルティの人生論の根本核心である[123]。「神のそば近くにあるということ」が、なにか「神秘的」で不可解なことのように感じる人があるならば、これを、「偉大にして真実な思想に生きる」という表現に代えてもよいとヒルティは言っている[124]。もっと身近な言い方で述べれば、それは、「倫理的世界秩序に対する堅い信仰」[125]と、その「確信」にもとづいてこの「秩序」のなかで「働き」、「活動」し、ひいてはそうした意味での「仕事」をすることにあると言ってもよい[126]。ここにこそ「幸福」[127]への道があるとヒルティは考えている。「幸福」とは、「神と共にあること」であり、これに到達する力は「魂の声なる勇気」である[128]。真理は、個人および民族の「運命」のなかで示される「歴史的経験」に凝縮されており、その個人の体験と人類の全歴史は、「真の生気ある霊的存在」つまり「神」の働きを「充分明瞭に証示している」とヒルティは考えている[129]。「人生の幸福は、神の世界秩序との内的一致であり、こうしてまた神の側近くあるという感情である」[130]。

いかなる人生の不幸に出会っても、これに打ち克《か》って慰めを与えてくれるものは、「道と真理と生命[131]」の源泉である神への信仰に存するというのが、ヒルティの確信である。要するに、神の愛を信じ、それに勇気づけられて、苦難の道を耐え忍び、あくまでも神による倫理的世界秩序への揺るぎない信念にもとづいて、この世の中で活動し、仕事をすること、そうしたキリスト教的人生観が、ヒルティの幸福論の基盤を成しているわけである。

仕事　けれども、ヒルティの幸福論の興味深さはそれのみには尽きず、むしろそこから導出される、みずからの堅実な人生遍歴にもとづく、さまざまな具体的な処世訓のうちにあると言ってもよいのである。たとえば、仕事や活動が重要であることは上述でも示されたが、「自然の休憩によって中断されるだけの、絶え間ない有益な活動の状態こそが、この地上で許される最上の幸福な状態」であるとヒルティは述べている[132]。人を幸福にするのは、仕事の種類ではなく、「創造と成功とのよろこび」である[133]。「この世の最大の不幸は、仕事を持たず、したがって一生の終わりにその成果を見ることのない生活である[134]」。人生は「享楽」のためにあるのでなく、「必ず実を結ぶように」営まれねばならない[135]。「我を忘れて自分の仕事に完全に没頭することのできる働き人は、最も幸福である[136]」。したがって、「怠惰[137]」はよくなく、人は良い「習慣[138]」を身につけ、「無益な活動[139]」は避け、精神的な仕事においては「繰りかえす[140]」ことによって習熟の度を深め、若者の教育に当たっては、「仕事」に対する「愛好心と熟練」を得させ、「なにか偉大な事柄に生涯をささげる決意をいだかせるように[141]」することが肝要である。

習慣　また、生活の具体的場面では、とくに良い「習慣[142]」を確立することが大切であるとヒルティは言う。そのためには、「恐怖心[143]」を捨て、「二兎を追う愚[144]」を犯さず、「すべての人々を愛するように[145]」努力し、「中途半端」はやめ[146]、「他人にだまされてはなら」ず[147]、「悪」は非難によってよりも、これを「明るみに持ち出す」ことによって克服[148]し、また「貧しい者」たちのためを思って生き[149]、「持続的な、平静な倫理的力」を与えてくれる「真実」を尊びつつ生きねばならない[150]とヒルティは言う。こうして、「真理」を重んじ、何物も「恐れる」ことなく、「すべての人々と平和」に、しかもみずからも内心の安らぎをもって生き、すべての人々から「誠実な尊敬と親愛」を受けて生きることができれば、そこに「この世の宝」が実るという[151]。

時間の使い方　また、「時間」の上手な使い方も大切である[152]。せっかちや苛立《いらだ》ちはよくない。「時間をつくる最もよい方法」は「規則正しく働くこと」である[153]。そのためには「一定の職業」に就くのがよい[154]。事を始めるに当たっては、「気乗りや気分などの準備に長い暇をかけない」で、即座に飛び込むことが大切である[155]。また「小さい時間の断片の利用」も上手に心がけ[156]、多くの仕事をうまく按配《あんばい》して捌《さば》き、偽りの徹底性を避け、

「手早く」「すぐにきちんと」仕事をなし、「無益なこと」にかかずらわぬ用心が大切である。(157)限りある時間のなかで正しい仕事をなし、人々への愛をもって生きることが、幸福を約束する。どんな不幸のときにも人を慰めるものは、「仕事と愛」である。(158)ただしその際、「野心のないことが必要」である。(159)「余計なことや無益なことのためには決して時間を持たないが、しかし正しいことや真実なことのためにはいつも充分時間があるというのが、本当の仕事である」。(160)

理想主義　しかし、こうした「理想主義」は、世の中の「実生活」にはあまり役立たないのではないかと言う人があるかもしれないが、ヒルティは、「理想主義」を、「ひとつの信仰、ひとつの内的確信」としてあくまで堅持しようとする。(161)ゲーテの友人であったフォン・クリンガーの言葉を引きながら、ヒルティはこう述べる。人は、「おのれの義務」を果たし、「浅薄な虚栄心や、こころを乱す名誉心、権勢欲」を捨て去って、「ただおのれの義務がそれを要求する場合にのみ、社会の舞台に立」ち、その他の場合は、「一人の隠者として、家族と少数の友人との間に、書物のなかに、精神の王国のうちに生きねばなら」ない、(162)と。「義務を果たしたあとは、退いて」、「世間から求めること」をいっさいしない人は、やがて必ず「幸福」を得るはずである、(163)と。「ある程度孤独を愛することは、静かな精神の発展のためにも、また、およそ真実の幸福のためにも、絶対に必要である」。(164)人生において到達しうる「幸福」は、無益な社交を避け、「ある大きな思想に生きて、それのためにたゆまず着実な仕事をつづける生活のうちに見出される[165]」とヒルティは述べている。こうして、「謙虚」に、しかしどんな苦難にも堪えうる大きな「力」にあふれて、必ずや他日有意義な成果が実ることを「確信」しながら、「落着いて自分の仕事にいそしむ」ところに、「幸福」は訪れてくるとヒルティは考えている[166]。

不幸への対処　むろん、そうした人生の途次において、人は不幸に出逢《であ》うことがある。けれども、不幸は、「人間の生活につきもの」であり、「幸福のためには必要」と見なし、それと戦って、「自分の運命との完全な和解」に到達するように、人間は努力しなければならない[167]。「悩みや不幸」に出逢ったときには、よく「熟慮」し、一時的な感情に惑わされず、「不動の信念」をもち、それが「罰」でないかどうかをよく考え直し、それによって自分を「浄化」し、「試練」をとおしてみずからを「強化」してゆかねばならない[168]。そのことを通じて私たちは、「自己の力」と、さらにはそれを越える「神の力」とを経験するはずであるとヒルティは述べている[169]。

（2）三谷隆正

ヒルティのうちに生きているキリスト教的人生観と同じ地盤の上に立脚[170]しながら、教育者および学者として立派な生涯を送った三谷隆正がなした幸福論の主張を、ここで簡単に見ておこう。三谷の幸福論は、ストア派を初め、非キリスト教的な人生観や幸福論を批判する部分を多数含んでいるが、いまそれらには立ち入らず、三谷自身の積極的な幸福論の主張のうちの、ごく基本的な点だけを、取り上げることにしたい。

苦難と新生　三谷によれば、「人の世」をただ「人の世」として見るとき、「厭世主義」が「必然の結論」となるとされる[171]。なぜなら、この世は「失望」と「悲哀」にみちているからである[172]。たとえば、いかに自分が「意志」[173]しても、それではどうにもならない厳しい現実を、私たちはあらゆるところで経験するからである。「わが意志に手むかう者実在すということ」、「この経験においてわれらは現実に自己と自己にあらざる他者との実在に触れ[174]」、「圧倒的な他者の抵抗阻止に会うて、見るかげもなく崩れついゆる経験[175]」を味わう。そのとき私たちは、「痛烈深刻におのれの微小無力さをさとらされ」る[176]。私たちは、この「苦難」を通じてのみ、「真の実在者の実力に触れ、人生において真に力となり頼みとなるものが何であるかを知らされる」[177]。そのとき、私たちは、「ひとたび死して新に生まれかわる」[178]のだと三谷は言う。無力な自己に目覚め、いのちを贈り届けてくれた神の愛に縋って、私たちは、新たに生まれ変わり、再び新生を恵まれて、感謝をもって、神に従って生き直す道を歩み始めるのである。新たに生まれ変わり、「神の国」[179]を見て初めて、ほんとうの人生が始まる。「超越的人格神に到り得て、この神の前におのれを捧げ、おのれに死して神のうちにのみ生き」て初めて、「自我中心または人間中心の生活から神中心の生活に移ること」が可能になる(180)。「斯《か》かる主体的更正またはは新生なくして、積極的なる幸福の実質に与《あずか》ることはできない(181)」。「新生なきところ真のよろこびと幸福とはあり得ない(182)」。「幸福の秘訣は新生にある(183)」と三谷は言う。要するに、苦難に突き当たって、挫折し、神の愛に触れて、新たに生まれ変わり、もう一度、人生をやり直し、たえず復活して、いのちの輝きに恵まれて、永遠の生命に蘇《よみがえ》ることを希望する信仰のうちにこそ、人生の辛酸に耐え抜く幸福の秘訣があるというのが、三谷隆正の根本信念であったと言ってよい。

自分・家庭・社会　こうして、「幸福」とは、「旺《さかん》なるいのちに充ち溢れることだ」と三谷は言う(184)。「真実」の人生を生き、「よろこび(185)」を得たいと思う者は、「真実こめてこの人生を生きぬけるべく覚悟しなければならぬ」と三谷は説く。その際、「自分」と「家庭」と「社会」の「三つの軸」に即して考えると(186)、まず、「からだの健康は大切である(187)」。また、「良き家庭は良き健康と同じように大切である(188)」。さらに、「社会」における私たちのあり方は、「職業または使命の問題」と関わるから、「職業の選択を誤らないようにすることは、自他の幸福のため極めて大切である(189)」が、しかし、「真実やりたいと思う仕事があるなら」、「生計のことなど深く心を労する必要はない」と三谷は言う(190)。いずれにしても、「良き健康と清純な家庭と一生を投じて悔なき職場と、この三つを併せ持つことは大なる幸福である(191)」と三谷は述べる。

真実一路　「しかしそれにもまして大なる幸福は新しきいのちの源に出会うて、新しく造り変えられることである」[192]と三谷は主張する。「この新しきいのちさえ与えらるるならば、健康を失っても、家庭がなくとも、職場さえ奪い取られても、われらは生気とよろこびに溢れたぎつことができる」[193]。「しかしこの奪うべからざる幸福への鍵は、われら人間みずからの裡にはない」[194]と三谷は言う。「幸福」は、「ただ信仰により、超越的創造の主たる神の恩賜として、ただただ恩賜として受領するよりほかない」[195]と三谷は説く。そのためにも、「真実一途の生活をすること」、「ただただ真実の一本槍、一切の虚偽虚飾を敵に廻して、終始一貫ただ真実を守って生きぬくことだ」と三谷は叫んでいる[196]。三谷隆正の幸福論は、こうしたキリスト教的信仰に根ざす真実一路の人生観に極まると言って過言ではないのである。

注

（1）エピクテトス『要録』鹿野治助訳〔『世界の名著』13、中央公論社、昭43、三八三—四〇八頁所収〕を参照。

（2）ヒルティ『幸福論』（第一部）草間平作訳、岩波文庫、一九九七（第八〇刷）、三一—一一四頁所収（以下、本書をヒ（1）と略記）。原書は、C. Hilty, Glück, Erster Teil, Huber & Co. Verlag, 1910. この原書をも参照したが、以下では、草間訳を利用させて頂く。

（3）本書三四八—三四九頁。　（4）ヒ（1）四三頁。　（5）ヒ（1）四三頁。
（6）ヒ（1）四四頁。　（7）ヒ（1）四四頁。　（8）ヒ（1）四四頁。
（9）ヒ（1）四六頁。　（10）ヒ（1）四七頁。　（11）ヒ（1）四四頁。
（12）ヒ（1）四八頁。　（13）ヒ（1）四九頁。　（14）ヒ（1）五四頁。
（15）ヒ（1）五九頁。　（16）ヒ（1）四九頁。　（17）ヒ（1）六一頁。
（18）ヒ（1）六四頁。　（19）ヒ（1）六四頁。　（20）ヒ（1）六〇頁。
（21）ヒ（1）八七頁。　（22）ヒ（1）六三頁。　（23）ヒ（1）八一頁。
（24）ヒ（1）八一頁。　（25）ヒ（1）八二頁。　（26）ヒ（1）八三頁。
（27）ヒ（1）八三頁。　（28）ヒ（1）八六頁。
（29）詳しくは、渡邊二郎『芸術の哲学』放送大学教育振興会、一九九三、一八七—二一八頁を参照。
（30）ショーペンハウアーの大著『パレルガとパラリポメナ』（一八五一）第一巻所収の「人生知のためのアフォリズム（Aphorismen zur Lebensweisheit）」を参照。このうちの老境論はすでに本書二八五—二八九頁で見た。原書は、A. Schopenhauer, Sämtliche Werke, Bd. IV, Suhrkamp Taschenbuch Wissenschaft, 1989, S. 373-592（以下、本書をSと略記）〔邦訳は、『ショーペンハウアー全集』11、金森誠也訳、「生活の知恵のためのアフォリズム」、白水社、一九七三、一一七—三九三頁がある。以下、達意のこの邦訳に準拠し、若干箇所で私見により変更を加えた〕。
（31）S 377　（32）本書三三一—三三二頁。　（33）S 398.　（34）S 382.　（35）S 380.　（36）S 384.
（37）S 383.　（38）S 386.　（39）S 386 f.　（40）S 398.　（41）S 404.　（42）S 388.　（43）S 381.
（44）S 388.　（45）S 423.　（46）S 381.　（47）S 394.　（48）S 394.　（49）S 395.　（50）S 397.
（51）S 397 f.　（52）S 381.　（53）S 395.　（54）S 406.　（55）S 406 f.　（56）S 407.　（57）S 409.
（58）S 384.　（59）S 413.　（60）S 415.　（61）S 421.　（62）S 421.　（63）S 427.　（64）S 425.　（65）S 421.

(66) S 421 f.　(67) S 423.　(68) S 424.　(69) S 427.　(70) S 428.　(71) S 428.　(72) S 428.
(73) S 428.　(74) S 428.　(75) S 430 f.　(76) S 431.　(77) S 475.
(78) ニーチェ『哲学者の書』渡邊二郎訳、ちくま学芸文庫、一九九四、たとえば二一五頁以下を参照。
(79) S 476.
(80) セネカ「幸福な人生について」茂手木元蔵訳〔セネカ『人生の短さについて他二篇』茂手木元蔵訳、岩波文庫、一九九二（第二一刷）、一一九―一七七頁所収〕を参照（以下、本書をセと略記）。
(81) セ一二一頁。　(82) セ一二三頁。　(83) セ一二三頁。
(84) セ一二五頁。　(85) セ一二六頁。　(86) セ一二六―一二七頁。
(87) セ一二八頁。　(88) セ一二九頁。　(89) セ一四九頁。
(90) セ一二八頁。　(91) セ一二八頁。　(92) セ一二八、一三一―一三三、一三九頁。
(93) セ一二九頁。　(94) セ一三〇―一三一頁。　(95) セ一三一頁。
(96) セ一三四頁。　(97) セ一三四頁。　(98) セ一三七―一三八頁。
(99) セ一三八頁。
(100) 渡邊二郎『哲学入門』放送大学教育振興会、一九九六、一三四―一三八頁を参照。
(101) パスカルについては他日の機会に論述を譲る。
(102) とくにフランスのスピリチュアリスムの流れは種々の興味深い人生論を含む。メーヌ・ド・ビラン、ブロンデル、マルセル等を考えよ。
(103) 本書三三〇―三三一頁。　(104) ヒ（1）三三―三四頁。　(105) ヒ（1）一〇〇、一〇八頁。
(106) ヒ（1）一〇八頁。　(107) ヒ（1）三三頁。　(108) ヒ（1）三六頁。
(109) ヒ（1）一一〇頁。　(110) ヒ（1）一一二頁。　(111) ヒ（1）四二頁。
(112) ヒ（1）三四頁。　(113) ヒ（1）五二頁。　(114) ヒ（1）五二頁。

(115) ヒ（1）五五―五六頁。
(116) ヒ（1）一〇〇頁。
(117) ヒ（1）一〇六頁。
(118) ヒ（1）一〇六頁。
(119) ヒ（1）五九頁。
(120) ヒルティ『幸福論』（第三部）草間平作・大和邦太郎訳、岩波文庫、一九九四（第三五刷）、一七頁（以下、本書をヒ（3）と略記）〔原書は、C. Hilty, Glück, Dritter Teil, Huber & Co. Verlag, 1907〕。
(121) ヒ（3）一七頁。
(122) ヒ（3）一八頁。
(123) ヒ（3）三一頁。
(124) ヒ（3）三一頁。
(125) ヒ（1）二二七頁。
(126) ヒ（1）二三一、二三三頁。
(127) ヒ（1）二二七、二三〇頁。
(128) ヒ（1）二四四頁。
(129) ヒ（1）二五八―二五九、二六三頁。
(130) ヒ（1）二六九頁。
(131) ヒ（1）二七五頁。
(132) ヒ（1）一六頁。
(133) ヒ（1）一六頁。
(134) ヒ（1）一六頁。
(135) ヒ（1）一七頁。
(136) ヒ（1）一九頁。
(137) ヒ（1）二二頁。
(138) ヒ（1）二三頁。
(139) ヒ（1）二七頁。
(140) ヒ（1）二八頁。
(141) ヒ（1）三〇頁。
(142) ヒ（1）一四七頁以下。
(143) ヒ（1）一五〇頁。
(144) ヒ（1）一五一頁。
(145) ヒ（1）一五四頁。
(146) ヒ（1）一五六頁。
(147) ヒ（1）一五六頁。
(148) ヒ（1）一五七頁。
(149) ヒ（1）一五九頁。
(150) ヒ（1）一六三頁。
(151) ヒ（1）一七五頁。
(152) ヒ（1）一七八頁以下。
(153) ヒ（1）一八二―一八三頁。
(154) ヒ（1）一八四頁。
(155) ヒ（1）一八六頁。
(156) ヒ（1）一八七頁。
(157) ヒ（1）一九〇―一九三頁。
(158) ヒ（1）二〇二頁。
(159) ヒ（1）二〇二頁。
(160) ヒ（1）二〇四頁。
(161) ヒ（1）一一七頁。
(162) ヒ（1）一二〇頁。
(163) ヒ（1）一二一頁。
(164) ヒ（1）一三三頁。
(165) ヒ（1）一三四頁。
(166) ヒ（1）一四一頁。
(167) ヒ（1）二三八頁。
(168) ヒ（1）二三九頁。

(169) ヒ（1）二三九頁。

(170) 三谷隆正『幸福論』、岩波文庫、一九九二（以下、本書を三谷と略記）。

(171) 三谷九三頁。　(172) 三谷九三頁。　(173) 三谷一一七頁。　(174) 三谷一一七頁。　(175) 三谷一二〇頁。

(176) 三谷一二一頁。　(177) 三谷一二三頁。　(178) 三谷一二四頁。　(179) 三谷九五頁。

(180) 三谷九〇―九一頁。　(181) 三谷一二四頁。　(182) 三谷一二六頁。　(183) 三谷九五頁。

(184) 三谷二一二頁。　(185) 三谷二一二頁。　(186) 三谷二一三頁。　(187) 三谷二一四頁。

(188) 三谷二一六頁。　(189) 三谷二二三頁。　(190) 三谷二二四頁。　(191) 三谷二二八頁。

(192) 三谷二二八頁。　(193) 三谷二二九頁。　(194) 三谷二二九頁。　(195) 三谷二二九頁。

(196) 三谷二二九頁。

V　生きがいへの問い

第13章　生きがいへの問い（その1）　必然性を生きる自己

1　生きがいの意味

生きがい　私たちは、生きがいのある人生を求めている。生きがいのない人生を選び取ろうとする人は、存在しないであろう。かりに、生きがいを見失った人があったとすれば、それは、当初生きがいを求めて出発しながら、やがてさまざまな障害や困難に陥り、生きがいを喪失して、自己破滅的心境のなかに、意に反して、落ち込んでいったのだと想定しなければならないであろう。その人が、自己破壊を望むのでないかぎり、他日、その人は必ずや、生きがいを新たに見出《みいだ》す再出発の人生を歩み出すはずである。

生きがいと人生　しかし、生きがいとは、いったい何であろうか。(1)生きがいとは、生きるに値する、甲斐《かい》ある人生を送ろうとする人間の態度を表す言葉である。その決意にもとづき、生きがいのある人生が形成されたとき、そこに、意味と価値、有意義性と目標、充実と幸福が溢《あふ》れ出て、人生を大きく肯定しうる根拠と理由、由来と行方が見定められ、自己の生存の意義が確信せられることになるであろう。もちろん、人生には、そうした生きがいを打ち砕く、さまざまな労苦や困難、苦難や災害、不幸や挫折《ざせつ》が、たえず出現する。いかに生きがいを確信した人といえども、その一生は、その裏側から見れば、懐疑と絶望、苦悩と煩悶《はんもん》、悲嘆と心痛、傷心と悲哀との、たえざる戦いの過程であったはずである。生きがいは、それを打ち崩す無意味と絶望、愚劣と空しさ、無情と冷酷、悪と破壊、悲惨と困苦との格闘のなかでのみ、見出され、築かれ、守られ、信じ込まれる。人生の営みは、けっして、単純ではなく、相反するさまざまな矛盾や葛藤《かっとう》、対立や確執に満ちみちているのである。したがって、生きがいは、たえず日毎に新たに確認し直され、繰り返し決意を新たにして獲得し直され、大切に心の奥深いところで暖め続けられ、一生を通じて大事に育て上げられてゆかねばならないものである。生きがいは、その人の一生という長い時間過程を、その根底において支えている、最も重要な核心であり、根拠であり、生きる原理を成すべきはずのものであるように思う。人間の生きている意味は、生きがいに存する。眼には見えず、手で摑《つか》むこともできない、この心中深く秘められた、生の決意こそが、人間の生の営みを支える根源である。生きがいを見定めた覚悟と決意、それにもとづく忍耐強い努力と精進、粒々辛苦する格闘のみが、人生の有意義な形成を可能ならしめる。そうした人間的努力のほかに、どこにも人生というものは存在しないと言っても過言ではない。衣食住や外面的な生活条件は、特定の場合を除き、人生の根本問題を成さない。人間の一生の課題は、おのれの生きがいに向けた精進と忍耐と持久に尽きる。その果てしない格闘の上にのみ、人生の花が開く。その小さな花は、世間に知られずともよいのである。毎日昇ってくる太陽の光は、その小さな花にも優しく降り注ぐであろう。それだけで十分なのである。ささやかな努力のあと、優しい光を浴びながら、その人は、天に向かって、生き抜きえた自己の人生への感謝を捧《ささ》げるであろう。

充実・幸福・肯定　生きがいという語において重要なのは、甲斐という言葉であろう。そこには少なくとも三つの語義が含蓄されているように思う。一つは充実、二つは幸福、三つは肯定という意味である。生きがいがあるとき、その人の生活は充実する。時の経つのも忘れ、些末《さまつ》な雑事などに頓着せずに、夢中になって、その人は、みずからの生きがいの対象に専心没頭するであろう。それこそが、その人にとっての生きる意味であり、価値であり、目的だからである。それればかりでなく、その人は、そのとき、充実した幸福感を味わうであろう。いかに当面は解決できない困難が立ちはだかっていようとも、その人は必死になって努力するであろう。そのときの人生行路は、空虚や無意味や倦怠《けんたい》や散漫と縁遠い、充実しきった時の流れとして、あとから振り返ってみれば、幸福な、恵まれた人生経験の一過程として捉《とら》えられるであろう。そして、そのような充実した幸福感に溢れた人は、人生そのものを肯定するに至るであろう。人間の生存のうちに、いかに悲惨や困苦や不条理があるにはしても、人生は、否定されるべき虚無ではなく、畏敬されるべき尊い過程として、人生と生命と存在に対する大いなる肯定の意識が、私たちのうちに喚起され、私たちは、感謝をもって、生存そのものを肯定するに至るであろう。

意義・根拠への問いの広がり　生きがいがあるとき、人生は充実し、人は幸福感を味わい、生きていることへの肯定の思想が心のうちに実ってくる。生きがいへの問いは、こうして、人生の充実と幸福と肯定への問いにほかならない。むろん、そこに、人生の価値と意義と目標への問いが関わり、さらには生存の根拠と理由と意味への問いが絡むことは言うまでもない。人生の意義や根拠という、いわゆる形而上《けいじじょう》学的な問題にまで拡大すれば、生きがいの問題は、これまで私たちの考察してきた諸問題すべてと関連してくる。生と死、愛の深さ、自己と他者、幸福といった、これまでの考察は、ことごとく、大きく見れば、生きがいの問題と密接不可分に接続していた。死の壁を意識すればするほど、人は、生存の意味と無意味に関する煩悶に捕われざるをえないし、いかなる生きがいをも木端《こっぱ》微塵《みじん》に打ち砕く死という無の出現と格闘せざるをえないであろう。愛にまつわるエゴイズムと無私の他者奉仕との間に立って、私たちはたえず、生きがいに関する自己中心性と他者中心性との狭間《はざま》で苦悩せざるをえない。自己と他者の葛藤は、まさに生きがいの[2]成就をめぐる争いや確執へと発展してゆくであろう。幸福は、その三つの根本義において、人間の生活の安寧に関わるとともに、私たちの生きがいの問題と結びつき、そして、人力を越えて贈られる恵みとしての至福の観念を含んでいた。生きがいの問題の背景には、死にさらされ、愛に苦しみ、自他の確執を生き抜きつつ、幸福を求める私たち人間の宿命的な生存の根源事実が控えている。この人生の修羅場のなかでこそ、私たち人間の生存の根拠・理由・意味が問われ、その価値・意義・目標が問題視され、具体的に言えば、私たちひとりひとりの人生の充実をいかに図り、いかに人生の肯定を達成すべきかが、私たちの日毎の気がかりの種となるのである。

充実・肯定と幸・不幸との間　私たちは、毎日、人生の充実と肯定を願って、生きていると言ってよい。そうした営為と精進のなかでのみ、幸福が私たちに授けられ、贈り届けられる。あるいは、人生の充実と肯定を求めるさなかにおいて、予期に反して、私たちの人力を越えた形で、不幸と悲惨、挫折と苦悩とが、私たちを見舞ってくる。禍福はあざなえる縄のごとし、である。人生の歩みは、端倪《たんげい》すべからざるものを含み、一瞬先は闇である。私たちは、非力で有限な存在者にすぎず、運命の力には勝てない。したがって、生きがいに関して言えば、私たちはなによりも、幸と不幸の運命を度外視して、それぞれの人生の充実に努力し、おのれの人生の肯定に達しうる忍耐と精進の態度を培わねばならない。自分に可能なかぎりで、おのれの人生の充実に励み、みずからの人生を感謝をもって肯定できる境涯を切り開くよう、誰もが全力をもって努めねばならない。みずからの努力を怠って、人生の無意義と悲惨の責任を他に転嫁するのは、見下げ果てた無気力・無責任・怠惰・我儘《わがまま》・傲慢《ごうまん》である。おのれに贈られた生命の営みを、感謝をもって引き受け、全責任と力の限りを尽くして、それの充実と使命達成に精進することをおいて、人間の存在の意味はどこにもないからである。私たちは、厭世《えんせい》観や無常観といった誘惑的な観念に甘く惑溺《わくでき》する弱さを克服して、なによりもまず、人生の充実に努め、人生の肯定に至るべく、みずからの人生形成に意を用いなければならない。ゆっくりと大きく深い息を吸って、長い人生の道程を、忍耐強く、堅固な意志をもって、人生の充実と肯定を目指しながら、歩み進まねばならない。幸福や不幸の運命の襲来は、当座二の次の問題としてこれを度外視する覚悟が必要である。私たちは、偶然の贈物に左右されずに、みずからの人生を築かねばならない。生きがいとは、そこにのみ花開く植物であると心得ねばならない。

２　必然性を生きる自己

人生の充実と肯定を考えて生きるときにこそ、私たちは、生きがいの根源に迫ることができる、と言ったとき、私たちは、そうした思想を最も美しく表現したニーチェの言葉を思い起こさざるをえない。

必然性と意志　人生にはさまざまな困難が生起する。しかし、そうした「あらゆる困苦（alle Not）」にもめげず、変わらぬ「ただひとつの意志を意欲して」、どこまでも初志を貫徹して、いっさいの「困苦《ノート》（Not）」を「転換《ヴェンデ》（Wende）」してこそ、そこに「私の必然性《ノートヴェンディヒカイト》（meine Notwendigkeit）」が成就するとニーチェは言う[3]。その「私の必然性」を生きる「私の意志（mein Wille）」こそは、「私の魂を支配するもの[5]」、私の「運命」なのである[4]。私たちは、こうした「やむをえざる必然的なものを愛して」生きねばならないとニーチェは語る。それが「運命愛（amor fati）[6]」ということにほかならない。私たちは、ひたすらおのれの必然性を生きねばならないのである。

「必然性の紋章、存在の最高の星辰、——そこにはどんな願いも届かず、どんな否定による汚れも染みこんでいない。存在の永遠の肯定。私は、永遠にお前の肯定である。というのも、私は、お前を愛するからである。おお、永遠よ——[7]」とニーチェは歌っている。私たち自身の存在を愛し、いかなる苦難が降りかかろうとも、私たちの存在を担う必然的な意志に立脚して、自分自身であることを成就し達成してゆくとき、そこにこそ運命愛が実り、永遠に繋がる接点さえもが確信されてくる。「お前はお前であるところのものになるべきである」とニーチェは言う[8]。いかなる痛手や辛酸を蒙《こうむ》ろうとも、その「私の意志」は、「黙々として、不撓《ふとう》不屈の姿で、幾年月をも貫いて、歩み」、「志操堅固で、不死身」であり、「この上なく忍耐強く」、そして、「あらゆる墓場をも突き破り[10]」、死をも越えて、なお生き続け、復活する[9]。「墓場のあるところにのみ、復活もある」。死をも覚悟した苦悩の極致を耐え抜き、新たな自己として甦《よみがえ》り、たえず人生をやり直し、自己の必然性を生きることを措いて、どこにも人生は存在しえず、私たちは私たち自身であることを全うしえず、人生の生きがいも湧出《ゆうしゅつ》しえないのである。たえざる「自己超克」[11]に生き、時間の流れのなかで偶然的断片と化したおのれの散乱状態を克服し、全きおのれを取り返し、「救済」[12]してこそ、おのれであることが成就される。こうした必然性を生きる強靭《きょうじん》な意志の上に、「超え出てゆく人」の姿も、「永遠回帰」の肯定も、成り立ってくるのである。

超え出てゆく人　ニーチェの言う「超人《ユーバーメンシュ》（Übermensch）」とは、「超え出てゆく《ユーバー》」人という意味である。怠惰に安逸を貪《むさぼ》り、なんらの創造的営為にもおのれを賭《か》けない堕落した人間のあり方を「乗り越えて（überwinden）」[13]ゆく人が、超人である。「人間において偉大な点」は、人間が「ひとつの橋」であって「目的」ではない点にあり、「人間において愛されうる点」は、人間が「ひとつの超え出てゆくもの（Übergang）[14]であり、ひとつの没落するもの（Untergang）」である点にあるとニーチェは言う。自分のうちから新たな価値を生み出すべく、必死に創造的営為に情熱を賭け、そのためには没落をも辞さない人、そうした純真無垢《むく》の人が、「超え出てゆく人」なのである。「私が愛するのは、没落する者として生きるよりほかに生きるすべを知らない者たちである。というのは、彼らは、かなたを目指して超え出てゆく者たち（die Hinübergehenden）だからである」[15]とニーチェは語っている。

嘔吐　もちろん、そうした創造的営為や、そこにおのれを賭けた生きがいへの必死の努力と裏腹に、宇宙の営みは、その由来も行方も見通しえぬまま、ただ永遠の繰り返しの過程にすぎないようにも見える。万物は、無意味な永遠の繰り返しであり、「時間そのものが、ひとつの円環であり[16]」、「すべてのものは行き、すべてのものは帰り、永遠に存在の車輪はまわり」、「永遠の歩む小道は曲線的である」かのようにも思われる[17]。しかし、ニーチェは、それに対し、「あまり軽々しい言い方をするな[18]」と咎《とが》め、そうした陽気な「手廻し風琴[19]」ふうの文言を窘《たしな》める。なぜなら、いっさいがたんなる「永遠回帰」であるならば、それは「無意味[20]」の出現にすぎないからである。そうなれば、「いっさいは空しい」という「嘔吐」[21]が生じ、あきあきするような「小さな人間」がたえず現れるという「嘔吐[22]」が生まれ、「そうであった[23]」というもはや取り返しえない過去に苦しむ「病気」の自己自身への「嘔吐」が、ぶりかえしてくるからである[24]。こうした「嘔吐」から脱却するには、いわばそうした、喉《のど》につまって苦悶を生み出す「黒い重い蛇[25]」――つまり、無意味な永遠の繰り返しという、黒く重たい、とぐろを巻く蛇――を、嚙み切り、吐き出し、捨て切るほかはないのである。そうなってこそ、人間はいまや、「高らかに笑い」、すっかり「変貌して」「光に包まれた」者となりうるのである[26]。

永遠回帰の肯定　それは、換言すれば、永遠回帰の道程のなかで、「瞬間」という門のところに立って、「勇気」をもって、「これが人生だったのか。よし、それならばもう一度」と、自分の人生を、新たな決意において、たえずやり直す覚悟となって現れてくる。[27]これが、ニーチェの見出した、人生の最高の肯定の方式だったのであり、これが、永遠回帰の思想そのものにほかならない。ニーチェの簡潔な表現に従って言い換えれば、いかなることをなす場合にも、[28]「君はそのことをもう一度、いやさらに無数回も欲するか」という「最大の重し」に耐えて、あらゆる瞬間に自己の全精力を傾注して、生きがいに満ちた人生行路を選び取り、絶対に後悔せずに、我が道を行く、という生き方となって、この思想は具体化すると言ってよいであろう。

ニーチェの真の理解　生きがいという問題を考えるとき、私たちは、以上のようなニーチェの、自己の必然性を生きる強靭な思想を、わがものとして摂取し、そこに生命力に溢れた人生行路の原点を探り当てなければならないと思う。ただし、ニーチェのこの思想は、短絡的に俗解されると大きな危険を生む。ニーチェ・ツァラトゥストラは、人生の無意味とさまざまな嘔吐感に苦しみ、ほとんど斃《たお》れるばかりの病床にあって、この永遠回帰の肯定の思想によって、孤独な自己の内面のうちで、ようやく「快癒していった」のである。[29]ニーチェの思想は、傷つき苦しむ人間の内面のなかでの自己対話であったことを忘れてはならない。

注

（1）生きがいについては、渡邊二郎「生きがいはどこにあるか」〔渡邊二郎編著『現代文明と人間』理想社、一九九四、二七七―三二六頁所収〕をも参照〔『著作集』第6巻所収〕。

（2）本書二九〇―二九七頁を参照。

（3）F. Nietzsche, Also sprach Zarathustra, in: Kröners Taschenausgabe, Bd. 75, 1960（以下、Zara と略記）、S. 81, 238〔渡邊二郎編『ニーチェ』平凡社、世界の思想家17、昭51（以下、ニーチェと略記）、一五九―一六〇頁〕。

（4）Zara 238〔ニーチェ、一六〇頁〕。

（5）F. Nietzsche, Ecce Homo, in: Kröners Taschenausgabe, Bd. 77, 1954（以下、EH と略記）、S. 335〔ニーチェ、二〇八頁〕。

（6）EH 335〔ニーチェ、二〇八頁〕。

（7）EH 551.

（8）F. Nietzsche, Die fröhliche Wissenschaft, in: Kröners Taschenausgabe, Bd. 74, 1956（以下、FW と略記）、S. 177〔ニーチェ、六一頁〕。

（9）Zara 121-122〔ニーチェ、二二二頁〕。

（10）Zara 122〔ニーチェ、二二二頁〕。

（11）Zara 122 ff.

（12）Zara 150 ff.〔ニーチェ、二二五―二二八頁〕。

（13）Zara 8〔ニーチェ、一七八頁〕。

（14）Zara 11〔ニーチェ、一八二頁〕。

（15）Zara 11〔ニーチェ、一八三頁〕。

(16) Zara 173〔ニーチェ、一三三頁〕。
(17) Zara 241〔ニーチェ、二四〇頁〕。
(18) Zara 173〔ニーチェ、一三三頁〕。
(19) Zara 241〔ニーチェ、二四〇頁〕。
(20) 本書九三頁。
(21) Zara 146,243〔ニーチェ、一二一、二四一—二四二頁〕。
(22) Zara 243〔ニーチェ、二四一—二四二頁〕。
(23) Zara 153〔ニーチェ、一二六頁〕。
(24) Zara 243〔ニーチェ、二四二頁〕。
(25) Zara 175〔ニーチェ、一三六頁〕。
(26) Zara 176〔ニーチェ、一三七頁〕。
(27) Zara 172-173〔ニーチェ、一三二—一三三頁〕。
(28) FW 231 f.〔ニーチェ、二一九—二二〇頁〕。
(29) Zara 238 ff.〔ニーチェ、二三八頁以下〕。

第14章　生きがいへの問い（その2）　時代の現実のなかで

1　悪の問題

自己と他者　生きがいを問うことは、私たちひとりひとりに、各自の必然性を生き抜く強い覚悟を促してくる。ある意味でそれは、私たちに、個として徹底して生きることを要求すると言ってもよい。個性豊かな、各自の内面的必然性を生き抜く、かけがえのない人生行路が、そこに結実してくることは否定できないと思う。

けれども他方、私たちは、他者とともに生きる共同存在の構造を深く背負っており、そのつどの大きな歴史的社会的文化的な時代の現実のなかに立って、生きているのである。いかなる個人も、この共同社会と時代の現実という制約から逃れ去ることはできない。私たちはすべて、時代の子なのである。

人倫の根本　そのことから帰結してくるのは、私たちが生きがいを追求するに当たっては、私たちはやはり、たえず他者と共にあり、他者の面前で行為し、けっしてただひとりではないという私たちの存在構造を、深く心に銘記すべきだということである。他者と「共に」あるあり方の規範を「倫理」と呼べば（「倫」理とは、「共」にある者たちの間に支配する「秩序と道理」を意味する）、私たちは、倫理的な存在であり、人倫の秩序を履《ふ》んで生きねばならない存在者なのである。

人倫の秩序の根本はどこにあるか。もしも私たちの存在が、他者との共同存在にあるのだとすれば、そこから直結して出てくることは、自己と他者との「共生」が、絶対に遵守《じゅんしゅ》されねばならない倫理的規範の根本であるということになる。端的に言い換えれば、「汝、他者を殺すなかれ」という命法が、絶対に守られねばならない倫理的規範の根本原理であるということになる。すなわち、人間の共同存在の根源事実のなかで生を享《う》け、生きることを許され、そのただなかで、生きがいを追求する人間が、もしも傲慢《ごうまん》不《ふ》遜《そん》に、おのれ一個のみの生存の拡張のために、他者を殺害し、踏み躙《にじ》るというようなことをすれば、それは、自己の存在の根本条件である共同存在を否認することであり、自己矛盾を極めた暴挙と極悪非道である。自己も生き、他者も生きる、両者の「共生」のなかでこそ、人間の共同存在の実現が可能になると言わねばならない。この「共生」という規範、逆に言えば、「殺すなかれ」という命法は、人間の存在の根源的な倫理的原則であると見なければならない。

生きがいと人倫　それゆえ、各自のかけがえのない生きがいの追求は、この根本原理に抵触してはならない。いかに個に徹しておのれの生きがいに集中しようとも、他者の生存をも抹殺し、排除し、否定し、殺戮《さつりく》してまでも行われる我欲の追求は、人道に悖《もと》り、絶対に許されざる背徳であり、悪業である。別言すれば、生きがいの探求は、たんなるエゴイズムの主張ではないのである。他者を殺害してまで行われるエゴイズムの非道の暴虐は、許されざる悪であり、不正であり、罪であると言わねばならない。それとは反対に、真の個性豊かな生きがいの実践は、一見いかにそれが孤独の、また反社会的な、独立独歩の人生行路に見えようとも、やがては、人類全体の文化と幸福に貢献する働きを含むはずである。実際、往々にして、優れた選り抜きの天才的な人々は、その強烈な個性のあまり、他者と相容《い》れず、仲間割れや、思想上の確執を呼び起こし、独立不羈《ふき》の、ある意味では孤立無援の境遇のなかに立たされ、そうした不幸と辛苦のなかで、後世に残る大きな仕事をなし遂げた。そうした生涯の歩みが、いかに一見反社会的と思えても、その実、それは、かえって人類への大きな貢献を果たしえたのである。そうした卓越した精神の持ち主たちの孤独な人生遍歴と、低俗野蛮な強欲と強権によるエゴイズムの結果の他者殺戮の暴力行為とを、絶対に混同してはならない。

ショーペンハウアー　このことは、過去の優れた倫理学説がすでに説いていたことである。ショーペンハウアーによれば、この世では誰もが、生きようとする盲目的意志に駆られて、必死に欲望の追求に追い捲《ま》くられているが、そのとき、自分の生への意志を肯定するあまり、他者の生きんとする意志をも否認し、他者の苦悩を見て喜ぶ残忍な行為に走るとき、それが「不正」であり、そうした不正を行おうとする傾向が「悪」とされた(1)。不正なる悪は、「他者の意志肯定の境域への侵犯(2)」を行うのである。それは、殺害、拘束、奴隷化、侵害、嘘、違反、策略などのあらゆる形態をとって現れる。これに反し、正義とは、自分の生きようとする意志は肯定しても、けっして他者の生への意志を否定しようとはしないあり方のことである。要するに、共生こそが正義であり、これを破壊し、毀損《きそん》する行為が、不正であり、悪である。

シェリング　シェリングによれば、私たちのうちには、荒々しい活力にみちた野生的な原理が活動してはいる。けれども、それはそれ自体としては、まだ善でも悪でもない。「悪」が出現するのは、その野生的な活力に翻弄《ほんろう》されて、私たちが「我意」に趨《はし》り、「普遍意志」を踏み躙ってしまうときである(3)。本来は、活力に溢《あふ》れた暗闇の原理は、「愛」という「普遍意志」のもとに従属していなければならないのに、そこに「逆倒」が起きて、「我意」が「普遍意志」を捩《ね》じ伏せてしまうのである(4)。それが、「悪」である。シェリングによれば、およそ私たち人間は、行為に際して、偶然的に気ままに振る舞ってはならず、また、外部の規律にただ盲目的に隷従してもならず、ひとえに自分自身の内的原理に立脚して、みずからの「内的必然性(5)」を生きねばならないとされる。しかし、そのときに、たんに強力な野生的原理に振り回されてはならず、むしろ、「愛」の意志に服しつつ、自己の必然性を生きねばならないのである。要するに、他の存在者すべてとの調和と結合において、それぞれの人間は、各自の内面的な必然性を生き、本性の実現と充実に努めねばならないというわけである。

カント　カントが、こうした普遍性を尊び、低俗なエゴイズムやエゴイスティックな幸福追求を厳しく糾弾したことは周知のことであろう。カントは、「汝の意志の格率が、つねに同時に、普遍的立法の原理として妥当しうるように行為せよ」と命じた。(6) このいわゆる定言命法と呼ばれる倫理的原則が、他者と共生し、調和して生きることを人間のあり方の根本と見定めた思想の表現であることは言うまでもないであろう。カントは、晩年においてはとりわけ、人間の奥底に潜む「根源悪」を問題にした。そうしたところから、カントが、暴力的な殺戮行為の最たるものである戦争への反対の意志を表明し、「永遠平和」を説いたことはよく知られている。(7) カントによれば、人間は、「機械や道具」のように「物件」として扱われ、無残な相互殺戮に駆り出されてはならない、神聖で犯すべからざる「人権」を有する存在者である。(8) しかるに、戦争は、「実に多くの人間とその幸福」を壊滅させた。(9) 戦争とは、おのれの「権利」が侵害されたと自称して「暴力」をもってする他者への「敵対行為」である。(10) この戦争と他者圧殺への「邪悪さ」と「悪」が、人間のうちには、深く、「植えつけられ、組み込まれている」とカントは見た。(11) これを防ぐには、人間のうちに「目下は眠っているが、もっと偉大な道徳的素質」[12]を育成し、拡大し、道徳にもとづく政治を実践しなければならないとカントは強調力説した。こうしたところに、人倫の秩序に立脚して、永遠平和を希求するカントの道徳的倫理的世界観が、明瞭《めいりょう》に表出されていると言ってよいであろう。

悪との戦い　私たちは、いかにみずからの生きがいを追求しようとも、断じて、人倫の根本を蹂躙《じゅうりん》してはならない。私たちは、あらゆる悪と戦い、善なる正しい共同社会が、実り豊かに実現されるよう、たえず心配りをしなければならない。その根本前提の上でのみ、私たち各自の生きがいに向けた、多様で個性的な、存在拡充の果実が稔《みの》ると考えねばならないのである。

2　時代の現実のなかで

時代の状況への監視　私たちの生存は、つねに、そのつどの時代の現実のなかに置かれている。私たちが各自の生きがいを求めるとき、私たちは同時に、時代の現実について、気を配り、監視を怠らずに歩まねばならない。私たちは、おのれ一個の生きがいに沈潜するあまり、時代全体の状況とその帰趨《きすう》について無頓着であってはならないのである。むしろ、時代の現実全体に関して、それが真に人間的な道を進んでいるかどうかについて、たえず見張りと吟味の眼差《まなざ》しを向けながら、誤りなく歴史と社会が、よりヒューマンなあり方の実現に向かって進むよう、共同して、注意と配慮を怠らず、また各自の立場からしてそれなりの参画を企てつつ、生きねばならない。なぜなら、私たちひとりひとりの生存は、現実の歴史と社会、文化と政治、経済と発展の大きな状況のなかに置かれており、後者が危機的事態に立ち至ったときには、一個人の生存などは、泡沫《ほうまつ》のごとく無残にも砕け散るおそれなしとはしないからである。したがって私たちは、自分一個の生きがいへの専心没頭のあまり、狭隘《きょうあい》な視野に閉じ込められたり、誤った主観主義的幻想の罠《わな》の虜《とりこ》になったりせぬように心がけ、たえず視線を広く世界と時代の全体に向けて、知性豊かに生きねばならないのである。私たちは、一個人の人生の葛藤《かっとう》に眼を奪われた結果、歴史と社会の動き全体が見えなくなってしまうようであってはならず、現実の進むべき方向や、人間性豊かな社会のあり方について、洞察を深め、知見を磨き、こうして知性の光に照らされつつ、各自の人生の拡充に向けて努力しなければならない。私たちは、各自の生存の深みに徹して、おのがじし、生きがいの追求に専念しなければならないが、その強靭な「意志」には、「知性」の導きが随伴しなければならない。「実存」に根ざした生き方は、「理性」に照らされた広い視野をそなえつつ、探求されねばならないのである。

個と普遍の問題　昔から、多くの優れた哲学者たちによって、「個」は「普遍」と繋《つな》がり、けっして分断されてはいないことが、説かれてきた。(13)「部分」は「全体」とつねに相即しているのである。[14]あるいは、一個人の「徳」にあふれた行為と実践は、それが何を目指したものであるかについての明晰《めいせき》な「知」と、密接不可離に直結しているとされた。[15]別言すれば、「意志」と「知性」とは、切り離し難い関係のなかにあると説かれ、[16]多くの思想家たちがこれらの問題をめぐって論争を重ねてきたのである。

意志と知性　いま、ここでは次の点のみを簡単に指摘しておこう。私たちの人生は、たしかに、良く生きようとする私たちの「意志」に依存し、それによってのみ真に形成されうる。けれども他方、私たちの人生がそれぞれいかなるものであるべきかは、私たちの「知性」によって把握されていねばならず、それなくしては、人生を導く光が欠如してしまう。しかしまた、その「知性」が真に働きうるためには、私たちがその知性を活潑《かっぱつ》ならしめようと「意志」するからこそであり、この「意志」が欠如すれば、「知性」の活動も停止してしまう。さりとはいえ、がむしゃらな「意志」のみでは、方向も定まらず、私たちの人生行路はあてどない彷徨《ほうこう》となるおそれがあるから、やはりそれとは別に「知性」もまた必要不可欠であるということになる。こうして、私たちの行為において、「知性」と「意志」のいずれが主導権を握るべきであるのかについては、それを「知性」に求める「主知主義」と、それを「意志」に求める「主意主義」とが、古来、論戦をたえまなく繰り返してきたわけである。[17]

個と全体　そしてこの問題には、当然のことながら、「個」と「普遍」、「部分」と「全体」との関係が絡んでくる。というのも、「意志」の強調は、多くの場合、「個」の重視に繫《つな》がり、一方、「知性」の尊重は、「普遍」や「全体」の力説となるからである。(18)加えて、往々にして、「個」の尊重や「意志」の重視は、かけがえのない個体を「愛」し、一回限りの個性豊かな多様性をそれぞれみな、慈しみ、かき抱き、そこに絶対的ないのちの尊厳を見る人生態度を帰結させる。(19)これに対して、「知性」による「普遍」や「全体」の掌握と理解を尊ぶ精神は、世界のすべてにわたる事象の複雑な意味的諸連関を、「概念把握」して、それを「知」において総合する「理知」的な人生態度を生み出す。(20)現代的な言い方をすれば、この二つの見解は、人間的個体の「実存」の深さを強調する態度と、それを「理性」によって広げ、全体性への視界を切り開こうとする態度との争いであると言ってみることができるであろう。(21)

人生と世界　私たちは、この二つの考え方がけっして背馳《はいち》するものではなく、むしろ統合されるべきものであると考える。「実存」と「理性」は結びつかねばならず、「個」と「全体」ないし「普遍」は繫がっており、「意志」と「知性」は相携えて進まねばならないのである。このことを当面の文脈に引き戻して言えば、私たちは、各自、かけがえのない、おのれの生きがいの探求に全精力を傾けねばならないが、他方、私たちの置かれている時代的現実の状況全体について、私たちは、知性豊かに、その構造と動態と方向を摑《つか》み、あるべき歴史や社会、政治や経済、文化や学芸、人間生活の仕組みについて、理性的な討議と精査を施して、そうした世界全体に関する見通しを形成しながら、そのなかで、各自の人生行路を築き上げてゆかねばならないということになる。生きがいを核心とする各自の真剣な「人生観」は、世界全体のあり方を見渡す「世界観」の形成と、密接不可分であるわけである。

現代の特徴　あるいは別の言い方をすれば、私たちは、この二〇世紀の二度の世界大戦という悲劇を通じて、たえず、「良心的ヒューマニズム」の立場に立って、時代全体の動きに対し、良い意味での「政治」的参画を果たしてゆかぬとき、人類史は再び恐ろしい惨禍に見舞われる危険があることを痛烈に学び知った、と言ってもよい[22]。私たちは、個人としての自由な生きがいの追求と同時に、時代の現実に対する、「世界公民」[23]の一員としての「政治」的参画を忘れてはならないのである。いまや、地球は狭くなり、地上の一地域での出来事は、即座に人類全体の死活に関わる大事件へと急変するおそれのある時代となったのである。いかなる個別的出来事も、人類全体の共同社会の運命と切り離せず、人間生活のあらゆる次元で、国際化と情報化が浸透し、ボーダレスの交流と相互依存が、具体的な生活場面で、必至となってきたのである。

ヒューマンな社会の形成へ　こうした大規模な地球世界時代の出現を迎えたいま、私たちはまさに知性豊かに、いかに現代の文明世界が今後この地球上において展開されてゆくべきかについて、監視と吟味、熟慮と省察を怠ってはならず、時代の現実が課している諸困難や諸問題について、それぞれなりに真摯《しんし》に考え抜き、「良心的ヒューマニズム」の立場に立って、態度決定を行ってゆかねばならない。もちろん、すべての人が、実際に政治家になる必要はない。しかしすべての人が、政治的一票を投じることを忘れてはならず、あらゆる人が、それぞれの人生の持ち場で、それなりの仕方で、ヒューマンな人類社会の歴史的形成に参画しなければならない。そうしたなかでのみ、各自の人生行路の実りも、個と普遍、部分と全体、意志と知性、実存と理性とを繫ぐ豊かな展望をえて、しっかりと着実に、時代の現実のなかに根ざして、大きく成長するであろう。各個人のそれぞれの持ち場での実感と体験、個別と特殊の状況、そのかけがえのない独自な人生経験は、時代の現実のもつ普遍と全体の構造、その複雑多岐にわたった意味連関とその交錯、その共通した広範な人類史的脈絡と、共鳴し合い、振動し合って、そこに彩り豊かな人生模様を生み出すはずである。私たちは、そうした人生の複雑な襞《ひだ》と綾《あや》のなかに織り込まれ、浮沈しながら、人生の柵《しがらみ》のなかで、各自、必死に生きがいを求め、人生行路を歩んでいるのである。

その人生行路が、「死」にさらされ、「愛」の葛藤を孕《はら》み、「他者」との多様な関わりを通じて、「幸福」の夢をかき抱きながら、果てしない「生きがい」の追求の旅路であり、遍歴であることは、これまで見てきたとおりである。そこには、喜びもあれば悲しみもあり、人生は見通しえぬ難路や坂道となって、私たちの前に立ちはだかる。人生は、私たちから、努力と奮闘を要求するのである。

良心的ヒューマニズムと政治哲学　けれども、個々人がその特殊な境遇を必死に生きるなかで、私たちひとりひとりは、時代の現実全体の動静を忘れ去ってはならない。私たちは、時代の現実が提起する諸問題といかに対決すべきかについて、知見を磨き、理性的討議をとおして、ヒューマンな人間社会が到来するよう、たえず検討し吟味する生き方をも、現代の「世界公民」の一員として、おのれの「生きがい」のうちに取り込んで生きねばならない。「良心的ヒューマニズム」にもとづく「政治哲学」的思索は、現代人の責務なのである。

「良心的ヒューマニズム」と言ったが、それは、一つには、私たちひとりひとりが、生きがい豊かに人生を生きる、いのちの尊厳に満ち溢《あふ》れた存在であり、けっして何物によっても蹂躙《じゅうりん》されてはならない人権を有するという「人間主義」すなわち「ヒューマニズム」の根本思想にそれが立脚するということ、二つには、その根本思想の「呼びかけ」に応じ、その「呼び声」に聴従する「良心」の立場に[24]、それが立脚するということを表している。「政治哲学」的思索と言ったが、それは、そうした立場が、人間の共同社会の諸問題と向き合い、そのあるべき解決の筋道を、人倫の根本原理にまで立ち戻って考え抜き、有効な進路を模索する実践的思索を結果させてくるからである。私たちは、共

同社会に向けたこうした幅広い識見をたえず養いながら、自己の人生の歩みを形成してゆかねばならないのである。(25)

時代の現実と生きがい　往々にして、生きがいを問う人生態度は、個人主義の狭隘に堕す点が指摘されるが、私たちは、そのようには考えず、むしろ、個人としての生き方が、世界公民の生き方に繋がり、グローバルな世界全体の諸問題と結び合っていると考えたい。生きがいを核とする個人の実存に向けた思索は、けっして、個我の内面にのみ沈潜する反社会的思索ではなく、逆に、理性にもとづく広い視野に裏打ちされた、知性豊かな生き方に支えられ、それによって鍛え貫《ぬ》かれ、洗練された、国際性をそなえた、開かれた精神の態度と直結したものであることを、私たちは強調したいと思う。

現代という国際化された地球全体の規模での交流と共同社会においては、まさにコスモポリタンとしての知見と見識、理解と洞察、問題意識と指導性が、あらゆる人々に求められている。私たちは、現代の科学技術文明と、その多難な文化的民族的社会状態のすべての問題が、よりヒューマンなあり方へと向けて解決され、展開されてゆくことを冀《こいねが》っている。そればかりか、私たちの生存がそのなかで育《はぐく》まれている自然環境の全体が、その生命あふれる尊さにおいて維持され、人類がこの宇宙の一員として、万物と共生しつつその営為を平和的かつ調和的に展開させうることを切願している。現代の時代が課す諸問題は、多岐多端であるが、それらすべてに関し、英知を磨き、理性的な解決方法を熟慮しながら、私たちは、各自の持ち場で、おのれの生存の使命と役割を自覚して、その生きがいの達成に向けて、各自の人生を燃焼して生き尽くさねばならないと思う。個人の生きがいは、人類全体のあり方のヒューマンな展開のなかに占める各人の役割と使命の自覚と、深く接合している。人類史という大きな全体的な流れのなかで、その一翼を担うというみずからの存在の価値と意義、任務と課題、使命と役割、付託と義務、理性と責任の意識が、個々人の人生の生きがいを、ほんとうの意味で支え、担っているのである。私たちは、現代においてこそ、改めて、この個と全体・普遍を繋ぐ意義深い脈絡の豊かな土壌の上にしっかりと根ざして、生きがいの探究に邁進《まいしん》しなければならないと思う。

注

（1）A. Schopenhauer, Die Welt als Wille und Vorstellung, Bd. 1, Philipp Reclam Jun. Stuttgart, 1987（以下、本書をWVと略記）、S. 477, 509-510.

（2）WV 471.

（3）F. W. J. Schelling, Philosophische Untersuchungen über das Wesen der menschlichen Freiheit, Originalausgabe, Bd. VII, S. 365 f.（以下、本書をWFと略記）、〔シェリング「人間的自由の本質」渡邊二郎訳、『世界の名著』続9、中公バックス版43、中央公論社、昭51、55、四三六―四三八頁〕。

（4）WF 365 f.（訳書、四三六―四三八頁）。

（5）WF 383 f.（訳書、四五八―四六〇頁）。

（6）I. Kant, Kritik der praktischen Vernunft, 1788, §7〔カント『実践理性批判』波多野精一・宮本和吉・篠田英雄訳、岩波文庫、一九七九、七二頁〕。

（7）I. Kant, Zum ewigen Frieden 1795, Akademie-Ausgabe, VIII, S.341-386（以下、本書をEWと略記）。渡邊二郎「カント永遠平和論の意義」〔日本カント協会編『カントと現代』晃洋書房、一九九六、二三―三五頁所収〕を参照〔『著作集』第7巻所収〕。

（8）EW 344 f., 360,366,379,380.

（9）EW 357 Anm.

（10）EW 346,355.

（11）EW 345 f., 355 f., 365 f., 367 Anm., 375 Anm., 376,379,381.385.

（12）EW 355.

（13）たとえばヘーゲルを考えよ。

（14）たとえばディルタイの生の哲学を考えよ。

（15）たとえばソクラテスの「徳は知である」という主張を考えよ。

（16）たとえば中世以来の論争を考えよ。渡邊二郎『哲学入門』放送大学教育振興会、一九九六、一五九頁以下を参照。

（17）前注（16）を参照。

（18）前出注（16）の拙著一五三―一六二頁を参照。

（19）前出注（16）の拙著一六〇頁を参照。

（20）たとえばヘーゲルを考えよ。

（21）たとえばヤスパースにおける「理性」と「実存」を考えよ。

（22）渡邊二郎『現代文明と人間』理想社、一九九四、i―ix頁を参照。

（23）「世界公民（Weltbürger）」の語は、晩年のカントの歴史哲学的思索に由来する。

（24）本書一一一―一一八頁を参照。

（25）渡邊二郎『現代の思想的状況』放送大学教育振興会、一九九五を参照。また、渡邊二郎『哲学入門』放送大学教育振興会、一九九六、一九七―二四二頁を参照。

第15章　生きがいへの問い（その3）　意味と無意味の間

1　人間観の系譜

各自の人生と人間観との間　自己自身の固有性を自覚しながら、時代の現実のなかで、人類の普遍的なあり方に寄与しうるような形で、ヒューマンな努力を積み重ねてゆくということのうちに、現代における生きがいの方向は見定められえた。[1]それが具体的に各人の人生行路においてどのように実現されるべきであるのかは、各人の熟慮すべき課題であろう。あとは、各自自身の思慮と実践にすべてはかかると言わねばならない。

その際に、もしも人が、「人間はそもそもいかに生きるべきであるのか」といった、さらに一般的な生き方の指針、あるいは人生観や世界観、もしくは人間観の全般を鑑《かがみ》として、人生の道を歩みたいと考えるならば、そのときには、哲学や倫理や宗教に関わる思想史の全遺産が参照されねばならないことになるであろう。「生きがい」への問いを、広く、人間の「生き方」への問い一般と絡めて問えば、それは、こうした永い伝承のなかで培われてきた「人生論」に関する広範な知の再発掘の試みを要求するであろう。そして、もしも人が、そのとき、心を大きく開いて、こうした人間観の系譜を辿《たど》り直そうとすれば、人は、これまでの人類の思想史の流れに沿いながら、さらに立ち入って、さまざまな人間観の個別的内実に触れ、それによって自分を磨くことに全精力を傾注することになるであろう。

東西の思想史　そのときには、一方で東洋の人間観の知恵が、私たちを惹《ひ》きつけることになるであろう。インド思想の流れや、とりわけそのなかでも仏教の教えが、その中国から日本へと伝来した広範な内実において、私たちに無常の人生に対する心構えを示唆してくれるであろう[2]。また中国の儒教や老荘《ろうそう》思想が、その日本にも与えた大きな影響力あふれる姿において、人倫の道のあり方や、融通無礙《むげ》の生き方の指教の点で、私たちを、大きく啓発してくれるであろう[3]。他方、西洋に眼を向ければ、その哲学・倫理・宗教上の諸思想が、実に豊かな内実において、私たちに、人間とは何であるかを教えてくれることになる点は、いまさら付言するまでもないであろう。西洋古代のギリシアの思想が、その最初期や、ソクラテス、プラトン、アリストテレスを中心とする古典期や、その後の長いヘレニズム・ローマ時代（ストア主義、エピクロス主義、懐疑主義などの倫理時代と、プロティノスを中心とする宗教時代とを共に含む）において、後世に甚大な影響を与える基本的なギリシア的人間観を生み出したことは、言うまでもない[4]。また西洋中世のキリスト教思想が、その最初期のキリスト教の起源に端を発して、一千年に及ぶ中世の時代を通じて、アウグスティヌスを中心とする教父哲学や、トマス・アクィナスを中心とするスコラ哲学によって、その神学的基礎を固められて、大きな人間観の柱を打ち立てたことも、改めて喋々《ちょうちょう》するまでもない(5)。キリスト教思想は、その後近代においてルターの宗教改革を通じて、カトリックとプロテスタントの二大潮流を形成したが、いずれにしても近代においてもキリスト教は、西洋思想の基本的水脈として大きな力を揮《ふる》い、現代においても、キリスト教的人間観は、多くの思想家を介して、甚大な影響を与え続けている。さらに、西洋の近代思想が、ルネサンスの胎動に始まって、やがて、イギリスを中心とする経験論と、デカルトに端を発するヨーロッパ大陸の合理論とに、対立して発展し、その後、一八世紀後半に、ドイツのカントの哲学において、それらが最も典型的な形で総合止揚されたあと、それに引き続いて、フィヒテ、シェリング、ヘーゲルといったドイツ観念論の哲学者たちが、近代的な人間観と世界観を壮大な形で樹立した結果、こうした近代思想のうちに、いまもなお汲《く》み尽くしえない人生観と世界観の源泉が、脈々と生き続けていることは、周知のことであろう(6)。ヘーゲル死後から今日に至る現代思想の広範な潮流が、人生観・世界観に関わる豊かな内実を含んで、滔々《とうとう》と流れ続けていることも、繰り返すまでもない(7)。とりわけ、そのなかでも、ショーペンハウアーからニーチェへと続く「生の哲学」(それには、ディルタイやベルクソンの思想も入る)や、キルケゴールとニーチェに発し、ヤスパースやハイデッガーへと流れ、さらにフランスでサルトルやメルロ＝ポンティやレヴィナスへと繋《つな》がっていった「実存の哲学」や、それとも結びついて現実を直視する方法態度を重視した「現象学」の流れ（フッサール、シェーラー、ハイデッガー、メルロ＝ポンティなどの諸思想）や、さらにはフロイトやユングに発する「無意識」に関する「深層心理学」の潮流や、ガダマーやリクールに始まる「解釈学」の流れなどが、この上なく教示に富む人間観を提起し続けてきていることも、多くの識者の等しく認めるところであろう。したがって、私たちも、これまでの死や愛や他者や幸福などの考察において、これらの諸思想に多くの示唆を得ながら、私たちなりの探究を行ってきたのであった。

自然と歴史の知　そればかりではなく、私たちの人生が、時代の現実や、そこにおける歴史と自然のあり方やその動向と深く結びついていることを考えるとき、私たちは、科学技術や歴史的社会の諸問題にも、冷静な知的分析を加えねばならないわけであるから、私たちは、現代科学の趨勢《すうせい》全体についても、また地球上での国際社会の動静についても、知見を磨き、研究を怠ってはならないことになる。私たちの「生きがい」の探究は、現代の時代批判にも接続する大きな射程をもって行われなければならないわけである(8)。

私たちは、生きがいへの問いが、以上のような広範な探究と結びつくことを、たえず銘記しなければならないと思う。

2　人さまざま

現実の人間　しかし、それにしても、他方において、現実の人生の葛藤《かっとう》のただなかに私たちが立つとき、私たちは、いかに人間というものが、底知れぬ深さと謎を秘め、また他者という姿における人間が、そのあまりにも意表を突く思いがけぬ反応と振る舞いとによって私たちを驚かすものであるか、その如実の体験をとおして、人間の存在の測り知れぬ深淵《しんえん》に接して戸惑うのが、実人生への私たちの実感であるように思われる。そして実際、こうした人間の不思議さや醜悪さを直視する人間観察が、古代ギリシアのテオプラストスの『人さまざま』以来、とりわけフランスのモラリストたちの箴言《しんげん》や断想、さらにはカントの『人間学』以来の種々多様な人間考察の姿を取って、現代にまで及び、人間の性格学からそのタイプ論、心理学や精神病理学的な研究さえをも結実させていることは、改めて言うまでもないであろう。

テオプラストスの『人さまざま』　たとえば、テオプラストスの『人さまざま』(9)を繙《ひもと》いてみよう。そこには、人間の嫌らしさや醜さが、人間のさまざまな振る舞い方の観察をとおして、直視されている。例を挙げるならば、まず世の中には「空とぼけ」(10)をする人がいるとされる。「空とぼけ」とは、「行いでも言葉使いでも、じっさいより以下のふりをしてみせること」である。[11] したがって、そうした人物は、相手を「陰ではやっつけておきながら、いざ面と向かうと、その人たちをほめそやし[12]」、「なにかを耳にしておきながら、聞かなかったふりをし、目にしておきながら、見ませんでした、と語り、承認しておきながら、記憶にありません、と語る[13]」のである。こうした嫌らしい人間は、たしかにこの世の中に数多く存在する。テオプラストスは、それに我慢がならないのである。また、たとえば、「へつらい[14]」という醜い振る舞い方もある。それは、「自分が気にいられる[15]」と思われることならなんであれ、「口にもすれば行ないもする」態度、そうした阿諛《あゆ》追従の振る舞い方にほかならない。また、世間には、「思いつくままの言葉を、長ったらしくしゃべる」「無駄口」という「話しぶり」がある。[16]「暇な時間と大事な仕事の時間」との「見さかい[17]」すらつかない、そうした人と折り合ってゆくのは、「並たいていのことではない」と、テオプラストスは告白している。無駄口をたたいて他人の仕事の邪魔をする人は、たしかに困りものである。ちなみにニーチェはこう言っている。「怠け者を友人にすると危険である。というのは、怠け者はあまりすることがないので、友人たちのすることなすことをあげつらい、しまいには干渉してきて、厄介な人物になるからである。だから、働き者とだけ友情を結んだ方が利口である[18]」と。無駄口と怠け者の厄介さは、昔から多くの人々を悩ましたようである。再びテオプラストスに戻ると、彼は、「無作法きわまる無知」、そして「大きな声でおしゃべりをする」「粗野」を嫌っている。[19] また、「しんから相手のためを思う心もないのに、つい巧みに相手をよろこばせてしまうような、つき合い方」である「お愛想」というものが、この世の中で幅を利かせていることを、テオプラストスは鋭敏に感知する。[20] また、「恥じてしかるべき言語動作を、一向に頓着せぬ図々しさ」をもつ「無頼」の徒に対して、テオプラストスは憤《ふん》懣《まん》をぶつけている。[21] さらにテオプラストスは、さまざまな形の人間の嫌らしさや不潔さを、以下のように、次から次へと、辛辣《しんらつ》にあばき出してゆく。たとえば、「抑制のきかぬ話しぶり」、そうした度し難い「おしゃべり」というものがある。[22] また、「いい加減なつくり話やつくり事をこね上げる」「噂好き」というものがある。[23] また、「いやしい利得のために、人の思惑をものともせぬ」「恥知らず」というものがある。[24] また、「度を越して、出費の出し惜しみをする」「けち」な人がいる。[25] また、「露骨で、無作法きわまる悪ふざけ」にほかならぬ「いやがらせ」というものがある。[26] そうした人は、「急いでいるらしい人を見かけると、ちょっと待ちたまえ、と命ずる」というわけである。[27] また、「相手を苛立たせるような話をしかけ」、「忙しくしている人のところへ出かけて、相談をもちかけ」、「結婚式に招待されると、女性のことを悪く言う」、いやがらせを伴った「頓馬」な人もいる。[28] また、「気がよすぎて引き受けすぎる」「お節介」な人物というものもある。[29] また、「言語動作における心の動きの遅鈍さ」にほかならぬ「上の空」といった振る舞い方もある。[30] 何をやっても「上の空」の人物は、たとえば、「計算早見表を使って勘定し、総計を出しておきながら、隣席の人に、〝いくらになるんですかな〟などと尋ねる」といった具合である。[31] また、「言葉使いの点で、態度の無礼な」「へそまがり」というものがある。(32) たとえば、そうした人は、「挨拶をされても、挨拶を返さない」わけである。(33) また、「実害を及ぼすわけではないが、嫌な思いを人にあたえる態度」、すなわち「無作法」というものが存在する。(34) また、「自分自身以外の他の人びとを軽蔑する」「横柄」な人間というものが存在する。(35) そうした人物は、「人に親切をほどこすと、忘れないでもらいたいですね、と口にする」(36) というわけである。テオプラストスは、このようにして、人間のありとあらゆる醜態と愚劣さを、活写し、指弾し、論評し、暴露してやむことがない。こうしたテオプラストスの人間批評の文言を読んで、溜飲《りゅういん》がさがる思いをする人は、今日においても、少なからず存在するのではないかと思う。

人間観察の系譜　ギリシアの大昔から、人間というものが、いかに変わらずに愚行を犯し続け、その社会的共同生活において、耐え難い不快感や嫌悪感を生み出す、まことに度し難い存在であるかということが、こうしたテオプラストスの箴言集を読むと、誰の胸のうちにも、湧き上がってくるはずである。こうした、人間の暗愚と虚栄、空しく滑稽《こっけい》なその人生の実態を、赤裸々に直視する眼差《まなざ》しは、とりわけ近代において、モンテーニュ、パスカル、ラ・ロシュフコー、ラ・ブリュイエールを初めとするフランスのモラリストたちの断想のなかに、さらに鋭さを増して継承、発展させられていることは、多くの識者のよく知るところである。(37) いまここではそれらについて言及する余裕はない。

また、こうしたモラリストふうの人間心理の深い解剖は、とくに一九世紀のドイツのニーチェの、とりわけ中期から後期にかけての数多くのアフォリズムの書のなかに、受け継がれて、まことに犀利《さいり》で、刺戟《しげき》に富む、俊敏きわまりない人間観察の断章が、それらの諸書のなかに鏤《ちりば》められていることを、人は忘れてはならない。そうしたニーチェのアフォリズムは、才気あふれる心理分析にもとづいて、人間の深層を掘り起こしながら、やがて確固たる自己を打ち立てて、このかけがえのない人生を、欺瞞《ぎまん》のない自己忠実の精神をもって生き抜くことを、万人に自覚させようとする警句を含み、秋霜烈日の峻厳《しゅんげん》な生き方を覚醒させる名言を数多く内蔵させている。私たちは、そうしたニーチェの文言に触発されて、各自の実人生を、悔いなく生き抜いて、生きがいに満ちた人生を送る術《すべ》を学び取るべきであると思う(38)。しかし残念ながら、いまここでそのことを詳述する余裕もない。

人間学・性格学・タイプ論　他方、人間のあり方のこうした底知れぬ深さや多様性の実感から、とりわけ近現代において、人間学的研究が推進されて、心理学や精神病理学をも含めて、人間の性格学やタイプ論やその他の諸考察が発展させられてきたことも見逃せない。いま、ほんのいくつかの例を指摘すれば、カントの興味深い『人間学』(39)以来、ドイツ観念論期のさまざまな重要な人間学的考察を経て(40)、生の哲学や現象学や実存哲学とも結びついて、現代において、シェーラー、プレスナー、カッシーラー、ゲーレンなどを初めとする「哲学的人間学」の諸成果が、多くの示唆を与えており、また今日も新たな展開を見せようとしている。また、種々の人間類型論の類《たぐ》いが、鋭い人間観察の刺戟を各方面に与えながら盛んに行われてきていることも忘れられてはならない。たとえば、ウィリアム・ジェームズは、人間に、「優しい心の持ち主」である几帳面《きちようめん》な「合理主義者」と、「頑健な心の持ち主」である太っ腹の「経験主義者」との二つのタイプがあることを示唆して、[41]有益な視点を提供した。また分析心理学者として「集合的無意識」という深層心理を掘り下げたユングは、周知のように、「外向的」タイプと、「内向的」タイプの二種類の人間典型を分類し、表面的意識の上で一方のタイプの人間は、深層の無意識の次元では他方のタイプの振る舞い方をしやすく、こうして人間は、この外向的と内向的という二つの振る舞い方の間で「均衡」と「補整」を取って生きるものであることを明らかにした。[42]ニーチェは、美しい「夢」を見る造形芸術的な「アポロ」的人間と、そうした秩序と節度を破壊して万物流転の永遠の生命のうちに「陶酔」する音楽芸術的な「ディオニュソス」的人間とを、区別した。[43]ヤスパースは、『精神病理学総論』において、両極的相反にもとづいて人間を類型化する試みを種々挙げながら、しかし結局、人間の全体は類型によっては究め尽くしえないとした。[44]たとえばクラーゲスの性格学によれば、人間は、その「構造」上、感情のテンポにおいて、「粘液質」と「多血質」の間を動き、気分において、「憂鬱」と「多幸」の間を揺れ動き、意志において、「意志強調」と「意志薄弱」の間の振幅を動き、また人格の「質」の点でも、「無意識の欲求」と「意識的な意志」との間、「自己保存的」なものと「自己放棄的」なものの間を動き回るとされた[45]。クレッチマーによれば、人間には、「分裂気質」(敏感と鈍感の間を動揺する)、「循環気質」(陽気と本気の間を動揺する)、「粘液気質」(爆発と鈍重の間を動揺する)の三つの性格類型があるとされた[46]。あるいはヤスパース自身の総括によれば、「性格学」的に見て、人間は、「気質」の点で、「興奮的な多血質」と「消極的な粘液質」、「多幸的な人間」と「憂鬱な人間」とに偏倚《へんい》し、「意志状態」の点では、「意志薄弱者」と「意志欠如者」と「意志強固者」とに相分かれ、「情意と欲求状態」の点では、「背徳狂」と「熱狂者」とに分岐するとされた[47]。また「精神力の偏り」の面から見れば、人間には、「神経衰弱症状群」があり[48]、また、「反省的性格」の面では、「ヒステリー者」と「心気者」と「自信欠乏者」とに分かれるとされた[49]。しかし、ヤスパースは、究極的には、人間の類型的図式的把握には反対し、人間はひとえに対象化されない各自の「実存」からのみ捉《とら》えられるべきだと見た。

いずれにしても、人間の可能性には底知れぬものがあり、平凡な日常性の根底やその陰に、異常な行動や、予測不可能な突発的行動を惹き起こしうる空恐ろしさを秘めているのが、人間だと言ってよいであろう。戦争や、異常事態の発生の折や、各種の驚くべき犯罪や、狂気とも思える時代の風潮に平気で迎合し押し流されてゆく人間心理の恐ろしい危険性などについては、私たちは、日頃からこれを熟知し、また警戒を怠らぬ努力をしてきていると思う。人間の生き方、あり方の多様さと底知れない深さ、生活習慣や習俗風習の違い、文化や食生活や身体的心理的相違の甚しさなどは、地球上での人間的交流が進めば進むほど、人々に強烈に意識され、人間とその文化の謎への問いを私たちに課していると言ってよい。

人間の「生きがい」という問題を考えるとき、私たちは、以上述べたような「人さまざま」なあり方の尋常性と異常性、その振幅の大きな多様性にも眼を向けて、人間理解を深めてゆく努力を怠ってはならないと思う。

３　意味と無意味の葛藤

自己への問い　それにしても、いったい人間とは何か。この謎めいた存在者である人間への問いは、しかし結局、いまこの人生のまっただなかを生きている私たち自身のあり方への問いとなって、おのれ自身へと向けられた発問として、自己自身の生き方を問う自省的設問とならねばならないであろう。ひとごとならぬ各自自身の主体的人生への問いとならぬかぎり、人間への問いはすべて砂上の楼閣にすぎない。人間として人生を生きているのは、当の各自自身だからである。

意味　私たちは、各自の人生を意味ある仕方で生きることに力を尽くしていると思う。私たちはただたんに生まれ、また存在しているのではない。存在の事実の上に、さらに意味ある世界を作り上げることに、人間の存在の特色がある。意味とはむろん、広範な概念である。しかし、基本的に、「存在」が「了解」されたとき、そこに「意味」が生ずる[50]。私たち人間は、存在を了解し、解釈し、「意味」の場を形成し、それにもとづいて、生き、存在してゆく。意味が語り明かされたとき、そこに「言葉」の場が生起する[51]。言葉のなかに刻み残された、私たちの存在了解の広範な「意味」の世界のうちには、私たちの存在把握の知的ないし認識的「意味」も含蓄されていれば、私たちのあるべき存在についての理念に関わる実践的ないし価値的「意味ないし意義」の意識も反映されているし、また私たちが存在全体について感受する生命感情的な情感上の「意味深いニュアンス」もことごとく蓄積されている。真善美や聖に関わるすべての「意味」ある文化的社会的歴史的所産は、人間の生み出した尊い成果である。人間は文化を創り出す存在者である。人間の自己自身の存在意義や使命に関する意識も、人間が自己の存在を了解し解釈して、獲得しえた、文化的な「意味」の世界に属している。

無意味の出現　人間は、「意味」ある存在であることを目指している。もしも人間が、どこから来、どこへ行くのか、その由来と行方、根拠と目標に関して、しっかりと見定められた「意味」の筋道を形成し、それに立脚して、各自の人生の軌道を、不動の信念をもって生きることができれば、誰にとっても、生きることは容易な業となるであろう。けれども、人間にとっては、「意味」を打ち砕く「無意味」の出現が、絶対的に不可避である。私たちの生存は、根本的に、究極的解決の不可能な形で、「意味」と「無意味」

との葛藤のただなかに立たされていると言うべきなのである。なぜであろうか。その理由としては、次の点を指摘しうるであろう。(52)

没意味　まず、私たちの生存は、ほんとうを言えば、私たち自身によって開始されたものではない。私たちは、気づいたときには、もうすでに存在していたのであり、私たちは、どこから来たのか不明のまま、この世のなかにすでに投げ出されており、こうして生きてゆかねばならぬものとして、もうすでに動かし難く存在してしまっていたものなのである。私たちのそうした「既存在」は、「没意味」のまま、私たちによって引き受けられねばならないものとして、重荷のように私たちの背後に尾を曳《ひ》いていると言わねばならない。

超意味　また、私たちの生存は、やがて必ず、どこへ行くのか不明のまま、死にさらされて、朽ち果てて行くべきものとしてあることも否定できない。むろん、自分の死後に後の世代が残ったとしても、その世代にもこの運命は不可避であり、こうして人間にとっては、みずからの存在の行方は、最終的にはけっして見通しえないものとしておのれを追い越していってしまうのだと言わねばならない。個人および歴史の終末のかなたに何があるのかということに決定的に答えることは、有限な人間の力を越え出る課題であろう。人間の存在は、こうして、最終的究極的なものを見通しえない無意味の壁に突き当たって挫折《ざせつ》せざるをえないのである。このように、おのれの「非存在」にさらされたものとして、人間は、いかにおのれの意味の世界を構築しても、それを追い越し、超え出る「超意味」の出現に打ち砕かれるものだと言わねばならない。

逆意味　さらに、私たちは、現実の生存の場において、自己ならざる、さまざまな他の存在、すなわち、他者や事象に取り囲まれ、そのなかで、それらと交渉しつつ、格闘して生き、そこに意味ある世界を構築しようと努力している。けれども、自己と他者は必ずしも調和と協調においてあるだけではなく、多様な対立・矛盾・確執のうちにある。さらに、自然や歴史における多様な諸事態も同じく、人間との調和的展開においてあるだけではなく、さまざまな破壊や混乱、災害や戦乱を招き、人間にとっての大きな苦難の源泉ともなるのである。私たちは、こうして、さまざまな「他存在」の「逆意味」の出現にさらされた生存のまっただなかを生きていると言わなければならない。

非意味　しかも、そうした私たち自身の生存は、時間の流れのなかにあって、たえざる変化と流動のうちに置かれ、時間は須臾《しゅゆ》として留《とど》まらず、私たちの人生は、その多岐多端な遍歴の過程において、さまざまな人生行路を閲歴してゆかざるをえない運命のなかにある。そこでは、そのあまりにも激しい時間過程のなかでの自己変化の結果、私たちは、容易には自己同一性を保ちえず、ときには、多様に異なった自己の姿のなかに飛散し、分裂して、解体する危険すら忍び寄ってくる。私たちの生存は、そのうちに多様な「異存在」という「非意味」の出現に纏《まと》わりつかれた宿命を帯びたものだと言うべきであろう。

意味と無意味　こうして私たちは、さまざまな「無意味」の出現にさらされ、それとの戦いのなかで、おのれの「意味」ある人生の歩みを、打ち立てねばならない存在であり、まことに苦悩と格闘の人生が、私たちの生存そのものの真実だと言わねばならないと思う。私たちが、宗教や芸術や道徳や哲学、さらには学問や科学を発達させ、ひいては、歴史的社会の多様な形成や、自然的環境世界との共生にもとづく調和と発展の努力を積み重ねるのも、こうした「無意味」の出現と戦うためであり、すべては、「意味」ある世界を築き上げるための努力であると言わねばならない。さらに、個々人としても私たちは、人生遍歴のただなかで、さまざまな「無意味」の出現と格闘しながら、各自が、自分自身の人生の「意味」をまさに生きているのである。「生きがい」とは、とりも直さず、この「人生の意味」のことにほかならないであろう。

私たちひとりひとりは、いまこそ、みずからの人生の場のなかにしっかりと立って、意味ある仕方で、与えられたいのちの使命をまっとうすべく、毎日の営みを大切に築きながら、「死に至る」この人生を立派に生き抜かねばならないと思う。私たちの誰もが、そのための英知を磨いて、人生行路を完成し、善き人生を讃《たた》えつつ、また、いのちの贈り主に対して感謝を捧《ささ》げながら、おのれの人生の終焉《しゅうえん》を従容として迎え入れることができるよう、つねに日頃から覚悟を定め、決意を新たにして、精進の道を歩んでゆかねばならないと思う。

注

（1）先立つ第13、14章を参照。
（2）簡略には、渡邊二郎『哲学入門』放送大学教育振興会、一九九六（以下、本書を哲と略記）、九七—一〇八頁を参照。
（3）哲一〇九—一二五頁を参照。（4）哲一二六—一三九頁を参照。（5）哲一四〇—一六三頁を参照。
（6）哲一六四—一八八頁を参照。（7）哲一八八—一九六頁を参照。（8）哲一九七—二四二頁を参照。
（9）テオプラストス『人さまざま』森進一訳、岩波文庫、一九九一（第一三刷）（以下、本書をテと略記）。
（10）テ一二頁。（11）テ一二頁。（12）テ一二頁。（13）テ一三頁。（14）テ一六頁。（15）テ一九頁。
（16）テ二一頁。（17）テ二二頁。
（18）渡邊二郎編『ニーチェ』世界の思想家17、平凡社、昭51、四三頁以下。
（19）テ二四頁。（20）テ二八頁。（21）テ三一頁。（22）テ三四頁。（23）テ三八頁。（24）テ四三頁。
（25）テ四七頁。（26）テ五一頁。（27）テ五二頁。（28）テ五四頁。（29）テ五七頁。（30）テ六〇頁。
（31）テ六〇頁。（32）テ六三頁。（33）テ六三頁。（34）テ八一頁。（35）テ一〇〇頁。
（36）テ一〇〇頁。
（37）フランスのモラリストの伝統については、F・ストロウスキー『フランスの智慧』森有正・土居寛之訳、岩波現代叢書、一九五一を参照。

（38）前出注（18）で挙げた拙編著『ニーチェ』は、その冒頭で、ニーチェのそうした眼も醒めるようなアフォリズムのいくつかを、「人生と思索」と題して、収録しているので、参照されたい。

（39）簡単には、カント『人間学』坂田徳男訳、岩波文庫、昭27を参照。

（40）フィヒテの自我論、シェリングの人間論、ヘーゲルの精神現象学や精神哲学や歴史哲学や法哲学は、人間学的考察の豊かな宝庫である。

（41）W. James, Pragmatism, 1907, new impression, Longmans, Green and Co., 1922, p. 12.

（42）詳しくは、渡邊二郎『芸術の哲学』放送大学教育振興会、一九九三、一七七―一八五頁を参照。

（43）前注（42）の拙著の六六―一〇五頁を参照。

（44）ヤスペルス『精神病理学総論』内村祐之他訳、中巻、岩波書店、昭38（第七刷）、一九〇頁以下（以下、本書をヤと略記）。

（45）ヤ二〇二頁以下。　（46）ヤ二〇五頁。　（47）ヤ二〇七頁以下。　（48）ヤ二〇九頁以下。

（49）ヤ二一一頁以下。

（50）M. Heidegger, Sein und Zeit, 1927, 7. Aufl., 1953, Max Niemeyer Verlag, S. 151.

（51）前注（50）の Sein und Zeit,S. 160 ff.

（52）以下、意味と無意味の葛藤については、詳しくは、渡邊二郎『ニヒリズム』東京大学出版会、一九七五を参照。簡略には、渡邊二郎『内面性の現象学』勁草書房、一九七八、二四五―二七九頁を参照〔『著作集』第5巻所収〕。

単行本版　まえがき

ここに、私は、特別の思いをこめて、放送大学の学生のみなさん、および一般の読者に対して、ささやかな私の新しい書物『人生の哲学』を贈る。

放送大学で学ばれる学生のみなさんは、現代日本を代表する人々であると思う。周知のように、放送大学は、一八歳以上の人であれば、誰もが入学でき、勉強することが可能であるような仕組みになっている。したがって、現在、放送大学では、日本全国各地のあらゆる階層の人々が、老若男女を問わず、また、その境遇や職業のいかんを問わず、熱心に、さまざまな教科と取り組み、勉学に励んでおいでである。その熱意と真剣な態度には、深く敬意を表さざるをえない。

そのみなさん方は、日本という国のなかに潜在する知性と良識にあふれた活力の象徴であり、代表であると言って間違いないと思う。みなさん方を見れば、日本人の全体が何を考えて生きているのかが、その過去から未来へと向かう現在の段階における最も良識あふれる担い手もしくは代表の形において、把握されうると言ってもけっして過言ではないと思う。このように真剣で、誠実で、勤勉で、向上心にあふれ、知性と意欲と感性に恵まれ、たえず努力に励む、人格性豊かな方々が、かくも多く、放送大学で学ばれ、また、日本という国の内部で、広く深く潜在的活力を秘めて、日夜、活動を展開されているということを知りうることは、大きな喜びであるとともに、未来への希望を育《はぐく》んでくれる事態であると断言して憚《はばか》らない。

したがって、放送大学のみなさんに向かって語るということは、広く日本全体に向かって語るということと同じである。あるいは、放送大学のみなさんに対して、著述ないし印刷教材によって訴え、理解を求めるということは、日本の世の中の全体に対して、著作によって問いかけ、ともに考え、そしてともに生きるということと同じであると言ってよい。

私は、この『人生の哲学』というささやかな書物によって、放送大学で学ばれるすべての方々に対し、そして広く現代日本の一般的読者全体に対して、哲学上のある根本問題を語りかけたいと思っている。願わくば、本書から、できるだけ多くの方々が、なにほどかのメッセージを受け取って下さり、この厳しい時代的状況下において、人生を生き抜く、ささやかな心の糧を汲《く》み取って下されば、著者としての喜び、これに過ぎるものはないと言ってよいのである。

＊

私は、放送大学に着任して以来、できるだけ多くの機会を捉《とら》えて、放送大学で学ばれるみなさん方と、直接、じかに接して、みなさん方が、何を求め、何を知り、何を探究なさろうとしているのかを、摑《つか》み取りたいと思った。周知のように、ラジオとテレビによる放送授業は、間接的な伝達の境域を、けっして越え出ることがない。どんなに生き生きとした音声や映像も、やはり、直接的な対面授業のもつ優れた力を凌駕《りょうが》することはできない。しかも、それらは、基本的に、一方向の情報伝達にすぎないのである。それだけでは、放送大学の学生のみなさんの、なまの反応や意見、疑問や質問、さらには関心の動向や趨勢《すうせい》を捉えることは不可能なのである。

それであるから、私はこれまで、機会あるごとに、放送大学における、いわゆる面接授業、すなわち、直接的な現場での対面授業を、かなり多く実施して、みなさん方の問題意識や問題関心が奈辺《なへん》に存するのかを、じかに摑み取る努力を重ねてきた。その結果、私は、放送大学のみなさん方、ひいては、一般の多くの方々が、「人生論」的諸問題に深い関心を抱いていることを知ることができたように思う。そして実際、それも当然であると考えられるのである。

というのも、私たちは誰もがみな、それぞれ、かけがえのない、一回限りの、しかも、もはや引き返すことのできない人生のまっただなかを、いま生きており、自分の人生の現実とそのあり方に対して、さまざまに思い悩み、苦しみながら、明日の人生を切り開こうと努力しており、そうしたなかで、誰もが、自分の人生に対する「人生論」的な熟慮を企てざるをえないと感じるのは、ある意味で、当然すぎるほど当然だと言わねばならないからである。このことは、老若男女のすべて、私たちのすべてに、深い関わりをもっている。若い人は、若い人なりに、自分の人生の未来をいかに形成すべきかに、思い悩む。人生の長い遍歴過程を閲《けみ》し、いま、人生の半ばに立って、来し方と行く末を思い煩う熟年の人々にとっては、とりわけ、「人生論」的思索は、日毎夜毎、深まってゆく内奥の関心事であろう。

放送大学では、比較的若い方々も学ばれているが、一方、かなり年輩の、人生経験豊かな方々も、非常にたくさん、勉学にいそしまれている。とりわけ、後者の方々の胸中には、この激動の二〇世紀という時代の苦難にみちた日本社会のなかを、必死に生きてきたという思いは深いと考える。そうした学生の方々が、この激変してゆく現代文明の時代のなかに立って、新たに知見を磨き直し、世界と社会のあり方を見つめ直し、こうして、人生を生きる自分自身の姿を考え直されるとき、そこに生じてくるものが、「人生論」的な哲学上の諸想であることは、私にも十分よく理解でき、また共感できる事柄なのである。

それで、私は、放送大学の学生のみなさん、否、人間として生きるすべての人々の胸裡《きょうり》に、深く「人生論」的問題群への切実な関心が伏在することを感じ取ったので、これまで、ささやかながら、とりわけ集中面接授業という形態において、数多くの「人生論」的な哲学上の講義を、放送大学において開設してきたのである。実は、本書『人生の哲学』の内容は、そうした集中面接授業の折に、順次そのつど種々の主題に即しながら講述されてきたものを基礎としており、その大部分が、そうした集中面接授業の際に、私が用意し、また学生のみなさんに配布した、講義用のプリントを基礎にして仕上げられているのである。もちろん、その後に調べ直し、また加筆修正した部分も、数多くあり、さらに、全体を、今回の一五回分の印刷教材の統一性のなかに、整合的に組み入れて首尾一貫したものに仕上げる努力を、私としては、十分試みたつもりである。加えて、著述としての体裁についても、大きく配慮を施した。けれども、かつての私の集中面接授業に参加された方々は、本書の多くの箇所で、その当時の痕跡《こんせき》を再発見されるはずである。往時と同じように、できるだけ多くの方々が、新たに書物の形に纏《まと》められたこの『人生の哲学《こいねが》』という印刷教材を、愛用し、活用して下さることを、著者としては、衷心から庶幾わずにはおれないのである。

＊

ここで、私がかつて行った、本書に関係の深い、集中面接授業のことを、念のため、列挙しておこう。

（1）「生と死を考える」（平成四年度第二学期、一九九三年二月一六―一八日、於東京第二学習センター）

（2）「愛と人生」（平成五年度第一学期、一九九三年八月一七―一八日、於東京第二学

習センター）

（3）「自己と他者」（平成五年度第二学期、一九九四年二月一二―一三日、於東京第二学習センター）

（4）「生きがいはどこにあるか」（平成六年度第一学期、一九九四年八月二三―二四日、於東京第二学習センター）

（5）「幸福について」（平成六年度第二学期、一九九五年二月一八―一九日、於東京第二学習センター）

（6）「人生と幸福」（平成七年度第一学期、一九九五年八月二三―二四日、於東京第二学習センター）

（7）「人生を考える」（平成八年度第一学期、一九九六年七月一三―一四日、於長崎地域学習センター）

（8）「美と愛と幸福」（平成八年度第一学期、一九九六年八月一七―一八日、於千葉学習センター）

（9）「哲学入門」（平成八年度第二学期、一九九七年二月一五―一六日、於千葉学習センター）

（10）「現代をいかに生きるか」（平成九年度第一学期、一九九七年八月二―三日、於富山地域学習センター）

（11）「哲学入門」（平成九年度第二学期、一九九八年二月一九―二〇日、於東京第二学

習センター）

なお、私は、このほか通常の隔週型の面接授業をも行ってきたが、それらでは、私の担当した放送授業と関連する面接授業を実施したので、ここでは言及を差し控えておく。

さて、上記の集中面接授業で取り上げられた種々の主題は、結局大きく、五つのものに纏め上げられうるのである。それで、この『人生の哲学』では、「生と死を考える」、「愛の深さ」、「自己と他者」、「幸福論の射程」、「生きがいへの問い」という五つの大きな主題を設定し、それらの各々に三回ずつの講義を振り当てて、総計一五回の講義を構成するというやり方を採った。これによって、これまで私が集中面接授業で取り上げてきた「人生論」的諸問題の全体が、ほぼ全面的かつ統一的な纏まりを得ることになったと言ってよいのである。このほかにもまださまざまな人生論的諸問題のあることはもちろんであるが、それらについては他日を期すことにしたい。ともあれ、死と愛と他者と幸福と生きがいという、人生の根本問題を、できるだけ分かりやすく、しかし平俗に流れない学問的な根拠ある仕方で論述することを心がけた本書が、可能なかぎり多くの読者によって熟読玩味《がんみ》されれば、著者として、これに過ぎる喜びはない旨を申し述べ、まえがきの筆を擱《お》くことにする。

著者　識

付録【研究室だより】人生とは何か

放送大学に着任してから三年目に入った昨今の私にとって、放送大学ということで真っ先に念頭に思い浮かんでくるのは、何よりも、通常の面接授業や、また集中面接授業などで、熱心に私のつたない話を聴いてくださるあの多数の受講生の皆さん方のことである。あるいは、通信指導の答案で、実に生き生きと自分の人生経験や芸術への感動を語ってくださる、あの数多くの書き手の方々のことである。さらにもっと直接的には、私のもとで専攻特論を仕上げたいと熱心にお申し出くださる数多くの勉強家の方々のことである。

面接授業が終わったあと、小さな紙片にその時々の感想や質問をお書きくださった方々の優しいお気持ちには、私は深い感銘を受けた。また、わずかの量のコメント記入のためにとはいえ、私としてはかなり精神集中して拝読する通信指導の作文から私に伝わってくる多数の受講生の方々の人生に対する熱い思いに接すると、私の心は揺さぶられる。さらに、専攻特論履修予定の多くの方々の旺盛な熱意には、私は深い敬意を覚えた。

私の専門は哲学であるが、哲学には専門家向けの面と、そうでない面とがある。かつてカントは、前者の面を哲学の「学校概念」と呼び、その面からすれば哲学とは「概念にもとづく理性認識の体系」であるが、しかしその規定によっては、本当にこの人生において生きて働いている哲学の精神が逸し去られてしまうと考えた。それでカントは、この生きた哲学精神を代弁して、哲学とは、その「世界概念」つまり本当に世の中に働いているそのあり方の面では、結局、「人間とは何か」を問い直す人生論的な思索であるとした。

私は今、この人生論としての哲学のあり方を考え直そうとしている。実際、「人生とは何か」を考えようとしない誰がこの世の中にいるであろうか。私は、放送授業としては、すでに客員教授の時代から現在に至るまで、いくつかの専門科目を担当してきたが、それらの印刷教材や放送授業は、一度制作されれば、あと四年間は同じ形のままである。私は、放送大学着任以来、学生の皆さん方に、もっと直接的にまた自由に、生きた形で、人生論上の諸問題について、つたないながら私の模索を語ってみたいと思ってきた。それで私は、通常の面接授業もさることながら、それ以外に、とりわけ集中面接授業の機会を利用して、「生と死を考える」、「愛と人生」、「自己と他者」、「生きがいはどこにあるか」などの人生論的問題を取り上げてみた。これには収容予定を数倍も上回る多くの方々が参加を希望されながら、しかし結局はお断わりせざるをえないという申し訳ない結果となった。

けれども、私は、それらの授業経験から、今や、放送大学の学生の皆さんのうちには、人生論上の諸問題に対する強烈な関心が潜在することを深く確信している。考え直してみれば、「人生とは何か」という問いは、さまざまな人生遍歴を閲《けみ》して、来し方行く末を考えざるをえない熱年においてこそ、本当に目覚めてくるものであろう。比較的年輩の方々の多い放送大学生の皆さんのうちに、人生論的哲学への関心が強いのも当然であるかもしれない。それに実は私自身が、今や「人生とは何か」を沈思黙考せざるをえない老境の入り口に立っているのである。

私はいつの日にか、人生論的哲学について良い印刷教材を書き、学生の皆さん方と心を通わせ合う良い面接授業を行いうるよう、私のささやかな情熱を傾注してみたいと思っている。

解説　人情あふれる哲学教師としての渡邊二郎

森　一郎

人生とは何か――この問いをわれわれは携帯して生きている。意識するにせよしないにせよ、誰もがこの問いを日夜発し続けている。しかし、万人の関心の的だけに、安直に云々《うんぬん》するのは逆に憚《はばか》られる。「人生の哲学」を正面から論ずるには、それに見合う経験と学識と眼力を備えていなければならない。わが国は二十世紀末、人生を語るにうってつけの哲学者に恵まれた。その人、渡邊二郎が心血を注いで著わした本書が、文庫として再刊されることを心から喜びたい。

没後十二年、いよいよ名声高い賢者の仕事の全貌《ぜんぼう》は、渡邊二郎著作集全十二巻（筑摩書房）に示されている。最初の四巻をなすハイデガー研究は、初期の大著二冊から遺作となったモノグラフまで、世界最高水準を誇る。続く四巻に収められた現象学、実存思想、ドイツ古典哲学の専門研究にも、深遠な哲理を平明な日本語で説き明かすスタイルはよく表われている。そして著作集最後の四巻を占めるのは、放送大学で教えた円熟の時代の輝ける作品群である。この時代に書き下ろされた放送大学印刷教材十冊のうち、最終第十二巻に収録された二冊のうちの一つが、『人生の哲学』である。

渡邊は一九九二年、東京大学を退官し放送大学に着任した。それ以前から、一九八八年刊の①『構造と解釈』、一九九一年刊の②『現代哲学』（のち『英米哲学入門』と改題）を印刷教材として手掛けていたが、十年間の放送大学在職中は、矢継ぎ早に印刷教材を出し続けた。一九九三年刊の③『芸術の哲学』、一九九五年刊の④『現代の思想的状況』（のち『歴史の哲学』と改題）、一九九六年刊の⑤『哲学入門』（のち『はじめて学ぶ哲学』と改題）。ここまでが前半で、その多産さには驚かされる。ところが、後半には健筆ぶりにいっそうのギアが入り、毎年一冊ずつ印刷教材が書き下ろされる。その最初にして十年間の中央に位置するのが、一九九八年刊の⑥『人生の哲学』なのである。

その後は、一九九九年刊の⑦『美と詩の哲学』、二〇〇〇年刊の⑧『現代人のための哲学』、二〇〇一年刊の⑨『現代の哲学』と続いた。そして、その掉尾《とうび》を飾ったのが、名著の誉れ高い二〇〇二年刊の⑩『自己を見つめる』である。これら渡邊二郎放送大学連作集は、現代日本の誇る哲学書大河シリーズとして、著作集（⑤⑨は収録せず）とはまた別に、全十巻セットの愛蔵版が出版されてもおかしくないほどである。

これまでにも、①②③⑤⑧は、ちくま学芸文庫として、④は講談社学術文庫として、つとに再刊されている。また⑩は、左右社の「放送大学叢書」として復刊され、多くの愛読者を獲得している。そして、その⑩『自己を見つめる』と好一対をなす、渡邊哲学の代表作の一つが、この⑥『人生の哲学』なのである。

筑摩版著作集でも、この姉妹編は第十二巻に合本となっている。両者は扱うテーマは似ているが、趣はおのずと異なる。『自己を見つめる』には、引用の類《たぐい》はほとんどなく（たまに詩歌が引かれる程度）、注も付されていない。そういうスタイルこそ真の哲学書だ、と思う人は多いようである。とはいえ、引用や注釈を差し控えた流麗な文章の背後に、どれだけ膨大な文献の裏付けや先哲との対話があるかを考えると、気が遠くなる。読者としては、その背景の片鱗《へんりん》だけでも拝みたくなるというものだ。古典に学ぶ姿勢にかけては筋金入りだった精神に接する以上、その学びを軽んずることは断じて許されない。『人生の哲学』は、『自己を見つめる』とペアで、いわば合わせ鏡のようにして「人生とは何か」という中心テーマを映し出すものとなっている。

本書『人生の哲学』は、章ごとに懇切な注があり、多彩なテクストからの引用がちりばめられて出来上がっている。引用だらけの論文調を読まされると意味不明で辟易《へきえき》するのがふつうだが、渡邊の文章の場合、畳みかけるように参考文献からの引用が続いてもすらすら読めてじつに分かりやすいという不思議な特長がある。恐るべき理解力と表現力によって、難解な哲学書の真意を一般読者に会得させてくれるさまたるや、感動的であり、その名匠ぶりは『人生の哲学』でこそ存分に味わえる。

活字では味わえないが、渡邊の語りの明晰《めいせき》さと誠実さは、放送教材でも人気を博した。多くの聴講者がラジオの前に釘付《くぎづ》けとなり、時に感涙を催したという。印刷教材や放送教材で接するだけでは飽き足りない受講生は、渡邊がおりにふれて行なった放送大学の面接授業に殺到した。受講者が限られていたため、抽選で涙を呑《の》んだ希望者が続出したことは、今回、付録として本書に収録した「【研究室だより】人生とは何か」にも記されている。──「収容予定を数倍も上回る多くの方々が参加を希望されながら、しかし結局はお断わりせざるをえないという申し訳ない結果となった」。

『放送大学通信 On Air』第三五号（一九九四年九月）所収のこのエッセイを読むと、放送大学着任後、渡邊が早い段階で、「人生とは何か」という問いを追究した印刷教材を書く決心をしていたことが分かる。面接授業で放送大学の老若男女の受講生と交流するうち、彼らに「人生論的哲学への関心が強い」ことを知り、それを扱った印刷教材の執筆に「私のささやかな情熱を傾注してみたい」と意気込みを語っている。その決意を四年もたたずに実行してみせたのが、一九九八年三月刊の『人生の哲学』であり、この経緯を改めて述べているのが、この書の「まえがき」である。

本文庫版では「まえがき」をあえて本文の後に置いたが、それは、読者に「人生とは何か」という問いにすぐ参入していただこうと考えたからである。つまり、本書を手にとった者が、まず、「目次」を眺めて、巧みに練り上げられた五部構成に印象づけられ、次いで、その構成の妙が「序論」でさっそく肉付けられていくのを、目の当たりにするようにした。死、愛、他者、幸福、生きがい、という「人生の根本問題」そのものへ飛び込むには、本書の成立事情は後回しにしてもよいという判断だが、そうはいっても、この「まえがき」には著者に関する重要情報が洩《も》らされている。

そこにあふれているのは、教育者としての渡邊の情熱である。それがまずもって放送大学の学生への熱き思いとして吐露されている。のみならず、その思いは普遍性をもつ。つまり、人生を生きるうえで哲学的問題に行き当たり、あれこれ悩みながら当の問題を真摯《しんし》に引き受けようとするすべての人々に向けての万感《ばんかん》の思いが、そこにはこめられている。万人のその悩みは、著者自身の悩みと別物ではなく、同質であることを、著者は隠そうとしない。この世に一生懸命暮らす者たちが発する各人各様の問いの重みに、共感をこめて「然《しか》り」と言う。本書は、その意味での生のまったき肯定の書である。

思えば、渡邊二郎は、哲学者であるとともに教育者であった。二十八年間の東京大学在職中、多くの若者を研究者に育てた渡邊だが、その後に十年間教えた放送大学でも、印刷教材や放送教材の制作の傍《かたわ》ら、面接授業や卒論指導を完璧《かんぺき》にやり遂げ、放送大学の教員としては異例なほど受講生たちに慕われた。学生一人一人に慈父のごときまなざしを送る人情に厚い紳士。学問的には一歩も妥協せず厳密な態度で指導する碩学《せきがく》。その姿に接した多くの学生は、学問への情熱を鼓舞されたのである。

本書後半では、アラン、ラッセル、ヒルティ、三谷隆正《みたにたかまさ》、といった幸福論の名著が、入念に紹介されている。そのまとめ方はもはや至芸《しげい》の域に達しているが、ショーペンハウアー等とは異なり、渡邊が取り上げる本としては意外な気もする。推測するに、放送大学の卒論（正確には専攻特論と呼ぶらしい）指導で学生が取り上げたテクストを教員自身も精読し、それを印刷教材執筆に活《い》かしたのではないか。そんなところにも、教育者としての著者の情熱がほとばしっているように思われてならない。

渡邊は、非常勤や集中講義の形でも少なからぬ大学の教壇に立ち、厳しさと優しさを兼ね備えた教師として学生たちに感化を及ぼした。七十歳を過ぎてからも日本大学芸術学部や朝日カルチャーセンターに出講し、そのつど受講者を感激させたが、ここで注目したいのは、三十歳代半ばの少壮期より、日本赤十字社幹部看護婦研修所（名称は当時）の非常勤講師を継続して務めたことである。ドイツ留学の二年間を除き、四半世紀の長きにわたって、前途ある看護師を前に哲学を講じたこの教育活動――その多年の功績に対して一九八三年、日本赤十字社から感謝状が贈られた――を偲《しの》ばせる恰好《かっこう》の連作がある。研修所卒業記念文集『いとすぎ』に寄稿した多彩な文章である。筑摩版著作集第十二巻に網羅的に収録されているので、関心のある方はぜひご覧いただきたい。

その一つ一つに表われているのは、哲学をともに学んだ白衣の天使たち（もはや死語かもしれないがあえて使わせていただく）を思いやる人情あふれる哲学教師の姿である。本業に忙しいはずの専業哲学者が、非常勤先で教えた看護師たちに毎年欠かさず卒業お祝いの言葉を贈ったということ自体、稀有《けう》のことに違いない。それにも増して、文章の自由奔放ぶりには圧倒される。何より、そこには、とかく冷たくなりがちな哲学教師の人情味がにじみ出ており、時としてその情感が堰《せき》を切ったようにあふれ出ている。

その連作のうち最も光彩陸離《りくり》たる一篇をここに引用させていただこう。

「**鳥の声**。――冬の午前の淡い日射しが窓辺に樹々の影をちらつかせる書斎で仕事をしているとき、一羽の名も知れぬ大鳥が鋭い啼き声を発しながら、大空を飛び去って行った。凍てつくような寒気の中を、耳をもつんざく異様な叫び声を響かせて、天空の彼方へと消え去って行った鳥の飛翔は、人間のうちに、名状しがたい情感を覚醒させる。大空を飛ぶ鳥よ、お前はどこへ行くのか。どうしてそんな異様な叫び声を発するのか。凍てつく寒気をものともせず、人間には到底達成しえぬあの自由をもって、宇宙を飛翔し続ける君たち、自由と放浪の勇士たちよ。昨日のねぐらも捨て、他群とも交わらず、彼方を目指して飛ぶ孤高の大鳥たちよ。君たちは、いつか理想の巣を、いずこの地にか、建設しうるのだろうか。否、否、おそらくは、異郷の地での孤独な死が、君たちを待ち受けることであろう。自然の摂理は、生きとし生ける者に厳しい試練を課すからである。自然は、すべての者に恵みを送るとともに、定めに従った没落と運命を送り届けるからである。君たち、自由と理想を愛する鳥たちよ、寒気にめげず、君たちの志操に忠実であれ。初志を貫け。不撓不屈の意志をもって、おのが理想に殉ぜよ。いかなる課題に対しても弱音を吐くな。そして、情熱をもって仕事に打ち込め。それを通じて、真の意味での愛に生きよ。おのれの理想と、仕事と、他者への献身とにおいて、徹頭徹尾、純粋であれ。その意味において、愛し抜け、自己と仕事と他者を。ただひたすらに、情熱をもって愛し続け、報いを求めるな。その結果がどうであれ、君たちのそうした生涯の飛翔は、天空の鳥たちの飛翔の軌跡となって、のちに続く者たちに感銘を呼び起こすであろう。鳥たちよ、泣くな。飛んで行け。ただ飛ぶだけだ。……わたしも鳥となって飛びたいと思う。」(『「いとすぎ」への寄稿』より(一九八四年度)。渡邊二郎著作集第十二巻『自己と世界』筑摩書房、二〇一一年、所収、五八六頁)

ニーチェ『愉《たの》しい学問』の二七九番「星の友情」に匹敵する、散文詩の傑作であり、声に出して味わうに足る格調高さをもつ。その理想主義がニーチェと異なっているとすれば、それは、はるか遠くの理想を見つめ、自分の仕事に励むことを説くだけではなく、身近な教え子たちに対する慈しみと愛情を率直に語り出している点にある。この世に生きる人びとが、たがいに交わり、ともに生きる、その現場から離れることなく、労《いた》わり合い、愛し合うことは、いつか「鳥のように自由」になって大空を羽ばたきたいと願う精神にとって、なくてはならぬ一事なのである。

教育者としての渡邊の横顔が垣間見《かいまみ》える文章を、もう一つだけ指摘しておきたい。大学卒業にあたって書かれたという「家庭教師をしながら」(一九五三年)。やはり、著作集第十二巻に収められている。金持ちの子弟相手の家庭教師稼業に身をやつす若者の寂《せき》寥《りょう》たる思いが切々と綴《つづ》られている。老境の柔和な筆致とは異なる、気負いに満ちた辛辣《しんらつ》な文体には、教育という生身の人間相手の仕事の重大さに対する鋭敏な感性が感じられ、後年の人生哲学の泰斗の原点がうかがえる。

(もり　いちろう/東北大学教授・哲学)

ヤ行

ラ行

タ行

ナ行

ハ行

マ行

人名索引

配列は五十音順

ア行

カ行

サ行

本書は、『人生の哲学』（一九九八年三月、放送大学教育振興会刊）を文庫化したものです。付録として、「【研究室だより】人生とは何か」（『放送大学通信 On Air』第三五号、一九九四年九月一〇日）を加えました。

文庫化にあたり、明らかな誤記・誤植と思われる表現や不統一な用語については改めました。また、難読語には適宜ルビを付けました。

人生《じんせい》の哲学《てつがく》

渡邊《わたなべ》二郎《じろう》

令和2年 1月25日 初版発行
令和6年 11月25日 3版発行

発行者●山下直久

発行●株式会社KADOKAWA
〒102-8177 東京都千代田区富士見2-13-3
電話 0570-002-301(ナビダイヤル)

角川文庫 22013

印刷所●株式会社KADOKAWA
製本所●株式会社KADOKAWA

表紙画●和田三造

●お問い合わせ
https://www.kadokawa.co.jp/ (「お問い合わせ」へお進みください)
※内容によっては、お答えできない場合があります。
※サポートは日本国内のみとさせていただきます。
※Japanese text only

ISBN 978-4-04-400535-1 C0110

角川文庫発刊に際して

角 川 源 義

第二次世界大戦の敗北は、軍事力の敗北であった以上に、私たちの若い文化力の敗退であった。私たちの文化が戦争に対して如何に無力であり、単なるあだ花に過ぎなかったかを、私たちは身を以て体験し痛感した。西洋近代文化の摂取にとって、明治以後八十年の歳月は決して短かすぎたとは言えない。にもかかわらず、近代文化の伝統を確立し、自由な批判と柔軟な良識に富む文化層として自らを形成することに私たちは失敗して来た。そしてこれは、各層への文化の普及滲透を任務とする出版人の責任でもあった。

一九四五年以来、私たちは再び振出しに戻り、第一歩から踏み出すことを余儀なくされた。これは大きな不幸ではあるが、反面、これまでの混沌・未熟・歪曲の中にあった我が国の文化に秩序と確たる基礎を齎らすためには絶好の機会でもある。角川書店は、このような祖国の文化的危機にあたり、微力をも顧みず再建の礎石たるべき抱負と決意とをもって出発したが、ここに創立以来の念願を果すべく角川文庫を発刊する。これまで刊行されたあらゆる全集叢書文庫類の長所と短所とを検討し、古今東西の不朽の典籍を、良心的編集のもとに、廉価に、そして書架にふさわしい美本として、多くのひとびとに提供しようとする。しかし私たちは徒らに百科全書的な知識のジレッタントを作ることを目的とせず、あくまで祖国の文化に秩序と再建への道を示し、この文庫を角川書店の栄ある事業として、今後永久に継続発展せしめ、学芸と教養との殿堂として大成せんことを期したい。多くの読書子の愛情ある忠言と支持とによって、この希望と抱負とを完遂せしめられんことを願う。

一九四九年五月三日

角川ソフィア文庫ベストセラー

大事なものは見えにくい　鷲田清一

ひとは他者とのインターディペンデンス（相互依存）でなりたっている。「わたし」の生も死も、在ることの理由も、他者とのつながりのなかにある。日常の隙間からの「問い」と向き合う、鷲田哲学の真骨頂。

まなざしの記憶　鷲田清一　写／植田正治

新たな思考の地平を切りひらく〈試み〉として、エッセイを表現手法としてきた鷲田哲学。その臨床哲学からのやわらかな思索が、植田正治の写真世界と深く共振し、響き合う。注目のやさしい哲学エッセイ。

人生はいつもちぐはぐ　鷲田清一

生きることの機微をめぐる思考が、日々の出会いやエピソード、遠い日の記憶から立ち上がる。まなび、いのち、痛み、しあわせ、自由、弱さ——。身近なことばを起点としてのびやかに広がってゆく哲学エッセイ。

死なないでいる理由　鷲田清一

〈わたし〉が他者の思いの宛先でなくなったとき、ひとは〈わたし〉を喪い、存在しなくなる——。現代社会が抱え込む、生きること、老いることの意味、そして〈いのち〉のあり方を滋味深く綴る。

春宵十話　岡　潔

「人の中心は情緒である」。天才的数学者でありながら、思想家として多くの名随筆を遺した岡潔。戦後の西欧化が急速に進む中、伝統に培われた日本人の叡智が失われると警笛を鳴らした代表作。解説：中沢新一

角川ソフィア文庫ベストセラー

文学とは何か
加藤周一

詩とは何か、美とは何か、人間とは何か——。後年、戦後民主主義を代表する知識人となる若き著者が果敢に挑む日本文化論。世界的視野から古代と現代を縦横に行き来し、思索を広げる初期作品。解説・池澤夏樹。

陰翳礼讃
谷崎潤一郎

陰翳によって生かされる美こそ日本の伝統美であると説いた「陰翳礼讃」。世界中で読まれている谷崎の代表的名随筆をはじめ、紙、厠、器、食、衣服、文学、旅など日本の伝統に関する随筆集。解説・井上章一

恋愛及び色情
谷崎潤一郎
編／山折哲雄

表題作のほかに、自身の恋愛観を述べた「父となりて」「私の初恋」、関東大震災後の都市復興について書いた「東京をおもう」など、谷崎の女性観や美意識について述べた随筆を厳選。解説／編・山折哲雄

美しい日本の私
川端康成

ノーベル賞授賞式に羽織袴で登場した川端康成は、古典文学や芸術を紹介しながら日本の死生観を述べ、聴衆の深い感銘を誘った。その表題作を中心に、今、日本をとらえなおすための傑作随筆を厳選収録。

人生論ノート　他二篇
三木清

ひとは軽蔑されたと感じたとき最もよく怒る。だから自信のある者はあまり怒らない（「怒りについて」）。深い教養と思索から生みだされた言葉の数々は、いまなお心に響く。『語られざる哲学』『幼き者の為に』所収。

角川ソフィア文庫ベストセラー

数学物語　新装版
矢野健太郎

動物には数がわかるのか？　人類の祖先はどのように数を数えていたのか？　バビロニアでの数字誕生からパスカル、ニュートンなど大数学者の功績まで、数学の発展のドラマとその楽しさを伝えるロングセラー。

確率のはなし
矢野健太郎

25人のパーティで同じ誕生日の2人が出会うのは偶然？　それとも必然？　期待値、ドゥ・モルガンの法則、パスカルの三角形といった数学の基本へ。世界的数学者が、実例を挙げてやさしく誘う確率論の基本。

空気の発見
三宅泰雄

空気に重さがあることが発見されて以来、様々な気体の種類や特性が分かってきた。空はなぜ青いのか、空気中にアンモニアが含まれるのはなぜか——。身近な疑問や発見を解き明かし、科学が楽しくなる名著。

幸福論
アラン
石川　湧＝訳

幸福とはただ待っていれば訪れるものではなく、自らの意志と行動によってのみ達成される——。哲学者アランが、幸福についてときに力強く、ときには瑞々しく、やさしい言葉で綴った九三のプロポ（哲学断章）。

方法序説
デカルト
小場瀬卓三＝訳

哲学史上もっとも有名な命題「我思う、ゆえに我あり」を導いた近代哲学の父・デカルト。人間に役立つ知識を得たいと願ったデカルトが、懐疑主義に到達する経緯を綴る、読み応え充分の思想的自叙伝。

角川ソフィア文庫ベストセラー

幸福論
ヒルティ
秋山英夫＝訳

「人の精神は、ひとたびこの仕事に打ちこむというほんとうの勤勉を知れば、絶えず働いてやまないものである」。すべての働く人に響く言葉の数々。仕事に行き詰まったとき、人生の転機に立ったときに。

世界を変えた哲学者たち
堀川 哲

二度の大戦、世界恐慌、共産主義革命――。ニーチェ、ハイデガーなど、激動の二〇世紀に多大な影響を与えた一五人の哲学者は、己の思想でいかに社会と対峙したのか。現代哲学と世界史が同時にわかる哲学入門。

歴史を動かした哲学者たち
堀川 哲

革命と資本主義の生成という時代に、哲学者たちはいかなる変革をめざしたのか――。デカルト、カント、ヘーゲル、マルクスなど、近代を代表する11人の哲学者の思想と世界の歴史を平易な文章で紹介する入門書。

若者よ、マルクスを読もう
20歳代の模索と情熱
内田 樹
石川康宏

『共産党宣言』『ヘーゲル法哲学批判序説』をはじめとする、初期の代表作5作を徹底的に嚙み砕いて紹介。その精神、思想と情熱に迫る。初心者にも分かりやすく読める、専門用語を使わないマルクス入門！

マルクスを再読する
主要著作の現代的意義
的場昭弘

資本主義国家が外部から収奪できなくなったとき、資本主義はどうなるのか？　この問題意識から、主要著作を読み解く。〈帝国〉以後の時代を見るには、資本主義〝後〟を考えたマルクスの思想が必要だ。

角川ソフィア文庫ベストセラー

増補「戦後」の墓碑銘　白井　聡

「平成」。国民益はもとより国益とも無縁な政治が横行するようになった時代。昭和から続いた戦後政治は、崩落の時を迎えている。その転換点はいつ、どこにあったのかを一望する論考集が増補版で文庫化！

新版 増補 共産主義の系譜　猪木正道

画期的な批判的研究の書として、多くの識者が支持した名著。共産主義の思想と運動の歴史を、全体主義に抗す自由主義の論客として知られ、高坂正堯ら錚々たる学者を門下から輩出した政治学者が読み解く‼

神曲　地獄篇　ダンテ　三浦逸雄＝訳

闇の森に迷い込んだダンテが、師ウェルギリウスに導かれ、生き身のまま地獄の谷を降りてゆく。壮大な叙事詩の第一部。全篇ボッティチェリの素描収録。「これはダンテが遺した文字の時限爆弾だ」（島田雅彦）

神曲　煉獄篇　ダンテ　三浦逸雄＝訳

地獄を抜けたダンテは現世の罪を浄める煉獄の山に出る。罪の印である七つのPを額に刻まれ、ベアトリーチェの待つ山頂の地上楽園を目指す第二部。「父・逸雄が挑んだ全人類の永遠の文化財」（三浦朱門）

神曲　天国篇　ダンテ　三浦逸雄＝訳

永遠の女性ベアトリーチェと再会し、九つの天を昇りはじめたダンテ。聖なる魂たちと星々の光が饗宴する中、天上の至高天でついに神の姿を捉える第三部。「文学の枠を越え出た、表現の怪物」（中沢新一）

角川ソフィア文庫ベストセラー

世界の名作を読む
海外文学講義

工藤庸子・池内 紀・柴田元幸・沼野充義

『罪と罰』『ボヴァリー夫人』などの大作から、チェーホフやカフカ、メルヴィルの短篇まで。フィクションを読む技法と愉しみを知りつくした四人が贈る、海外文学への招待。原典の新訳・名訳を交えた決定版！

哲学は資本主義を変えられるか
ヘーゲル哲学再考

竹田青嗣

現行の資本主義は、格差の拡大、資源と環境の限界を生んだ。これを克服する手がかりは、近代社会の根本理念を作ったヘーゲルの近代哲学にある。今、これをいかに国家間の原理へと拡大できるか、考察する。

幸福の条件
アドラーとギリシア哲学

岸見一郎

過去がどうであれ、今の決断によって未来を変えることはできる。ギリシア哲学、アドラー心理学の智恵から読み解く、著者ならではの哲学的視点で、幸せとは何か、生きることとは何かを考察した現代の幸福論。

修養

新渡戸稲造

職業、勇気、読書法、逆境、世渡り――。当代一流の国際人であり教養人だった新渡戸が記した実践的人生論。いまなお日本人に多くの示唆をあたえる不朽の名著、待望の文庫決定版！　解説／斎藤兆史

西田幾多郎
言語、貨幣、時計の成立の謎へ

永井均

西田が考えた道筋をわかりやすく提示。「私」と「汝」論の展開に加えて、あらたにマクタガートの『時間の非実在性』の概念を介在させ、「時計」の成立を扱った文庫版付論で新しい視点を開く。

角川ソフィア文庫ベストセラー

論語
ビギナーズ・クラシックス 中国の古典
加地伸行

孔子が残した言葉には、いつの時代にも共通する「人としての生きかた」の基本理念が凝縮され、現代人にも多くの知恵と勇気を与えてくれる。はじめて中国古典にふれる人に最適。中学生から読める論語入門！

老子・荘子
ビギナーズ・クラシックス 中国の古典
野村茂夫

老荘思想は、儒教と並ぶもう一つの中国思想。「上善は水のごとし」「大器晩成」「胡蝶の夢」など、人生を豊かにする親しみやすい言葉と、ユーモアに満ちた寓話を楽しみながら、無為自然に生きる知恵を学ぶ。

韓非子
ビギナーズ・クラシックス 中国の古典
西川靖二

「矛盾」「株を守る」などのエピソードを用いて法家の思想を説いた韓非。冷静ですぐれた政治思想と鋭い人間分析、君主の君主による君主のための支配を理想とする君主論は、現代のリーダーたちにも魅力たっぷり。

陶淵明
ビギナーズ・クラシックス 中国の古典
釜谷武志

自然と酒を愛し、日常生活の喜びや苦しみをこまやかに描く一方、「死」に対して揺れ動く自分の心を詠んだ田園詩人。「帰去来辞」や「桃花源記」ほかひとつ一つの詩を丁寧に味わい、詩人の心にふれる。

李白
ビギナーズ・クラシックス 中国の古典
筧久美子

大酒を飲みながら月を愛で、鳥と遊び、自由きままに旅を続けた李白。あけっぴろげで痛快な詩は、音読すれば耳にも心地よく、多くの民衆に愛されてきた。豪快奔放に生きた詩仙・李白の、浪漫の世界に遊ぶ。

角川ソフィア文庫ベストセラー

蒙求
ビギナーズ・クラシックス 中国の古典

今鷹　眞

「蛍火以照書」から「蛍の光、窓の雪」の歌が生まれ、「漱石枕流」は夏目漱石のペンネームの由来になった。礼節や忠義など不変の教養逸話も多く、日本でも多く読まれた子供向け歴史故実書から三一編を厳選。

白楽天
ビギナーズ・クラシックス 中国の古典

下定雅弘

日本文化に大きな影響を及ぼした白楽天。炭売り老人への憐憫や左遷地で見た雪景色を詠んだ代表作ほか、家族、四季の風物、酒、音楽などを題材とした情愛濃やかな詩を味わう。大詩人の詩と生涯を知る入門書。

十八史略
ビギナーズ・クラシックス 中国の古典

竹内弘行

中国の太古から南宋末までを簡潔に記した歴史書から、注目の人間ドラマをピックアップ。伝説あり、暴君あり、国を揺るがす美女の登場あり。日本人が好んで読んできた中国史の大筋が、わかった気になる入門書！

春秋左氏伝
ビギナーズ・クラシックス 中国の古典

安本　博

古代魯国史『春秋』の注釈書ながら、巧みな文章で人々を魅了し続けてきた『左氏伝』。「力のみで人を治めることはできない」「一端発した言葉に責任を持つ」など、生き方の指南本としても読める！

詩経・楚辞
ビギナーズ・クラシックス 中国の古典

牧角悦子

結婚して子供をたくさん産むことが最大の幸福であった古代の人々が、その喜びや悲しみをうたい、神々への祈りの歌として長く愛読してきた『詩経』と『楚辞』。中国最古の詩集を楽しむ一番やさしい入門書。

角川ソフィア文庫ベストセラー

菜根譚
ビギナーズ・クラシックス 中国の古典
湯浅邦弘

「一歩を譲る」「人にやさしく己に厳しく」など、人づきあいの極意、治世に応じた生き方、人間の器の磨き方を明快に説く、処世訓の最高傑作。わかりやすい現代語訳と解説で楽しむ、初心者にやさしい入門書。

孟子
ビギナーズ・クラシックス 中国の古典
佐野大介

論語とともに四書に数えられる儒教の必読書。人の上に立つ者ほど徳を身につけなければならないとする王道主義の教えと、「五十歩百歩」「私淑」などの故事成語の宝庫をやさしい現代語訳と解説で楽しむ入門書。

大学・中庸
ビギナーズ・クラシックス 中国の古典
矢羽野隆男

国家の指導者を目指す者たちの教訓書である『大学』。人間の本性とは何かを論じ、誠実を尽くせと説く『中庸』。わかりやすい現代語訳と丁寧な解説で、今の時代に生きる中国思想の教えを学ぶ、格好の入門書。

貞観政要
ビギナーズ・クラシックス 中国の古典
湯浅邦弘

中国四千年の歴史上、最も安定した唐の時代「貞観の治」を成した名君が、上司と部下の関係や、組織運営の妙を説く。現代のビジネスリーダーにも愛読者の多い、中国の叡智を記した名著の、最も易しい入門書！

呻吟語
ビギナーズ・クラシックス 中国の古典
湯浅邦弘

皇帝は求心力を失い、官僚は腐敗、世が混乱した明代末期。朱子学と陽明学をおさめた呂新吾が30年かけて綴った人生を諭す言葉。「過ちを認める勇気」「冷静沈着の大切さ」など、現代にも役立つ思想を説く。

角川ソフィア文庫ベストセラー

ビギナーズ・クラシックス 中国の古典
墨子
草野友子

儒家へのアンチテーゼとして生まれ、隆盛を誇った墨家。その思想を読み解けば、「自分を愛するように他人を愛する＝兼愛」、「自ら攻め入ることを否定する＝非攻」など、驚くほど現代的な思想が見えてくる！

新編 日本の面影
ラフカディオ・ハーン
池田雅之＝訳

日本の人びとと風物を印象的に描いたハーンの代表作『知られぬ日本の面影』を新編集。「神々の国の首都」「日本人の微笑」ほか、アニミスティックな文学世界や世界観、日本への想いを伝える一一編を新訳収録。

新編 日本の面影 II
ラフカディオ・ハーン
池田雅之＝訳

代表作『知られぬ日本の面影』を新編集する、詩情豊かな新訳第二弾。「鎌倉・江ノ島詣で」「八重垣神社」「美保関にて」「二つの珍しい祭日」ほか、ハーンの描く、失われゆく美しい日本の姿を感じる一〇編。

新編 日本の怪談
ラフカディオ・ハーン
池田雅之＝訳

「幽霊滝の伝説」「ちんちん小袴」「耳無し芳一」ほか、馴染み深い日本の怪談四二編を叙情あふれる新訳で紹介。小学校高学年程度から楽しめ、朗読や読み聞かせにも最適。ハーンの再話文学を探求する決定版！

大人のための世界の名著50
木原武一

『聖書』『ハムレット』『論語』『種の起原』ほか、世界の文豪や知識人たちが著した知の遺産を精選。独自の「要約」と「読みどころと名言」や「文献案内」も充実。一冊で必要な情報を通覧できる名著ガイド！

角川ソフィア文庫ベストセラー

大人のための日本の名著50
木原武一

『源氏物語』『こころ』『武士道』『旅人』ほか、日本人としての教養を高める50作品を精選。編者独自のわかりやすい「要約」を中心に、「読みどころと名言」や「文献案内」も充実した名著ガイドの決定版！

ジャパノロジー・コレクション 根付 NETSUKE
駒田牧子 監／渡邊正憲

わずか数センチメートルの小さな工芸品・根付。仏像彫刻等と違い、民の間から生まれた日本特有の文化である。動物や食べ物などの豊富な題材、艶めく表情など、日本人の遊び心と繊細な技術を味わう入門書。

ジャパノロジー・コレクション 千代紙 CHIYOGAMI
小林一夫

眺めるだけでも楽しい華やかな千代紙の歴史をひもとき、「麻の葉」「七宝」「鹿の子」など名称も美しい伝統柄を紹介。江戸の人々の粋な感性と遊び心が表現された文様が約二百種、オールカラーで楽しめます。

ジャパノロジー・コレクション 琳派 RIMPA
細見良行

雅にして斬新、絢爛にして明快。日本の美の象徴として、広く海外にまで愛好家をもつ琳派。俵屋宗達から神坂雪佳まで、琳派の流れが俯瞰できる細見美術館のコレクションを中心に琳派作品約七五点を一挙掲載！

ジャパノロジー・コレクション 刀 KATANA
小笠原信夫

名刀とは何か。日本刀としての独自の美意識はいかに生まれたのか。刀剣史の基本から刀匠の仕事場、信仰や儀礼、文化財といった視点まで——。研究の第一人者が多彩な作品写真とともに誘う、奥深き刀の世界。